あなたの予想と馬券を変える
革命競馬

短距離特化馬券術
スピードスター

中山カルタ

はじめに

まだ本書を執筆中の頃は開会式すら始まっていないが、２０２４年はオリンピックイヤー。7月にパリ五輪が開催され、本書が発売される頃にはすべての競技結果が出ていることだろう。

私は〝スポーツ∧∧∧∧ギャンブル〟という価値観で成人とともに賭博デビューしたので、野球、サッカー、格闘技、すべてにおいて市井の人々よりは知識が乏しいのだが、オリンピック（陸上競技）に関してこれは間違っていないだろう。

マラソンより１００m走のほうが予想はしやすい。

某通訳氏じゃなくても、ちょっとネットを叩けば世界のブックメーカーに簡単にアクセスできる現代。日本ではグレーゾーン扱いではあるだけに、詳しく書くのは憚(はばか)られるが、おそらく１００m走は人気決着、マラソンは波乱の結果となっているであろう（勝手な予想だが……）。

では、なんでこんなことを競馬の予想本で書いたのかというと「短距離戦は長距離戦より予想が簡単」といいたいからだ。

先に説明すると、本書が推奨する予想術スピードスターとは短距離戦に特化した予想方法。この本が発売され、皆さんが手に取った頃、おそらく気持ちは「秋のＧⅠレース」で一攫千金……に傾いているだろう。

しかし、本書が一番目標としているのは9月29日に行なわれるスプリンターズＳ（中山芝１２００m）であり、その後も京阪杯（11月24日、京都芝１２００ｍ）であり、カペラＳ（12月8日、中山ダート１２００ｍ）であり、そして25年春の高松宮記念（中京芝１２００ｍ）なのだ。

そんなひねくれた予想本だからこそ、思わぬお宝をゲットすることができる。

幸いなことに、今の短距離界はロードカナロアもサクラバクシンオーもいない。

核となる馬が誕生しないままダラダラと、芝・ダートいずれもスプリント重賞は高配当レースを量産すると、勝手に未来を予想している。

スプリント戦こそ脳天に雷電級の刺激をもたらすレース条件なのだ。

4年後どれだけ円安が進んでも、オリンピックを観にフラッとロサンゼルスまで飛べる航空券代をスピードスターで稼ごうじゃないか。

２０２４年7月　中山カルタ

目次

はじめに　2

第1章
短距離特化馬券術【スピードスター】
未知の分野「前半3ハロン」に金脈がある！

鳴り物入りで導入されたトラッキングシステム、その評価は……　8
各馬それぞれの「前半3ハロン」をつかむ方法　11
主役不在、スプリント戦は荒れる！～高松宮記念の場合　15
1200m戦以外でも、そしてダートでも使える！　23
「前走・前半3ハロン＝34・3秒以内」がVライン！　26
スピードスターとジョッキー～ルメール、川田騎手の場合　28
馬券術スピードスターの骨子　32

第2章
無印馬が恐ろしいほど飛んでくる
激走！迷走！スピードスター実戦譜

穴馬激走！函館芝1200mのスピードスター　34
実戦譜①朝イチから15番人気馬が連対で口アングリ……　35

実戦譜②多頭数ならボックス戦略！万馬券的中でリベンジなる 40
実戦譜③13番人気馬のスピードスター馬に苦杯、アー、ウー（涙） 46
実戦譜④復活の3連単万馬券！1Rの仇を最終で獲る 52
実戦譜⑤自分予想でも推しの馬がスピードスターだったら…… 57
実戦譜⑥予想も馬券の筋もいい、でもツキだけがない……それも競馬 63
実戦譜⑦ボックス作戦敗れる、その理由は…… 68
実戦譜⑧3連複25万馬券、波乱重賞で最大のチャンスを逃す 74
実戦譜⑨スピードスター馬を〝脇役〟に回し3連単万馬券！ 80

第3章 前半3ハロン＋コース特性＝好走ゾーン

芝・ダ【短距離】19コースの稼ぎどころ！

コース攻略①中山・芝1200m 86
コース攻略②京都・芝1200m 90
コース攻略③阪神・芝1200m 94
コース攻略④函館・芝1200m 98
コース攻略⑤中京・芝1200m 102
コース攻略⑥福島・芝1200m 106
コース攻略⑦札幌・芝1200m 110

コース攻略⑧新潟・芝1200m 114
コース攻略⑨小倉・芝1200m 118
コース攻略⑩東京・ダ1300m 122
コース攻略⑪中山・ダ1200m 126
コース攻略⑫京都・ダ1200m 130
コース攻略⑬阪神・ダ1200m 134
コース攻略⑭新潟・ダ1200m 138
コース攻略⑮福島・ダ1150m 142
コース攻略⑯中京・ダ1200m 146
コース攻略⑰小倉・ダ1000m 150
コース攻略⑱函館・ダ1000m 154
コース攻略⑲札幌・ダ1000m 158

スピードスター・ラストスペシャル
「次に買える馬」を見つけよう! 162
・中山芝1200m ・京都芝1200m ・阪神芝1200m
・中京芝1200m ・函館芝1200m ・札幌芝1200m
・福島芝1200m ・新潟芝1200m ・小倉芝1200m
・中山ダ1200m ・京都ダ1200m ・阪神ダ1200m
・中京ダ1200m ・新潟ダ1200m

装丁●橋元浩明（sowhat.Inc.） 本文ＤＴＰ●オフィスモコナ
写真●武田明彦　馬柱●優馬
※スピードスターのデータ集計期間は2021年1月～24年6月です。
※名称、所属は一部を除いて2024年5月20日時点のものです。
※成績、配当、日程は必ず主催者発行のものと照合してください。

馬券は必ず自己責任において購入お願いいたします。

第1章

短距離特化馬券術【スピードスター】
未知の分野「前半3ハロン」に金脈がある!

鳴り物入りで導入されたトラッキングシステム、その評価は……

2023年10月、JRAは以前から競馬ファンからの要望が多かった「トラッキングシステム」の運用を開始した。

全レースではなく、メインレースとプラスもう1レースだけという各場2レースだけの実験的なスタートであったが、海外競馬が日常に浸透している近代競馬ファンの間では「どうして世界の国際レースでは存在しているのに、日本ではトラッキングシステムが表示できないの？　あれば、より競馬が見やすく興奮できるのに……」という声が長年飛び交っていただけに、トラッキングシステムがついに日本に導入されるニュースが流れると、Xを中心に喜びで溢れかえったことはいうまでもないだろう。

しかし、いざ運用が始まると、期待の高さと裏腹にファンの熱は急速に冷めていった。

競馬を趣味としない人からすると意外に感じるかもしれないが、個人的に競馬界が抱えている大きな問題に「逆カスハラ（カスタマーハラスメント）」がある。

競馬を愛しすぎて（ウマ娘。から入った競走馬個体のファンも含む）、他の競馬ファンに敵意を向けてもJRA（主催者）に媚びようとする新種の競馬好き。悪いことではないのかもしれないが、ゴール前で叫ぶ親父を動画で撮影し晒し物にしたり、競馬場開催後のゴミを勝手に嘆いたり、挙句には雨の日に傘を差しただけで罵倒するポストを投稿したり……。

競馬場の治安をよくするという大義名分はあるのだろうが、本来もっと競馬場は自由な場所であったはずだし、こういうことをネット上で騒いでいる輩は馬券を買うことよりも、Xにポストすることがメインになっている気がして……。

そういう人種が増えている以上、ＪＲＡの実験的な施策に真っ向から批判する声は出にくい。世界屈指の物わかりのよい我が国の競馬ファンだから「トラッキングシステムって、こんなもんだっけ？」と口に出さないものの、下手に触れたら損をするという空気を感じ取っているのは間違いないだろう。

話は前後するが、念のためトラッキングシステムを説明すると、競走馬のゼッケンにセンサーを付けて位置情報を計測。それぞれの馬が走っている地点や馬同士の相対的な位置関係を実況画面に表示することだ。

ＪＲＡサイドも常にライト層の取り込みを意識しており、導入の際には「初めて競馬を見る人は馬券を購入した馬がどこを走っているのか、中継映像を見てもわかりづらい。初心者やライトなファンにもわかりやすい映像を届けたかった」とコメントをしている。

それがコメントに反して、現状、位置関係が非常にわかりにくい代物になっているのだ。

映像で見ると、Ａより内側を走っているはずのＢが外側を走っていたり、急に後方へとワープしたり……レース映像の添え物としては機能しているのかもしれないが、ＪＲＡが目的とする、初心者が即座に位置を把握できるレベルにはほど遠い印象になっている。

ただＪＲＡを擁護するわけではないが、このまま不安定な形で運営され、やがてトラッキングシステムが自然消滅する……というのは、当初の話題性を考えると１００％あり得ない。

最先端技術を見せるサウジやドバイで、大レースの中継をファンが見た後だったからなのか真相はわからないが、３月21日に新たな通信システムが加わることが発表され改良に期待できるし、大井競馬が24年６月から始めたトラッキングシステムは、ＪＲＡよりスムーズかつ正確な位置表示ができ、同時に急激な加速を見せた馬は点滅するなどシステム自体の進化を見せている。

とはいえ、コアな馬券ファンを満足させるにはまだまだ、といっていい。そういったファン層がトラッキングシステムに期待したのは、新たな予想ファクターの提供だったからだ。

例えば、海外では１００分の１の単位まで走破タイムが表示されるが、日本では小数点ひとケタまでと、大きな隔たりがある。同じ２分ジャストでも２分00秒00と２分00秒09では着順が変わって当然だし、より高精度な予想をする向きには、是が非でも公開してほしいデータである。

しかし、ＪＲＡは「需要がない」というひと言で、これを却下しているのが現状。需要があるかどうかは主催側が判断するのではなく、手持ちのあらゆるデータを提供したうえで、必要かどうかはファンのジャッジに委ねるというのがサービスの本筋だと思うのだが……。

その点、比較するのは可哀想だが、同じく23年から始まったジョッキーカメラは「競馬を楽しむ新たな視点」を提供することに成功。ＧⅠレースの後などは常に話題になっており〝ＪＲＡ新サービス対決〟で大きくリードしている。

少し話は逸れるが、競輪・オートレースのインターネットサービスＷＩＮＴＩＣＫＥＴ（＝ウインチケット。サイバーエージェントが運営）の生配信では、「ＷＩＮＬＩＶＥ（ウインライヴ）」という新機能を４月からスタート。

これは、初心者の取り込みに欠かせないゲーム感が出ているサービスで、下段に各選手のパワーゲージを表示。残り何%スタミナが残っているかをＡＩが判別し、各選手の狙いや戦略まではレース画面に織り込まれているのだ。

競輪には興味がない人が大半だと思うが、ＪＲＡが導入するかどうかは未確定も、技術的に公営競技のライブ配信は、ここまでサービスを充実することができるのをぜひ、競馬ファンにも知ってもらいたい。後学のためにも一度見てみることをオススメする。

各馬それぞれの「前半3ハロン」をつかむ方法

ここまで読んでもらったら理解していただけたと思うが、私としては現状のトラッキングシステムにガッカリしつつも、同時に技術の進歩によってドンドン改良していく未来に期待もしている。

それが正直なところで、これからどう改良進化していくのだろうか……と考えた先にたどり着いたのは、今回紹介する新馬券術【スピードスター（ＳＰＥＥＤ　ＳＴＡＲ）】なのである。

トラッキングシステムの進化によって見える未来。それは各馬の正確なラップタイムの計測が可能になるということ。現在でもラップ予想家が存在しているが、ストップウォッチ片手に手作業で集計作業をしており、ＧＰＳ機能が向上したトラッキングシステムでは、秒でその数値を手に入れることができる。

そこが本馬券術のキモ。「各馬の前半３ハロンのタイム」に着目し、各コースのスタート直後の６００ｍ。すなわち「前半３ハロン」をどんな時計で駆けていたのか、そしてどんな時計で駆けた馬が次走で馬券に絡みやすいかをまとめたものである。

現在、ＪＲＡが提供する各馬の時計といえば、「走破タイム」と「レースの後半６００ｍ＝上がり３ハロンのタイム」のみ。

ラップタイムもあると思われる競馬ファンもいるかもしれないが、それはあくまでもそのレースで先頭を走っている馬の時計であり、それでは今回の馬券術は成立しない。各馬それぞれの時計がスピードスターには重要になってくるのだ。

各馬の前半３ハロンは公開されていないのに、それをベースにした馬券術って……!?

この謎かけに即座に回答できた人は、次世代のスター予想家候補だろう（笑）。

頭を柔らかくし、解けない問題には勝手に条件をつけることで、アッサリと答えにたどり着くことは往々にしてあるもの。ＪＲＡが公式タイムを提供していないにも関わらず、確実に時計（各馬の前半３ハロン）を獲得できる条件。その条件とは「１２００ｍ戦」。そこに特化した予想術がスピードスターなのである。

繰り返しになるが、ＪＲＡが1頭1頭の馬について提供しているタイムは、「各馬の走破タイム」と、各馬の「上がり３ハロン（後半６００ｍ）の（推定）タイム」の２つ。

そこで各馬の「前半３ハロン」のタイムを求めるには……これぞ灯台下暗し、というべきか。

「１２００ｍ戦』に限定すれば、「走破タイム」から「上がり３Ｆ＝６００ｍのタイム」を引くことで、残りの６００ｍ、すなわち「前半３Ｆのタイム」を求めることができるのだ。

それゆえに、本馬券術が対象にするのは「前走で１２００ｍ戦に出走していた馬」に限る。

● 1200m戦限定「前半3ハロン」タイムの求め方
走破タイム－上がり3ハロン＝前半3ハロン

例：2024年高松宮記念

１着②マッドクール

　走破タイム68.9秒―上がり３Ｆ 33.7 ＝前半３Ｆ 35.2秒

２着③ナムラクレア

　走破タイム68.9秒―上がり３Ｆ 33.2 ＝前半３Ｆ 35.7秒

３着⑩ビクターザウィナー

　走破タイム69.4秒―上がり３Ｆ 34.5 ＝前半３Ｆ 34.9秒

必然的に短距離レースに特化した予想術となるのだが、今後トラッキングシステムによって、すべての距離において各馬の正確なラップタイムが提供されることができれば、より広がりを見せる。

また、そのときがやってきた際に「前半３Ｆのタイム」の扱いに慣れているかどうかが、将来の収支差になって表れてくると信じている。

「な～んだ、短距離か」だけでなく、将来〝ミドルスター〟になるかもしれないし〝スタミナスター〟になるかもしれない。――そんな予想術の卵を見守るつもりで、この先も読み進めてもらえたら幸いだ。

ちなみに、この予想術を思いついたキッカケはもうひとつある。

それは私もたびたびXで指摘しているのだが、『ウマ娘ファンは競馬好きにはならない』という競馬マスコミの人間にとって、いってはいけないあるまじき思想（笑）。

極端な言い回しをしているが、いいたいことは競馬歴ン十年のファンと、最近競馬を始めた人間との間には絶対に埋まらない差があるということ、である。

これも競馬マスコミの人間にとってボコボコに批判されるかもしれないが、中年ファンの競馬は非モテの娯楽。あくまで競馬はサブカルチャーの代名詞であって、青春&友情&涙といったジャンプ系コミックとは対極の存在だったはず。

そんな非モテの娯楽といえば『ひとり○ッ○』（もともとアダルト雑誌編集者だけに、お許しを）。昔の競馬ファンというのは、何を考えているわからない動物、不完全なものを自分の妄想力、想像力で補い、それが現実になることでリビドー（快楽）を覚える生き物だった。

なので、おっさん競馬ファンの頭の中では勝手にウマ娘が走っていたし、誰もが皆シナリオライターだった。しかし若い競馬ファンは与えられた情報を的確に分析し、自分の妄想を極力排除。だからこそ与えられたシナリオに反発せず没入することもできるし、青春&友情&涙をしっかりと受け止めることができる。

そう考えたときに、過去に前半3ハロンを軸とした予想術がなく、上がり時計（後半3ハロン）に注視した予想が溢れかえっている現状に気がついた。

よく競馬評論家が使う「脚を余した」「直線の進路が悪かった」「追えばまだまだ伸びる」などの表現は、妄想力を膨らましたい競馬好きの欲求の表れ。脱いだら凄そう——といっているのと変わらないのだ（笑）。

その点、前半3ハロンの時計は妄想の膨らましようがない。

今回、スピードスターを確立するため、1200m戦の競馬を見まくって気がついたことがある。それは思っている以上に、鞍上が全力で走らせようとしていること。

古くはスプリント戦での追い込み馬の代名詞、デュランダルのレースを見ても、鞍上は一生懸命置かれないように手綱を動かしていた。単純に馬が進んでいかないからだ。

何がいいたいのかというと、上がり3ハロン以上に前半3ハロンのほうが騎手による変化が少ない。馬の能力、気のままに時計が出ており、その値は客観的に見ても正確で「もっと騎手が出していれば……」とか、「包まれずにレースできれば……」とか、ゲートの悪さは影響するものの、妄想が入り込む余地が上がり3ハロンと比べて少ないのだ。

よって、無駄なシナリオをつくらず、機械的に馬券を構築することができる。

そんなメリットも、私はスピードスターに感じるのである。

主役不在、スプリント戦は荒れる！ ～高松宮記念の場合

前項までの項目のおさらいになるが、スピードスターとは――。

・前走の前半3ハロンを計算し（走破タイム－上がり3ハロン）、今走で好走するタイムを割り出す。

・JRAが提供しているタイムからは、現状1200m戦しか正確なタイムを取り出せないが、トラッキングシステムが将来改良されれば、分析できる距離の幅は広がる。

――という2つの点になる。

これでも、わかりにくい部分があるかと思うので、さっそく一例を挙げて説明してみよう。

本書の冒頭でも示したが、近年のスプリント戦線は主役不在。2024年の6月からさかのぼって、ここ5年だけでも重賞（ダートかつ2歳、3歳限定戦を除く）に限れば、平均配当は単勝1610円、3連単は30万9665円と高配当が連発しているのがわかる。

ちなみに同じ条件で距離の幅を広げた場合（障害戦を除く）、平均配当は単勝1339円、3連単21万4919円となっており、効率的に穴馬券を的中するためにもスプリント戦に照準を絞るというのも、戦略として正しいことを証明している。

ただ、念のためにいっておくと、スピードスターは必ず伏兵馬を炙り出すとは限らない。あくまでシステマティックに狙い馬を抽出することができるため、人気に左右されにくいということを強調しておこう。

そんなスプリント戦線を象徴するかのように、21〜23年の高松宮記念は狙いを絞ることが難しく、的中した読者は少ないだろう。

23年は12番人気のファストフォースが1着、13番人気のトゥラヴェスーラが3着に入って3連単は66万馬券。22年は上位人気馬が壊滅で、1着ナランフレグ、2着ロータスランド、3着キルロードの8→5→17番人気決着で3連単78万馬券が飛び出した。

一方、3年前の21年は戦前に荒れそうな空気を散々感じさせながら、まさかの人気馬上位独占（2→1→3番人気）で3連単9700円。単勝万馬券のトゥラヴェスーラは惜しくも4着という結果だった。

緩急が大きすぎて、なかなか馬券が絞りにくいのだが、スピードスターにかかれば凄い馬を拾ってきていることがわかる。

まずはクラスを問わず、中京芝1200mにおけるスピードスター（前半3ハロン）の狙い目をご覧いただこう（下の表1）。

イの一番にオススメしたい前半3ハロン・ゾーンが34・2〜34・4秒だ。勝率11・3％、単勝回収値121円をマークしている。

ここで一例として、23年高松宮記念出走馬のスピードスター（前半3ハロン）を見ていこう。

①トゥラヴェスーラ　前走1400m戦
②ウォーターナビレラ　前走1400m戦
③キルロード　スピードスター34・1秒（シルクロードS）
④ダディーズビビット　前走1400m戦
⑤メイケイエール　前走香港のため記録なし
⑥ナランフレグ　スピードスター前走34・9秒（オーシャンS）
⑦ヴェントヴォーチェ　スピードスター34・1秒（オーシャンS）
⑧ロータスランド　前走1400m戦
⑨ディヴィナシオン　スピードスター34・2秒（オーシャンS）
⑩オパールシャルム　スピードスター33・6秒（オーシャンS）

表1●中京芝1200mの【スピードスター】好走ゾーン

前走前半3F	勝率	連対率	複勝率	単回値	複回値	特記事項
〜33.8	8.1%	16.2%	23.4%	52	106	—
33.9〜34.1	4.5%	10.1%	19.1%	32	88	—
34.2〜34.4	11.3%	16.5%	25.8%	121	74	前走4角5番手以下
34.5〜34.7	4.2%	10.2%	18.6%	57	56	
34.8〜35.0	7.8%	14.7%	20.6%	162	101	前走4角2番手以内 前走4角7番手以下
35.1〜35.3	4.0%	8.0%	16.0%	8	33	—
35.4〜35.6	6.3%	20.8%	29.2%	260	123	—
35.7〜35.9	7.9%	18.4%	23.7%	153	78	ダート➡芝替わり
36.0〜36.2	13.3%	13.3%	13.3%	98	28	—
36.3〜36.5	0.0%	0.0%	0.0%	0	0	—
36.6〜	9.5%	9.5%	14.3%	30	20	—

⑪ピクシーナイト　前走香港のため記録なし
⑫アグリ　前走1400m戦
⑬ファストフォース　スピードスター34・2秒（シルクロードS）
⑭トウシンマカオ　スピードスター34・6秒（シルクロードS）
⑮ナムラクレア　スピードスター34・4秒（シルクロードS）
⑯グレナディアガーズ　前走1400m戦
⑰ボンボヤージ　前走1400m戦
⑱ウインマーベル　スピードスター34・5秒（シルクロードS）

勝ち馬⑬ファストフォース（12番人気）はこの高松宮記念の前走で、同じ中京芝1200mの前哨戦シルクロードSに出走。1分7秒3の走破時計で2着に入っていた。上がり3Fは33・1だったので、1分7秒3＝67・3から33・1を引いた「34・2」が同馬の「前半3F」だ。また2着に入った⑮ナムラクレア（2番人気）も、前半3ハロンが34・4秒になり好走該当馬にあたっている。また、その他では⑨ディヴィナシオン（16番人気）が34・2秒で該当。

結果的に3頭がピックアップされ、1着⑫ファストフォース—2着⑮ナムラクレアを的中。馬連は7920円と高配当だった。

天候が不安定で、予想以上の降雨があり的を絞りにくいレースとなったのだが、スピードスターには複雑な条件など関係なく、機械的なピックアップが可能となる。

■ 2023年・高松宮記念1着＝
ファストフォースの【スピードスター】

前走：中京芝1200ｍ
走破時計：1.07.3＝67.3
上がり3F：33.1
「前半3ハロン」67.3－33.1＝34.2

ちなみにファストフォースは、22年の高松宮記念にも出走しており9着に敗れている。そのときは前哨戦にオーシャンSを選択しており、スピードスターは33・8秒。レースも違うが、スピードスターは「前半3ハロン」が速ければ速いほどよいというものではない（これについては後の章で詳述する）。そのことを象徴する翌年の激走だった。

同じく22年の高松宮記念で取り上げたいのは、前走のシルクロードSを快勝。単勝5・2倍の2番人気で凡走したメイケイエールについてだ。

このときの前半3ハロンは33・9秒。P17の表1を見ればわかるように、単勝回収率が32％しかなく、絵に描いたような〝危険な人気馬〟だった。

また、面白いのは前走の22年シルクロードSの話。このときは京都競馬場の改修工事が行なわれており、イレギュラーな形として中京競馬場の芝1200mで開催された。それなら表1がそのまま使える。

メイケイエールは、前走のスプリンターズS（中山芝1200m）を1分7秒8＝67・8で走破し、上がりの3Fは33・5を記録。67・8から33・5を引けば、同馬の前半3ハロンは「34・3」だったことがおわかりいただけるだろう。つまりは「34・2～34・4秒」という、スピードスターの好走ゾーンに入っている。

■2022年・シルクロードS1着＝メイケイエールの【スピードスター】

前走：中山芝1200ｍ

走破時計：1.07.8＝67.8

上がり3F：33.5

「前半3ハロン」67.8－33.5＝34.3

よって同じ人気（シルクロードSは2番人気で単勝4・0倍）でも、スピードスターを使えば「買い時と切り時」の判別がしっかりできたのである。

次にプッシュするスピードスター好走ゾーンは34・8〜35・0秒。こちらは好走率こそ高くはないが、ベタ買いで単勝回収値162円、複勝回収値101円とあっては見逃せない。

特に前走4角2番手以内か、前走4角7番手以下と、先行力を発揮した馬が狙い。また、それとは逆に、やや早い流れを後方で追走した馬が狙い目だ。

このように、前走のラップだけではなく、位置取りや展開も重要になってくる。

そして前者は勝率21・4％、複勝率42・9％と一気に精度がアップし、単勝回収値739円、複勝回収値237円のビッグボーナスが見込めるし、後者は単勝10倍以内の上位人気なら勝率23・1％、複勝率46・2％で単勝回収値169円の勝ち戦となる。

もうひとつ、35・7〜35・9秒というゾーンにもご注目いただきたい。

芝のスプリント戦にしてはずいぶん遅いタイムに思えるが、それもそのはず。このゾーンで回収値を押し上げているのはダート→芝替わりの馬で、単勝回収値592円、複勝回収値211円と穴馬券が期待できる。

表2●高松宮記念の【スピードスター】好走対象ゾーン

前走前半3F	勝率	連対率	複勝率	単回値	複回値	特記事項
～33.8	0.0%	0.0%	20.0%	0	900	キルロード
33.9～34.1	0.0%	0.0%	0.0%	0	0	—
34.2～34.4	12.5%	25.0%	25.0%	403	110	ファストフォース
34.5～34.7	16.7%	16.7%	16.7%	463	110	ナランフレグ
34.8～35.0	0.0%	0.0%	0.0%	0	0	—
35.1～35.3	0.0%	0.0%	0.0%	0	0	—
35.4～35.6	6.3%	20.8%	29.2%	260	123	—
35.7～35.9	7.9%	18.4%	23.7%	153	78	ダート→芝替わり
36.0～36.2	13.3%	13.3%	13.3%	98	28	—
36.3～36.5	0.0%	0.0%	0.0%	0	0	—
36.6～	9.5%	9.5%	14.3%	30	20	—

以上が、クラスを問わない、中京芝１２００ｍにおけるスピードスターだ。

続いて先ほども触れたが、今度は高松宮記念に限定したものも見ておこう（上の表２）。

ここも当然ながら前記で述べた34・2～34・4秒が高い数値を弾き出しているが、同様に34・5～34・7秒のゾーンも狙っていきたい。

ここで注目したいのは、22年の勝ち馬ナランフレグが入ってくるということだ。このときのナランフレグは８番人気、単勝27・８倍というバリバリの伏兵馬だった。

22年の高松宮記念後も、同年の秋のスプリンターズSを３着と好走したナランフレグ。翌23年も、前年と同じく中山のオーシャンS（９着）を使って高松宮記念へと駒を進めてきたが、３着に２分の１馬身差の４着という結果に終わる。

もちろんＧⅠで４着は好走の部類には入ると思うが、こと馬券術というカテゴリーで優劣を付けるなら４連単が日本では発売していない以上〝劣〟に分類されてしまう。

このわずかな差は何だったのだろうか……と考えたときに、〝スピー

■ 2022 年・高松宮記念1着＝
ナランフレグの【スピードスター】

前走：中山芝 1200 m

走破時計：1.08.0 ＝ 68.0

上がり 3F：33.5

「前半3ハロン」68.0－33.5＝34.5

■ 2023 年・高松宮記念4着＝
ナランフレグの【スピードスター】

前走：中山芝 1200 m

走破時計：1.08.1 ＝ 68.1

上がり 3F：33.2

「前半3ハロン」68.1－33.2＝34.9

2022 年秋のスプリンターズＳ３着時のナランフレグ。

ドスターの違い〟という点が、大いに予想のヒントとなってくれるのではないだろうか。

1200m戦以外でも、そしてダートでも使える！

ここまで芝1200m重賞の話をしてきたが、スピードスターが活用できる条件は、決して芝1200m戦に限るわけではない。

重要なのは「前走で1200mを使っていること」であり、今走の距離は問わないということ。

もちろん中長距離のレースとなれば、いきなりスプリント戦からの転戦という該当馬も少ないため、無用の長物になる可能性は高いが1000mや1400m、1600m（芝・ダートを問わず）といった距離だと、1200m戦から転戦馬が多くスピードスターが活用……というよりは、後で説明するがむしろ1200m以上に威力を発揮する。

よって、最初に読者がイメージした適用範囲よりは、はるかに広く感じてくれるのではないだろうか。

ちなみにJRA10場のうち、芝の1200m戦が唯一ないのが東京競馬場（ダートだと中山・京都・阪神・中京で1200m戦の距離設定がある）。近年、大手牧場が生産するスターホースは〝東京専用機〟になることが多く、言い換えれば東京競馬場の芝の上を走るために育成されてきたきらいがある。

スプリントGIが中山、中京競馬場で開催されること、さらに東京では平場のレースですら1200m戦が行なわれないことが、スプリント路線のスターホースが誕生しないロジックへとつながっているように感じる。

これだけ日本馬が実績を積んでいる香港のシャティン競馬場ですら、スプリント路線での成績がイマイチ。

簡単にいえば、東京競馬場とシャティン競馬場の芝が類似しているため、２０００ｍの香港カップ、１６００ｍの香港マイルやチャンピオンズマイル、２４００ｍの香港ヴァーズやクイーンエリザベスII世Cは勝てる。

しかし中山競馬場や中京競馬場のＧＩを勝利して向かう１２００ｍの香港スプリント（12月）やチェアマンズスプリントプライズ（４月）では、東京競馬場での戦いに勝ち上がった馬ではないため、実績が残せないのでは……と感じてしまう。

そんな芝もダートも１２００ｍという距離設定がない東京競馬場。最も距離の近いダート１３００ｍ戦の例を取り出して、ひとつ解説を加えてみたい。

この条件に出走してくる（主に下級条件）馬の前走を調べると、同じ関東主場の中山ダートの短距離戦は１２００ｍしかなく、「中山ダート１２００ｍ→東京ダート１３００ｍ」というローテーションは頻出だ。

●２０２１年以降、東京ダート１３００ｍ出走馬の前走コース距離（全１３２３頭）

1位　中山ダート1200m　398頭

2位　東京ダート１４００ｍ　１７３頭

3位　東京ダート１３００ｍ　１３６頭

4位　新潟ダート１２００ｍ　91頭

5位　東京ダート１６００ｍ　40頭

以下、福島ダート１１５０ｍ、中京ダート１４００ｍ、中京ダート１２００ｍと続く。

たった100mの違いだが、この両レースがどう連動するのか、あるいはしないのか、即座に答えられるファンは少ないだろうし、少し馬券力の高い読者であれば「前走の中山ダート1200mで好成績を挙げた人気馬は疑ってかかるべき」と細かいロジックはあるかもしれないが、無条件で考えている人も多いだろう。

そんな対象馬たちをしっかりと分別するのが、スピードスターである。

過去3年、東京ダート1300m戦において前走が中山ダート1200m戦だった馬の前半3ハロンを調べると、最も勝利数が多いのは35・1~35・3秒である（※本馬券術では前半3ハロンを0・3秒刻みで集計）。この好走ゾーンに合致する馬は、クラスは問わず、ベタ買いで単勝回収値135円、複勝回収値92円という極めて優秀な数字を示している。

東京ダート1300mというと、前に行けばOKというようなイメージがあるものの、中山ダート1200mの前半3ハロンで35・1~35・3秒は決して速いものではない。このコース替わりにおいては、テンのスピードが速いだけの馬を評価するのは危険ということになる。

特に前走の前半3Fが34・5~34・7秒、34・8~35・0秒のゾーンは非常に危険で、前者は単勝回収値30円、後者は同12円と、ノータイムで消したいほどである。

これを「中山ダート1200m→東京ダート1400m」というローテーションで同様に調べてみると、勝利数トップは34・5~34・7秒。勝率トップが33・9~34・1秒となり、35秒台の馬が活躍していた1300m戦と、まったく逆の傾向が見られるのだ。

特に1300mで優秀だった35・1〜35・3秒のゾーンは単勝回収値が11円しかなく、真逆も真逆の結果が出ている。

1300m戦が先行、1400m戦が差し追い込みというのが本来のセオリーだったことを考えると、実に意外な結果といっていい。

この場合、中山ダート1200mでスッと速い加速を見せていた馬が直線の長い東京コース替わり、さらには1ハロンの距離延長で意識的に脚を溜めると差す競馬で急に輝く、という仮説が成り立つ。やみくもに差し馬を狙うのではなく、脚質に幅があり、かつ中山では前に行っていた馬に注目ということだろう。

「前走・前半3ハロン＝34・3秒以内」がVライン！

ボンヤリとイメージだけで判別していた、微々たる距離の違いによる結果の変化も、スピードスターの論理でかたづくことが多い。

前の項でも少し触れたが、競馬予想のひとつの側面として〝上がり至上主義〟というのが日本では長年はびこってきた。だからこそ「押してもダメなら引いてみな」といった感じで、前半3ハロンに注目した結果、意外なデータがゲットすることができた。

この章の最後に、その意外なデータについて、もうひとつだけご紹介しよう。

短距離といえば、「逃げ先行が圧倒的に有利」というイメージを持っている人が多いと思いだろう。同時に、配当妙味を考えると、「だからこそ後方待機馬から狙いたい」と考えるのが競馬ファンの性（さが）というものだ。

だがしかし、結論から述べると、勝率を含む好走率も、穴党ファンの頼みの綱である回収値の面でも、前走の前半3ハロンが速かった馬のほうが優秀という結果が出たのだ。

下の表3は「前走で1200m戦に出走した馬」の「前走の前半3ハロン」別の成績である。なだらかではあるが、テンの脚が速い馬ほど好走率が高く、当たり前だが脚の速さと競走成績は比例関係にあるとハッキリ見て取れる。

そして好走率の面から、全体平均より明らかに優れているのは「〜33・7」「33・8〜34・0」「34・1〜34・3」の3区間。要するに「芝・ダートを問わず、前走で1200m戦に出走し、前半3ハロンを34・3秒以内に走っている馬は馬券的に絡む確率が高い」と言い換えていい。

また、回収値では一番右の「単適回値」の項目にご注目いただきたい。これは「単勝適正回収値」の略で、的中時に払戻額が同程度になる場合に賭けた際の回収値を表しており、単純な単勝回収値や複勝回収値より現実に即した回収値となっている。

やはり、この項目でも前出の3区間は高い数字を叩き出しており、馬券的な期待値が他のゾーンより高いことがうかがえる。

表3●前走・前半3Fタイム別成績（集計期間：2021年1月5日〜24年3月24日）

前走前半3F	着別度数	勝率	複勝率	単回値	複回値	単適回値
〜337	203- 176- 137- 1549/ 2065	9.8%	25.0%	84	78	83.3
338〜340	158- 138- 151- 1410/ 1857	8.5%	24.1%	61	74	79.9
341〜343	228- 206- 205- 1944/ 2583	8.8%	24.7%	79	73	84.8
344〜346	216- 185- 232- 2428/ 3061	7.1%	20.7%	67	69	75.9
347〜349	185- 225- 218- 2533/ 3161	5.9%	19.9%	58	69	69.5
350〜352	206- 229- 222- 2561/ 3218	6.4%	20.4%	65	75	76.3
353〜355	160- 207- 166- 2304/ 2837	5.6%	18.8%	77	74	73.2
356〜358	121- 146- 137- 1962/ 2366	5.1%	17.1%	65	64	77.0
359〜361	101- 104- 109- 1575/ 1889	5.3%	16.6%	96	66	80.8
362〜364	66- 66- 82- 1190/ 1404	4.7%	15.2%	62	66	77.9
365〜	92- 93- 129- 2365/ 2679	3.4%	11.7%	64	60	85.4
全体	1736- 1775- 1788-21821/27120	6.4%	19.5%	70	70	78.0

スピードスターとジョッキー〜ルメール、川田騎手の場合

そこで「前走前半3ハロン＝34・3秒以内」にフォーカスした騎手リーディングを示した表4をご覧いただきたい（集計期間は表3と同じ）。

表4●前走・前半3F＝34.3秒以内限定・騎手リーディング

	騎手	勝率	複勝率	単回値	複回値	単適回値
1	ルメール	33.3%	54.5%	103	94	113.5
2	横山武史	22.6%	43.0%	151	89	98.9
3	丹内祐次	9.8%	35.6%	54	93	79.5
4	戸崎圭太	17.0%	36.0%	68	75	84.4
5	松山弘平	13.6%	28.8%	96	62	78.0
6	西村淳也	11.7%	32.0%	91	94	94.7
7	鮫島克駿	9.6%	27.4%	134	81	85.2
8	横山和生	16.5%	37.6%	122	100	104.2
9	藤岡康太	12.5%	33.7%	119	93	85.2
10	菅原明良	10.7%	29.8%	61	89	74.0
11	団野大成	13.1%	31.3%	254	119	161.4
12	浜中俊	16.7%	32.1%	83	63	104.9
13	岩田望来	12.6%	35.8%	87	83	88.9
14	岩田康誠	17.9%	28.4%	213	82	167.1
15	富田暁	8.9%	22.8%	175	104	80.7
16	川田将雅	21.6%	47.1%	90	78	80.7
17	幸英明	11.2%	23.5%	122	93	89.7
18	デムーロ	17.5%	42.9%	112	132	133.9
19	武豊	17.7%	43.5%	69	79	88.7
20	秋山稔樹	11.2%	20.4%	89	70	122.9
21	佐々木大	15.3%	26.4%	98	68	110.9
22	坂井瑠星	16.1%	32.3%	64	60	95.3
23	吉田隼人	8.3%	22.9%	34	55	59.3
24	小林脩斗	15.3%	28.8%	175	80	164.1
25	酒井学	12.5%	22.2%	314	114	196.4

トップに立ったのは、案の定というべきか、ルメール騎手であった。

同期間のルメール騎手は全体で勝率23・5％という数字を残しているが、テンの脚がある馬に跨れば同33・3％とさらに勝ち切れる。しかも、回収値をご覧の通り、妙味まで備えている点は強調したい。

これまた同期間の比較では、全体で単勝回収値69円、複勝回収値78円、単勝適正回収値75・3という数字であり、その上げ幅には目を見張る。

特に中山の1200mに出走してきた場合は芝もダートも勝率5割超

を記録するスイートスポットだ。

ここからはデータではなく、私的な意見でもあるのだが、最近のルメール騎手は依然と比べて明らかにパワーアップしているように感じる。

日本での通年免許を取得後、アーモンドアイ、グランアレグリア、イクイノックスなど絶え間なくスターホースに跨り、ＧⅠレースを勝ちまくっているため、パワーアップという言葉はピンと来ないかもしれないが、最近は能力の見劣る馬（ルメール騎手ということで過剰人気にはなってしまっているが）を完璧なまでにエスコートし、幾度となく馬券へと絡ませたり、次走へとつなげている。

その代表的な戦法が、今まで差し脚質だった馬の思い切った逃げ。そのときに逃げ残ることも多いが、不思議なのは次走で好走してくるパターンだ。

こうやってスピードスターのデータで示してみると、意図を持ってルメール騎手が大胆な脚質転換を図っていることがわかる。短距離戦で速いペースで先行した馬は、次走でチャンスが広がることを肌で感じ取っているのかもしれない。

何かしらの事情があって距離不適な条件に出走してきたとしても「ちゃんと馬にお土産を持たせて帰らせる」。これまで「テンの速い馬に乗ったルメール騎手は買い」という馬券格言はお目にかかったことがないが……このデータに辿り着けただけでも、スピードスターの秘めたるポテンシャルを理解してもらえるのではないか。

一方、このリーディングで思わぬ低調ぶりが露呈したのは川田騎手だろう。

16位に沈んだばかりか、同期間の自身の全体成績より好走率で大きく見劣る。特にダートは勝率15・0％、単勝回収値35円と大スランプで、川田騎手の意外な切りどころが見えてきた。

この件に関しては100％の理由付けにはならないだろうが、以前に自身のインタビューでこのように語っている。

「数を勝とうと思ったら、逃げるという手段が一番数字はついてきます。僕も若い頃はとにかく結果が必要だったので、よくその選択をしていたし、目先の結果を求めて逃げていた。

けれど、結果を得られるのは、その瞬間だけ。もちろん、逃げという戦法でしか頑張れない馬もいますし、逃げ馬としてそのまま出世していく馬もいますし、中にはキタサンブラックのように、どんな競馬でも結果を出せる素晴らしい馬もいる。けれど、みんながみんな、そうじゃない」

当然のことながら、このインタビューは短距離戦について語っているわけではないのだが、彼がリズム重視で乗る騎手であることは間違いなく、ネームバリューからスプリント戦でも過剰人気になる騎手だけに馬券妙味は限りなく薄く、スピードスターの観点からも川田騎手の騎乗馬は大きな減点をしていいだろう。

中堅～若手の注目株では団野騎手が挙げられる。

2023年のGⅠ高松宮記念を12番人気で制したファストフォースも該当馬だが、同馬を除いても、単勝回収値が200円を優に超えている点は注目に値する。

24年も2月18日の大和Ｓ（ＯＰ、京都ダート1200ｍ）で、前走の前半3ハロン＝34・2という該当馬スズカコテキタイに騎乗、単勝8番人気ながら勝利に導いている。芝もダートも遜色ない成績を残しているので、スプリント戦では常にチェックが必要な存在だ。

以上で【スピードスター】の概要はつかんでいただいたと思うのだが、あくまで将来的な話をさせていただくと、本馬券術の精度を高めるためには「3ハロン」に縛られないほうがいいというのが当方の意見。

というのも、他の予想家も提唱しているように、「上がり3ハロン」などは慣習として残っているだけで、末脚を測るのであれば、何も600mにこだわる必要はないからだ。

スタートからの加速力、テンの速さも同様で、トラッキングシステムを利用すれば、将来的に最初の100m、あるいは200mでも、正しいラップタイムが得られ、各コースでより最適なものが見つかるはずだ。

ゆくゆくはすべての距離に対してアプローチできるようになると期待したうえで、今できることを最大限に伝えたい。まだまだスピードスターは進化していくのである。

馬券術スピードスターの骨子

◎芝・ダートいずれも使用可能

※新馬（初出走馬）・障害戦は使用できない。

※距離は問わないが、下記の前提条件から短距離戦での使用がメインとなる。

⬇

【前提条件】前走で1200ｍ（＝6ハロン）戦を使っていること

※芝・ダート・場は問わない

⬇

【方法①】下記の方式で、前走の前半3ハロンを導く

各馬の走破タイム－上がり3ハロン＝前半3ハロン

例：2023年スプリンターズＳ１着ママコチャの前走

→北九州記念（芝1200ｍ）２着

６ハロン走破タイム１：07.4（67.4秒）－上がり３ハロン33.9秒＝前半３ハロン33.5秒

⬇

【方法②】前走の前半3ハロンタイムを各コースの特性（好走ゾーン）と照合、購入対象馬をジャッジ

※前半３ハロンが速ければ速いほどいいわけではなく、

前半３ハロンタイムを各コースの特性から浮上する「好走ゾーン」（第３章）と照合し、購入対象馬をジャッジする。

第2章

無印馬が恐ろしいほど飛んでくる
激走！迷走！スピードスター実戦譜

穴馬激走！函館芝1200mのスピードスター

前の章で大まかなスピードスターの理論については説明したので、ここからは馬券実戦を交えて紹介していこう。

スタート日に設定したのは2024年6月15日で、この日は東京、京都、函館の3場開催。

番組の編成上、短距離のプログラムが多い函館競馬を中心に馬券勝負をするのが自然の流れではあるのだが、それに加えて東京、京都は残り2週で秋競馬までお休みとなる。仮に今週、函館競馬でコツをつかめば24年の夏は〝無期限サマージャンボ宝くじ∞〟。

汗と涎を垂らしながら、各馬のスピードスターを調べてみた。

函館芝1200mのスピードスターは表5。まず自然と目に飛び込んでくるのは、「～33・7」「33・8～34・0」「34・1～34・3」のゾーン。コースを問わず全体で見ても、スピードスター（前走の前半3ハロン）がしっかり速い時計になっている馬が優位になる可能性が高いと書いたが、その中でも函館芝1200mは、より顕著に性質を示している。

表5●函館芝1200m【スピードスター】好走対象ゾーン

前走前半3F	着別度数	勝率	複勝率	単回値	複回値	単適回値
～33.7	11- 10- 4- 64/ 89	12.4%	28.1%	71	90	97
33.8～34.0	11- 9- 11- 76/ 107	10.3%	29.0%	52	80	84.1
34.1～34.3	13- 8- 12- 98/ 131	9.9%	25.2%	89	70	92.9
34.4～34.6	8- 10- 9- 121/ 148	5.4%	18.2%	71	72	64.7
34.7～34.9	10- 13- 18- 101/ 142	7.0%	28.9%	34	72	67.8
35.0～35.2	10- 10- 11- 111/ 142	7.0%	21.8%	47	55	71.1
35.3～35.5	2- 5- 4- 74/ 85	2.4%	12.9%	11	48	28.9
35.6～35.8	2- 7- 1- 47/ 57	3.5%	17.5%	12	31	43.1
35.9～36.1	3- 2- 3- 21/ 29	10.3%	27.6%	357	107	131.6
36.2～36.4	0- 1- 1- 24/ 26	0.0%	7.7%	0	4	0
36.5～	1- 1- 4- 25/ 31	3.2%	19.4%	16	102	58.8
全体	71- 76- 78- 762/ 987	7.2%	22.8%	59	67	72.6

小回りかつ直線がＪＲＡの競馬場の中で最短の函館コースなのだから、理にかなっているといえるだろう。プラスして条件を付け加えるとしたら、単勝15倍未満の馬に限れば単勝回収値は１０３円ほどになり、それだけで馬券術としては成功する。

ファン心理からも、前走逃げていた馬、もしくは先行していた馬を中心に馬券を買う癖が定着しており、今回のスピードスターは理論付けて好走馬を解説しているが、自然と人気になりがち。かつ、その予想が当たっているということだ。

また、もうひとつ函館芝１２００ｍにおけるスピードスターの特徴を加えると、「前走が他場の１２００ｍ戦の馬」という点。先ほどのオッズ要件も満たす馬になると【14・３・７・28】となり勝率26・９％、複勝率46・２％、単勝回収率は１６０円という素晴らしい数字へとジャンプアップする。

実戦譜①朝イチから15番人気馬が連対でロアングリ……

●２０２４年６月15日・函館１Ｒ（３歳未勝利、芝１２００ｍ）

実践開始日の６月15日、函館は１Ｒからさっそく芝１２００ｍのレースが組み込まれている。出走馬のスピードスター（前走・前半３ハロン）は……。

①プラビータ　前走ダート１６００ｍ
②シンパティカ　スピードスター　35・０秒（京都芝）

③マースフルガール　前走芝1400m
④スリータイガー　スピードスター　34・3秒（京都芝）
⑤グランバイオレット　前走ダート1150m
⑥リベリアンガール　スピードスター　35・0秒（福島芝）
⑦サニイアール　スピードスター　34・2秒（中山ダート）
⑧サクソフィーナ　前走芝1400m
⑨セジールレーヴ　スピードスター　34・0秒（函館芝）
⑩ナリタマフディー　スピードスター　34・5秒（福島芝）
⑪ポリトナリティー　前走芝1400m
⑫ルージュエリシア　前走芝1400m
⑬シャイニングキセキ　前走芝1400m
⑭テキーラワルツ　スピードスター　34・2秒
⑮ルクスアドラー　スピードスター　34・0秒
⑯ロードトレイル　スピードスター　33・6秒

★スピードスター該当馬　いずれも前半3ハロン＝34・3秒以下
④スリータイガー　11番人気
⑦サニイアール　4番人気

⑨セジールレーヴ　7番人気
⑭テキーラワルツ　15番人気
⑮ルクスアドラー　3番人気
⑯ロードトレイル　2番人気

対象馬は出たが、これをどう買えばいいのか。ここからは自称「編集スタッフで一番の馬券上手」（本当かなあ……）というY君にバトンタッチ。あとは彼の実戦ルポをご覧いただきたい。

●実戦ルポ

油断した！

このひと言に尽きる。

何が抜けたって、対象馬のうち最も人気のなかった15番人気⑭テキーラワルツだ。

対象馬が2、3頭までくらいなら買っているが、6頭という多頭数。連続の10着、こういっては申し訳ないが若手の中でも地味な川端騎手、さらに函館芝1200mでは不利な外めの枠に入っている。これはスピードスターでも、さすがに要らんだろー。ヒモからも切ってしまった。

こんな私にスピードスターの神様から鉄槌が下る。

スタートするや、この馬が簡単に先頭に立ち、競り合うこともなく最後の直線に。ヤバい、どこかで垂れると思っていたのに……。

函館 1R

発馬 9.50

三歳未勝利 (混)・馬齢

枠・馬番	白1 1	白1 2	黒2 3	黒2 4	赤3 5	赤3 6	青4 7	青4 8	黄5 9
父	シャンハイボビー(マ)	バーナーディニ(中)	ダイワメジャー(マ中)	イントゥミスチーフ(マ)	マクフィ(マ)	マインドユアビスケッツ(短)	イスラボニータ(マ中)	サクソンウォリアー(マ中)	シュヴァルグラン(長)
馬名	プラビータ	シンパティカ	マースフルガール	(外)スリータイガー	グランバイオレット	リベリアンガール	サニイアール	(外)サクソフィーナ	セジールレーヴ
母・母実績	タカヒロガートップ 未勝(マ)	サクソンブライド 米(中)	レディトゥブリーズ 米(マ)	タイガーモス 米(マ)	サノノティアラ 未勝(マ)	エイシンキンチェム 2勝(短)	フィンランディア 英(中)	ザフィーナ 愛(中)	リアリティー 2勝(短)
毛色・斤量	黒鹿 54 牝3	鹿 55 牝3	鹿 55 牝3	鹿 55 牝3	鹿 52 牝3	栗 52 牝3	鹿 55 牝3	鹿 55 牝3	栗 55 牝3
騎手	替☆永野	古川吉	替大野	替斎藤	替▲長浜	▲小林勝	替丹内	替横山武	替鮫島駿
厩舎	(美)矢野英	(栗)昆	(美)杉浦	(栗)高橋忠	(美)和田郎	(美)金成	(美)田村	(美)田中博	(栗)友道
賞金	0	0	0	0	0	0	0	0	0
馬主名	高岡浩行	エラドゥーラ	社台RH	永井商事	和田恭子	コスモヴューF	大塚亮一	フクキタル	大江実
牧場名	(新)アサヒ牧場	(平)Blooming F	(千)社台F	アメリカ	(日)豊洋牧場	(新)コスモヴューF	(浦)ディアレストC	アイルランド	(日)大江牧場
小桧山	…	△	△	…	…	注	△	△	…
瀬古	…	…	…	…	…	…	◎	▲	△
目黒	…	◎	…	…	…	…	△	△	△
板子	…	△	…	…	…	…	▲	△	△
打越	…	△	注	△	…	△	▲	…	連 △
本紙	…	△ 西	△	… 西	…	△	▲	△	闘 △ 西
最1200	小 1102⑤	京 1089⑦	中 1105⑤	京 1093⑮	中ダ 1132⑨	福 1103⑧	小 [illegible]⑧	京 1096③	函 1093⑤
高1400	千 57.3⑦	京ダ 1144⑥	東 1217⑦	東 1230⑨	東ダ 1227⑩	東 1241⑩	新 [illegible]③	東 1223⑥	千六 1356⑧
上り最高	千 34.3⑦	千二 33.9⑦	千四 34.6⑦	千四 35.1⑨	初芝	千四 33.8⑩	千二 [illegible]③	千四 34.6⑥	千二 35.3⑤
芝重実績	○0000	○0000	○0010	○0000	○0000	○0000	○0000	○0000	○0000
母の父	アドマイヤマックス	マッチョウノ	モアザンレディ	ストリートセンス	クロフネ	フジキセキ	シングスピール	カサメント	アドマイヤマックス
3走前	2小 2月18日 ④芝13 牝未勝 6ﾄ18頭 千二 1107 51 河原田 M ⑫⑪⑪ 492 人気6 中位一杯 11½ 343中364 モズトキキ 1088 1.9	3京 11月25日 ⑦芝6 新馬 6ﾄ12頭 千二ダ 1144 55 横山典 M ⑪⑪⑪ 404 人気6 後直だけ 8½ 375内369 メイショウヤー 1128 1.6	5中 12月28日 ⑨芝8 未勝 1ﾄ16頭 千六外 1360 55 大野 M ②②② 402 人気7 先行一杯 2¼ 351内363 ゴヴェルナーレ 1356 0.4	姫路 2月14日 ⑤袂7 交流条件 1ﾄ7頭 千五ダ 1418 50 河原田 H ①③③ 440 人気3 逃バテ 大差 内440 ベント 1387 3.1	1東 2月3日 ③芝10 未勝 5ﾄ15頭 千三ダ 1227 55 嶋田 M ①④[4] 416 人気13 直線不利 12身 366中398 ペッパーミル 1208 1.9	2小 2月25日 [6]芝5 未勝 3ﾄ18頭 千二 1105 52 土田 M [14]⑩⑥ 418 人気16 中位差詰 3¾ 349中356 トーラスシャイ 1098 0.7	1小 1月27日 ⑤芝3 未勝 4ﾄ14頭 千二 1101 55 丹内 M ④④② 446 人気8 好位伸 1¾ 346中355 ワールドシリー 1098 0.3	1小 1月27日 ⑤芝6 未勝 9ﾄ14頭 千二 1103 55 西村淳 M ⑤⑥⑥ 472 人気5 中位まま 3身 348中355 ワールドシリー 1098 0.5	3福 11月19日 ⑥芝10 新馬 15ﾄ16頭 千八 1529 52 永島 S ②②② 460 人気1 先行一杯 10¾ 372内376 スター 1512 1.7
2走前	1新 4月27日 ①芝7 未勝 7ﾄ16頭 千直 57.3 55 菊沢 H ⑦⑥ 480 人気8 中位まま 6½ 230—343 ネイルンノ 562 1.1	3京 4月27日 ③芝8 未勝 15ﾄ16頭 千二ダ 1150 55 横山典 M [13]⑪⑩ 416 人気6 中位差詰 7¼ 371中379 メイショウヨシ 1138 1.2	2中 3月10日 [6]芝10 未勝 1ﾄ16頭 千二ダ 1157 55 木幡巧 H ①③⑤ 408 人気5 先行一杯 大差 341内416 グランルチャド 1123 3.4	1福 4月20日 ⑤芝3 未勝 10ﾄ16頭 千二 1106 51 古川奈 S ③③② 432 人気8 先行伸 3¾ 351外355 ギルティプレジ 1100 0.6	3中 3月30日 ③芝9 牝未勝 13ﾄ16頭 千二ダ 1132 52 石神道 H ⑤④② 408 人気8 好位一杯 8身 346外386 フォルクスリー 1118 1.4	2小 3月2日 [7]芝6 未勝 13ﾄ18頭 千二 1110 52 土田 M [14]⑫⑨ 422 人気11 S後開く 4身 357外353 ゴーインマイウ 1103 0.7	2小 2月18日 ④芝3 牝未勝 18ﾄ18頭 千二 1090 55 丹内 M ⑩⑩⑨ 444 人気8 中位伸 1身 342外348 モズトキキ 1088 0.2	1中京 3月16日 ③芝3 未勝 4ﾄ18頭 千二 1096 55 北村友 M ③③③ 476 人気9 好位粘る 4½ 342内354 アウェイキング 1089 0.7	4中京 12月9日 ③芝8 牝未勝 3ﾄ16頭 千六 1356 55 モリス S ⑨⑦⑦ 450 人気6 中位まま 6¼ 360中355 ナムラエデン 1345 1.1
前走	2東 5月18日 ⑨芝14 牝未勝 4ﾄ16頭 千六ダ 1417 55 菅原明 M ①①① 486 人気11 逃一杯 15¾ 359内401 サンロレンツォ 1391 2.6	3京 5月12日 ⑧芝7 未勝 4ﾄ18頭 千二内 1089 55 古川吉 M ⑭⑮⑮ 412 人気17 脚余す 4½ 350中339 リチャードバロ 1082 0.7	2東 4月28日 ④芝7 未勝 1ﾄ18頭 千四 1217 55 斎藤 S ⑦⑧[7] 406 人気7 直線不利 3¼ 355内346 エフォートレス 1211 0.6	3京 5月12日 ⑧芝15 未勝 5ﾄ18頭 千二内 1093 51 古川奈 M ⑥⑦⑦ 428 人気4 中位一杯 6½ 342内351 リチャードバロ 1082 1.1	1福 4月21日 ⑥芝9 未勝 6ﾄ16頭 千一五ダ 1107 52 石神道 M ⑨⑪⑪ 408 人気11 中位一杯 8¾ 364内374 ワークソング 1092 1.5	1福 4月21日 ⑥芝8 未勝 1ﾄ15頭 千二 1103 52 小林勝 M ⑦⑦[7] 424 人気5 中位まま 5½ 350中353 ニシノアヤカゼ 1095 0.8	3中 4月6日 [5]芝8 未勝 11ﾄ16頭 千二ダ 1129 55 勝浦 H ⑦⑦⑦ 440 人気4 中位まま 7½ 342中387 ヨッコサン 1116 1.3	2東 4月21日 ②芝6 未勝 15ﾄ17頭 千四 1223 55 戸崎圭 S ④⑤⑥ 482 人気3 好位一息 6¾ 356外346 パストラーレ 1212 1.1	1函 6月9日 ②芝5 未勝 9ﾄ16頭 千二 1093 55 坂井 M ③③③ 464 人気7 好位一息 5½ 340中353 ベアゴーゴー 1084 0.9
全左ダ右函	00000 00000 00000 110820	00000 00000 00000 30210	00000 10010 11000 61140	00000 00000 10010 51132	00000 00000 00000 40400	00000 00000 00000 62130	00000 00000 31020 41120	00000 00000 22000 31020	00000 00000 00000 31021
情報	入着級	△連下	★伏兵	連なら	入着級	△連下	▲単穴	△連下	△連下

情報 混戦

芝 1200 メートル

右回り

A 直線262.1 メートル

賞金	レコード
550万	1.06.8
220	17年 6月
140	ジューヌ
83	エコール
55	50北村友

函館1R 枠連

1-1	☆	4-4	30.4
1-2	93.3	4-5	28.7
1-3	☆	4-6	36.7
1-4	26.6	4-7	56.7
1-5	67.9	4-8	3.9
1-6	86.9	5-5	☆
1-7	☆	5-6	93.5
1-8	9.2	5-7	☆
2-2	☆	5-8	9.9
2-3	☆	6-6	☆
2-4	39.4	6-7	☆
2-5	☆	6-8	12.7
2-6	☆	7-7	☆
2-7	☆	7-8	19.6
2-8	13.6	8-8	3.7
3-3	☆		
3-4	50.1		
3-5	☆		
3-6	☆		
3-7	☆		
3-8	17.3		

軸馬 16
単穴 12
連 3 7 9

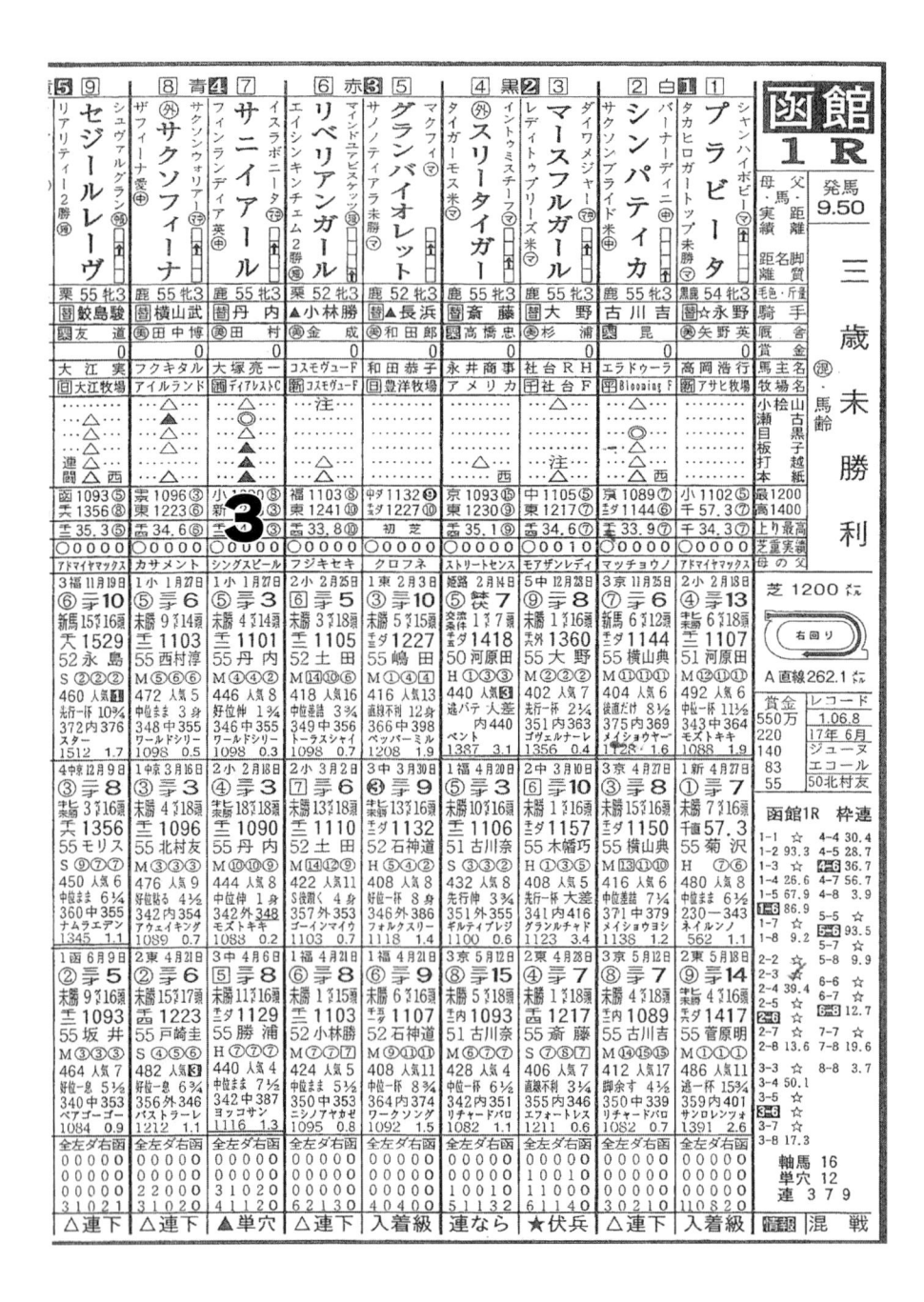

●2024年6月15日・函館1R（3歳未勝利、芝1200m）

1着⑯ロードトレイル★
（2番人気）
2着⑭テキーラワルツ★
（15番人気）
3着⑦サニイアール★
（4番人気）
★はスピードスター購入対象馬

単⑯ 410円
複⑯ 190円
⑭ 2910円
⑦ 260円
馬連⑭ー⑯ 27180円
馬単⑯→⑭ 32670円
3連複⑦⑭⑯ 59820円
3連単⑯→⑭→⑦ 260440円

16 桃8	15	14 橙7	13	12 緑6	11	10 黄
ロードカナロア(マ)	オルフェーヴル(略)	アジアエクスプレス(マ中)	キンシャサノキセキ(マ)	リオンディーズ(マ中)	エイシンヒカリ(マ中)	レイデオロ(略)
ロードトレイル	ルクスアドラー	テキーラワルツ	シャイニングキセキ	ルージュエリシア	ポリトナリティー	ナリタマフディー
パラダイスリッジ1勝(中)	スマートアストリア未勝(残)	ジューンワルツ未勝(マ)	ラレッサングル公(中)	ウォンビーロング3勝(マ)	ポリリズム未勝(中)	オースミハルカ6勝(中)
鹿 54 牡3	栗 57 牡3	栗 52 牝3	青鹿 51 牝3	鹿 55 牝3	黒鹿 52 牝3	栗 54 牝3
▲高 杉	佐々木	替▲川端	替★小林美	替横山和	替▲土田	替☆角田河
栗藤岡健	栗須貝尚	栗大根田	栗小 林	美粟田徹	美和田雄	栗高橋亮
0	0	0	0	0	0	0
ロードHC	ルクス	成田才仁	平川浩之	東京HR	岡田牧雄	オースミ
ひケイアイF	日いとう牧場	浦高昭牧場	ひ高橋陵	平坂東牧場	ひ乾皆雄	浦鮫川啓一
◎ ○ ○ ◎ ○ ◎ 西	▲ 注 ▲ ○ 連 ◎ 闘 ○ 西	西	△ 西	○ △ 注 注		△ 注 西
小1[illegible]3② 兲[illegible]6⑦ 三[illegible]③	函1091③ 兲1224③ 三34.8⑪	京[illegible]⑩ 京外[illegible]⑯ 三[illegible]⑩	兲1354⑩ 阪1223⑥ 兲35.1⑩	福1097④ 新1233⑧ 三34.7④	小1088⑥ 新1234② 三35.0⑥	福1100⑥ 二千2051⑫ 三35.5⑥
○0001	○0000	○0000	○0001	○0000	○0000	○0000
ディープインパクト	ストラヴィンスキー	ハービンジャー	キングカメハメハ	ストラヴィンスキー	バチアー	フサイチコンコルド
1小 1月14日 ② 3歳 2 未勝 10ト18頭 三 1083 57 藤岡康 M②②② 472 人気3 先行伸 ½身 335中348 ナムラアトム 1082 0.1	4中京 12月10日 ④ 2歳 3 未勝 15ト16頭 西 1224 56 富田 S⑤⑤⑤ 448 人気1 好位伸 2½ 351中350 アンクルクロス 1220 0.4	2小 2月18日 ④ 3歳 6 未勝 1ト18頭 三 1094 53 西塚 M①①① 438 人気18 外よれ 3¾ 335外359 モズトキキ 1088 0.6	5阪 12月3日 ② 2歳 6 未勝 3ト11頭 西内 1223 55 富田 M⑩⑩⑩ 410 人気10 出遅る 7½ 353内357 クランフォード 1211 1.2	2中 2月24日 1 3歳 11 未勝 10ト16頭 天ダ 1581 55 横山和 S③③⑤ 436 人気12 好位一杯 16¾ 382内420 スペイドアン 1552 2.9	1小 1月27日 ⑤ 3歳 7 未勝 7ト14頭 三 1103 53 小林凌大 M⑨⑨9 412 人気7 中位差詰 3身 352中351 ワールドシリー 1098 0.5	2京 2月11日 ⑥ 3歳 8 未勝 1ト10頭 二千内 2058 55 川島 S③④⑦ 474 人気8 好位一杯 大差 377内381 ジョセフィーナ 2025 3.3
1小 2月4日 ⑧ 3歳 6 未勝 3ト18頭 三 1107 57 藤岡康 M①①① 474 人気1 逃一息 4¼ 342内365 トラベジスト 1100 0.7	5阪 12月28日 ⑨ 2歳 11 未勝 14ト14頭 三内 1108 53 永島 S⑩⑪⑪ 458 人気2 後方まま 5½ 360外348 イリスアスール 1099 0.9	1福 4月20日 ⑤ 3歳 10 未勝 3ト16頭 三 1118 53 西塚 S4③⑤ 426 人気3 先行一杯 11½ 352中366 ギルティプレジ 1100 1.8	5阪 12月17日 6 2歳 7 未勝 1ト15頭 西内 1232 52 鷲頭 M15⑭⑭ 404 人気11 後方差詰 5身 359中358 アレンジャー 1223 0.9	1福 4月21日 ⑥ 3歳 4 未勝 12ト15頭 三 1097 55 荻野極 M⑦⑦⑦ 436 人気8 中位伸も 1¼ 350中347 ニシノアヤカゼ 1095 0.2	1福 4月13日 ③ 3歳 4 未勝 1ト16頭 三 1104 54 松本 M⑩⑩⑨ 406 人気5 中位差詰 6¾ 349内355 ジョーメッドヴ 1093 1.1	1阪 2月24日 1 3歳 12 未勝 5ト13頭 二千内 2051 55 川島 S③②② 478 人気11 先行バテ 14身 364中368 シュガークン 2028 2.3
1中京 3月16日 ③ 3歳 8 未勝 12ト18頭 三 1098 54 高杉 M①②② 476 人気3 先行一息 5½ 336中362 アウェイキング 1089 0.9	1函 6月8日 ① 3歳 3 未勝 12ト16頭 三 1091 57 佐々木 M②④③ 462 人気4 好位粘る 6½ 340中351 ナムラローズマ 1079 1.2	3京 5月12日 ⑧ 3歳 10 未勝 7ト18頭 三内 1090 54 小沢 M⑤④⑦ 424 人気13 好位一杯 5身 342中348 リチャードバロ 1082 0.8	1中京 3月23日 ⑥ 3歳 9 未勝 1ト18頭 西 1248 51 河原田 S⑩⑩⑩ 392 人気12 出遅る 6¾ 370内356 ストレイトアス 1236 1.2	1新 5月11日 ⑤ 3歳 8 未勝 11ト16頭 西内 1233 55 荻野極 M⑤③④ 434 人気10 好位一杯 4¾ 348中368 ヤブサメ 1225 0.8	1新 4月28日 ② 3歳 10 未勝 8ト16頭 西内 1240 54 松本 M⑧⑧⑧ 402 人気9 中位一杯 5½ 356中363 メティエダール 1231 0.9	1福 4月21日 ⑥ 3歳 6 未勝 8ト15頭 三 1100 54 小沢 M③②② 474 人気11 先行一杯 3¾ 345中355 ニシノアヤカゼ 1095 0.5
全左ダ右函	全左ダ右函	全左ダ右函	全左ダ右函	全左ダ右函	全左ダ右函	全左ダ右函
00000	00000	00000	00000	00000	00000	00000
10010	00000	00000	00000	00000	11000	00000
10010	41121	00000	00000	00000	00000	00000
31020	20110	40130	41030	81610	71060	50230
○有力	○有力	入着級	連なら	☆特注	入着級	連なら

馬連の両軸は対象馬だったが……。人気薄の⑭テキーラワルツもないが、④スリータイガーもなかった外れ馬券。

函館	土	1R	馬連 フォーメーション	馬1：07,09 馬2：03,07,09,12,15,16	各 200円 計1,800円	–	–	0円

「それだけはやめてくれ！」

……ラストは2番人気の対象馬⑯ロードトレイルに差されたものの、テキーラワルツは2着に粘り切ってしまった。

3着は⑦サニイアール（4番人気）。結果的に対象馬のワンツースリーで馬連2万、3連複5万、3連単26万の仰天馬券になってしまった。

「俺様をなめるなよ！」

そんなスピードスターの神様の声が天上から聞こえた気がした。

「もうなめません……」。実戦の一発目が、この痛恨の外れとは……（大涙）。

●教訓　無印馬でも、スピードスターに該当したら拾っておけ！

実戦譜②多頭数ならボックス戦略！万馬券的中でリベンジなる

●2024年6月16日・函館11R　UHB杯（3歳上3勝クラス、芝1200m）

①サトノグレイト　スピードスター　34・2秒（新潟芝）
②サニーオーシャン　スピードスター　35・6秒（阪神芝）
③エイシンエイト　スピードスター　34・2秒（中山芝）
④アドヴァイス　前走ダート1150m
⑤ドーバーホーク　スピードスター　33・9秒（中山芝）

⑥マメコ　スピードスター　33・3秒（中山芝）
⑦エコロレジーナ　前走芝1000m
⑧ブッシュガーデン　スピードスター　34・0秒（中山芝）
⑨スカイロケット　前走芝1400m
⑩ドナベティ　前走芝1400m
⑪ラキエータ　スピードスター　34・4秒
⑫タツリュウオー　スピードスター　34・8秒
⑬オードゥメール　スピードスター　33・7秒
⑭ジャスティンエース　前走芝1400m
⑮トーセンアラン　前走ダート1400m
⑯プライムライン　前走ダート1400m

★スピードスター該当馬　いずれも前半3ハロン＝34・3秒以下
①サトノグレイト　6番人気
③エイシンエイト　4番人気
⑤ドーバーホーク　3番人気
⑥マメコ　10番人気
⑧ブッシュガーデン　9番人気

⑬オードウメール　　５番人気

●実戦ルポ

ここも６頭が対象になった。前日１Ｒの後悔があるので、今回はどんな人気薄、無印でも買うぞ！とはいっても、６頭はやっぱり多い。どう買うべきか。

実は前日の反省から、ひとつの買い方が閃いていた。１〜３着独占という結果を思い返してみると……いっそのこと、６頭ボックスでいいんじゃないか⁉

馬連なら15点、３連複なら20点。変にひねって外すより、スピードスターの神様に全部乗っかってみよう！

スタートを決め、飛び出したのは④アドヴァイス。人気薄だが、楽な逃げで直線へ。スピードスター非対象馬だけに、イヤな予感が……。

と、ゴール前で脚色が鈍ったところを、⑩マメコが差し切る。次いで、③エイシンエイト、⑤ドーバーホークが外から殺到。それぞれ２、３着を確保し、見事なワンツースリーを決めた（アドヴァイスはあわやの４着。ホッとしました）。

６頭ボックス作戦は大成功。10番人気マメコの連絡みで、馬連８６７０円、３連複１万９３８０円をゲット！わずか１日でリベンジを果たした――満足感に浸っていると、本馬券術を連載中の月刊誌「競馬の天才！」編集者からメールが。

なんと、このレースを３連単で獲った読者から、御礼と的中画像（左の画像）が送られてきたという。

函館コースのスピードスター好走ゾーンについては、本馬券術を短期連載中の月刊誌「競馬の天才！」では既報済みで、この読者の方は自分で算出して3連単を的中したようだ。

右に掲載したように、3連単15万5180円とワイドも的中と、これは素晴らしい！　いっそ実戦を代わってほしい（本音ですー）。

●教訓　スピードスター多数出現の際に一考、ボックス戦略

●著者・中山のポイント解説

勝ったマメコは、単勝回収値の高い前走前半3ハロン33・7秒以下（メンバー最速のスピードスター）だった馬であり、ダッシュ力の高さがそのままレースに活きる形となった。

本章のアタマで、スピードスターの好走ゾーンの中でも「前走が他場の1200mの馬」を狙うのがベターと紹介させてもらったが、その中でも特に狙いが立てやすいのが、今回1～3着を独占した「スピードスター

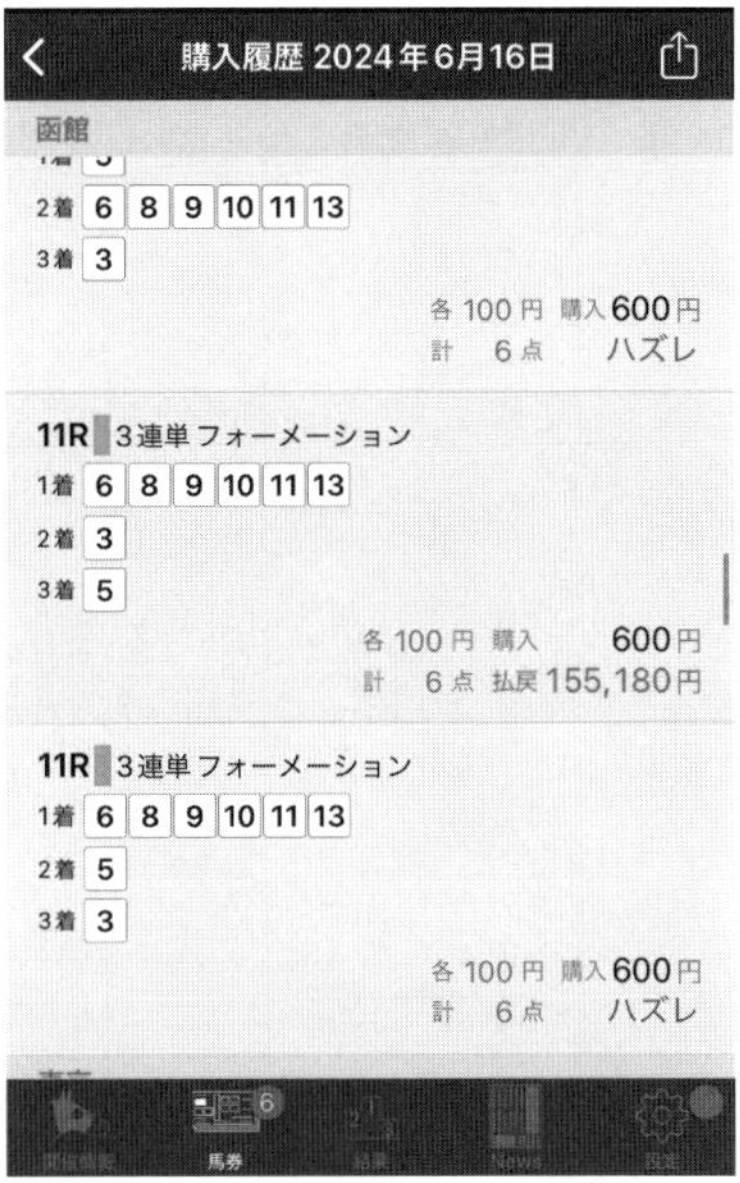

3連単が、なかなか勝ち切れない③エイシン、⑤ドーバーを2、3着に置いたニクいテクニック。相当な馬券巧者とお見受けしました。

ワイド③－⑥ 2660 円、⑤－⑥ 2060 円も的中。お見事！

函館 11R

WIN5③

発馬 15.25

UHB杯

㊗混 三才上3勝クラス・ハンデ

	1	2	3	4	5	6	7	8	9
枠	白1	白1	黒2	黒2	赤3	赤3	青4	青4	5
父	ダイワメジャー(ﾏｲ)	ゼンノロブロイ(中長)	エーシントップ(マ)	モーリス(ﾏｲ)	ディーマジェスティ(中)	リヤンドファミユ(中長)	アメリカンペイトリオット(マ)	リオンディーズ(ﾏｲ)	ジャスタウェイ(中)
馬名	サトノグレイト	サニーオーシャン	㊞エイシンエイト	アドヴァイス	ドーバーホーク	マ メ コ	エコロレジーナ	ブッシュガーデン	スカイロケット
母	ノヴァホーク 英(中)	ヨドノグレイス 1勝(短)	エイシンモルト 公(マ)	テンシノホホエミ 1勝(マ)	タカラジェニファ 2勝(マ)	ファーマクリーム 3勝(短)	ハーズシャドウ 未出(中)	フリスコベイ 2勝(短)	ティッカーテープ 英(中)
毛色・斤量	鹿 55 騸4	鹿 54 騸6	鹿 55 牝4	鹿 53 牝5	鹿 57 牡4	鹿 53 牝5	鹿 55 牝4	黒鹿 55 牝5	鹿 55 牝4
騎手	替池添	替小林勝	替大野	替松岡	替横山武	替永野	替横山和	替黛	替佐々木
厩舎	栗中竹	美杉浦	美田中剛	栗中村	美清水英	栗武英	美菊沢	美武井	栗須貝尚
賞金	1500	1500	1230	1500	1500	1500	1500	1500	1500
総賞金	3950	5193	3349	4158	3584	4480	4240	8345	3415
馬主名	里見治	海原聖一	栄進堂	泉一郎	嶋田賢	中西功	原村正紀	那須野牧場	シルクR
牧場名	千社台F	浦林農場	ひ水丸牧場	日浜本牧場	新大栄牧場	日増尾牧場	日荒井F	栃那須野牧場	安ノーザンF
小桧山	注		◎	B	△		△		△
瀬古		初B	△		△				注
目黒	△		▲			△		△	注
板子			▲		△	◎	注		
打越	▲		△				◎		△
本紙	△ 西		○	西	△	西	注	△	▲ 西
1000			芝ダ11[illegible]①	新56.3⑬	天1427⑦		新55.9[1]	新56.2⑪	
芝 1200	宗1084②	天ダ2031⑥ / 小1077⑤	中10[illegible]③	小1082[2]	札[illegible]①	小1[illegible]①	中1084①	阪1073①	小1090⑤
1400	宗1210④	東1234⑭	盛ダ1[illegible]②	阪1211⑧	東[illegible]⑨	芝ダ1[illegible]⑥	芝ダ1096②	阪1204⑥	阪1195①
1600		中1378⑨	中1344[9]	芝ダ1248[8]	三2108⑨	芝ダ1476⑫	芝ダ1124⑤	阪1351⑤	阪1347⑨
上り最高	三34.3②	三33.7[6]	三34.2⑨	三33.3①	天33.7⑦	三34.1②	千33.2[1]	千33.1③	三34.0⑤
騎乗成績	0001	初騎乗	初騎乗	初騎乗	初騎乗	初騎乗	初騎乗	初騎乗	初騎乗
クラス実績	0000	0002	0113	0007	0004	0001	0101	0205	0000
当該条件	初コース	0004	1000	初コース	初コース	初コース	初コース	1000	初コース
前走	1小 1月27日 ⑤ 四才上 1 1勝15ト18頭 三1090 58鮫島駿 S③④④ 496 人気3 直線競勝 アタマ 345中345 ディオアステリ 1090 0.0	1小 1月27日 ⑤ 周防 7 2勝6ト10頭 三1091 58斎藤 M④④⑤ 458 人気10 好位一杯 2¾ 345外346 カンチェンジュ 1086 0.5	4新 10月21日 ③ 北陸 2 3勝6ト18頭 三内1094 55荻野極 H④⑤⑤ 500 人気14 一旦先頭 ハナ 338中356 オタルエバー 1094 0.0	3京 11月5日 ② 醍醐 14 3勝8ト18頭 三内1083 56秋山真 M①②② 500B 公11 先行一杯 5¾ 330中353 ショウナンハク 1073 1.0	4東 10月14日 ④ 鎌倉 9 3勝1ト12頭 西1216 56菅原明 S[7]⑧[8] 480 人気4 直線不利 4½ 360内340 ジューンオレン 1208 0.8	3福 11月5日 ② 三才上 1 1勝5ト13頭 三1104 52古川奈 M②②② 452 人気1 先行抜出 クビ 343中361 ニシノコウダイ 1104 0.0	4中京 12月17日 ⑥ 桑名 6 2勝5ト16頭 三1093 53菊沢 M[11]⑪⑩ 488 人気1 出遅る 2¼ 351中342 タウゼントシェ 1089 0.4	3京 11月5日 ② 醍醐 2 3勝13ト18頭 三内1075 56鮫島駿 M⑤⑦⑦ 462 人気4 中位伸 1½ 339中336 ショウナンハク 1073 0.2	1小 1月27日 ⑤ 周防 5 2勝10ト10頭 三1090 58鮫島駿 M⑨⑨⑩ 440 人気7 後方追上 2½ 350外340 カンチェンジュ 1086 0.4
2走前	2小 2月10日 ① 大濠 8 2勝14ト14頭 三1089 56鮫島駿 M⑦⑥⑥ 490 人気1 中位まま 1¾ 344外345 サニーオーシャ 1086 0.3	2小 2月10日 ① 大濠 1 2勝6ト14頭 三1086 54幸 M⑪⑩⑨ 458 人気11 中位差切 クビ 346内340 アップストロー 1087 0.1	3福 11月18日 ⑤ キビタキ 4 3勝3ト16頭 三1105 55荻野極 H④③[3] 498 人気3 直線不利 2¼ 339中366 ファイアダンサ 1101 0.4	1小 1月28日 ⑥ 巌流 9 3勝18ト18頭 三1096 54秋山真 M③⑤⑤ 488B 公4 好位一杯 3¾ 340中356 ヤクシマ 1090 0.6	3福 11月18日 [5] キビタキ 6 3勝11ト16頭 三1105 56原 H⑦⑪⑫ 478 人気2 盛返す 2¼ 345中360 ファイアダンサ 1101 0.4	3京 11月25日 ⑦ 三才上 1 2勝11ト18頭 三内1082 52古川奈 S②②② 454 人気7 先行抜出 クビ 340中342 ティニア 1082 0.0	1中 1月13日 ④ 四才上 1 2勝4ト15頭 三外1084 53小林勝 M③④④ 494 人気4 先行抜出 ¾身 337内347 スムースベルベ 1085 0.1	5中 12月3日 ② 南総 8 3勝2ト15頭 三外1075 56佐々木 M[7]④④ 470 人気2 出遅る 1½ 332内343 バースクライ 1072 0.3	1阪 3月2日 [3] 四才上 8 2勝5ト13頭 西内1215 58ムルザバエフ M[11]⑪⑩ 440 人気6 出遅る 4¼ 357外345 ジョウショーホ 1208 0.7
3走前	1中京 3月10日 ② 岡崎 4 2勝4ト11頭 西1210 56池添 M④⑤⑤ 498 人気7 好位一息 2½ 340中353 リュミエールノ 1206 0.4	2小 2月25日 [6] 下関 10 3勝12ト17頭 三1098 58幸 M⑭⑬⑫ 454 人気13 後方まま 4¾ 352中346 カンチェンジュ 1090 0.8	5中 12月3日 ② 南総 3 3勝15ト15頭 三外1073 55津村 M②③③ 492 人気10 好位伸 ½身 331中342 バースクライ 1072 0.1	2中 3月9日 [5] アクアマ 9 3勝3ト16頭 三外1100 54岩田望 H①②② 488B 公12 競合う 3身 331中369 ユキノファラオ 1094 0.6	2中 3月9日 [5] アクアマ 5 3勝16ト16頭 三外1097 57原 H⑧⑧[9] 482 人気7 もまれる 1¾ 337外360 ユキノファラオ 1094 0.3	2中 3月9日 [5] アクアマ 14 3勝11ト16頭 三外1103 53古川奈 H⑥④④ 460 人気9 先行一杯 5¼ 333中370 ユキノファラオ 1094 0.9	2小 2月25日 [6] 下関 2 3勝11ト17頭 三1093 56菊沢 M②②② 494 人気7 先行粘る 2身 342内351 カンチェンジュ 1090 0.3	1阪 3月16日 ⑦ 淀屋 13 3勝15ト15頭 三内1094 56鮫島駿 M[10]⑨⑨ 462 人気3 出遅る 6¾ 350外344 ソウテン 1083 1.1	1阪 3月17日 [8] 山陽 4 2勝6ト11頭 西内1214 58岩田望 S④④④ 432 人気5 好位一息 2身 350外350 サウンドプライ 1211 0.3

1 3 2

280	エコール
184	50北村友

函館11R 枠番連勝

1-1	☆
1-2	33.7
1-3	79.2
1-4	63.6
1-5	28.4
1-6	21.0
1-7	☆
1-8	☆
2-2	☆
2-3	25.5
2-4	20.4
2-5	9.1
2-6	6.7
2-7	38.4
2-8	32.6
3-3	☆
3-4	48.1
3-5	21.4
3-6	15.8
3-7	90.0
3-8	76.4
4-4	☆
4-5	17.2
4-6	12.7
4-7	72.3
4-8	61.3
5-5	19.9
5-6	5.6
5-7	32.3

●2024年6月16日・函館11R　UHB杯（3歳上3歳クラス、芝1200m）

１着⑥マメコ★
（10番人気）
２着③エイシンエイト★
（４番人気）
３着⑤ドーバーホーク★
（３番人気）
★はスピードスター購入対象馬

単⑥ 2160円
複⑥ 620円
③ 340円
⑤ 300円
馬連③−⑥ 8670円
馬単⑥→③ 21070円
３連複③⑤⑥ 19380円
３連単⑥→③→⑤ 155180円

万馬券的中証明書

[redacted]

2024年06月16日
JRA日本中央競馬会

あなたは下記の万馬券を的中させましたので
ここに証明いたします。

記

2024年　1回函館4日　11R
3連複 03−05−06　100円購入
払戻金単価　@19,380円
払戻金合計　19,380円

６頭ボックス作戦で、３連複万馬券を的中。同様に馬連も６頭ボックスで8670円の好配当を的中している。

16 桃8	15	14 橙7	13	12 緑6	11	10 黄
ハーツクライ(輸) (地)プライムライン バートラムガーデン 4勝(短)	キズナ(輸) トーセンアラン アドマイヤキラメキ 4勝(マ)	ルーラーシップ(輸) ジャスティンエース ガラアフェアー 未勝(中)	ルーラーシップ(輸) オードゥメール オーシュペール 3勝(中)	エイシンヒカリ(マ中) タツリュウオー フォワードカール 1勝(マ)	キンシャサノキセキ(マ) ラキエータ ウィルパワー 4勝(短)	リアルスティール(中) ドナベティ ドナルチア 1勝(短)
鹿 55 騸7	鹿 53 牡6	黒鹿 55 牡5	鹿 54 牝5	黒鹿 54 牝6	鹿 55 牝5	鹿 52 牝3
替菱田	替今村	替鮫島駿	替斎藤	替古川吉	武豊	替丹内
栗田中克	栗池江寿	栗杉山晴	美斎藤誠	栗藤野	栗音無	栗矢作
1380	1500	1500	1500	1500	1500	1600
4113	3218	4366	5277	4404	5738	3680
広尾レース	島川隆哉	三木正浩	中村伊三美	しょうじ	シルクR	小川眞査雄
日下河辺牧場	安ノーザンF	安ノーザンF	ひケイアイF	ひ城地牧場	白白老F	ひ下屋敷牧場
… ◎ … … △ 西	… … … … … 西	初 B … … … 西	△ △ … … △ △	… … △ △ … 西	▲ ○ ○ ○ ○ ◎ 西	○ ▲ ◎ △ 注 △ 西
千二ダ1228❷ 京ダ1126❺ 千七1481[5] 千八1509[3]	小ダ57.9[12] 新ダ1119② 阪ダ1232❶ 二千2035[9]	千五1288② 千八1473② 阪1215⑭ 中1346⑫	千二ダ1130[3] 中1072② 東1221[3] 千四ダ1267[12]	小1077⑦ 千二ダ1122①	札1079⑦ 阪1216⑤	千五1334[5] 函1093① 京1205② 阪1335⑧
千八35.6[3] 初騎乗	二千37.6[9] 初騎乗	千八34.1② 1104	千二34.0⑫ 1003	千二32.6⑨ 初騎乗	千二33.2⑦ 1200	千四33.9② 初騎乗
0105 初コース	0 0 0 10 初コース	0004 初コース	0115 0002	0107 2001	0103 2000	0000 1000
1京 23年4月 ❹ 栗東 5 3勝14ト16頭 千二ダ1126 58川田 M⑤④③ 478B 人気❸ 好位一息 2½ 351中375 マルモリスペシ 1121 0.5	3阪 6月25日 ⑧ 花のみち 13 3勝8ト16頭 千四ダ1264 58菅原明 M⑮⑭⑭ 544 人気6 後方まま 14½ 358中386 イフティファー 1239 2.5	2函 7月9日 ④ 五稜 6 3勝8ト14頭 千八1475 58鮫島駿 S①①① 474 人気4 逃一息 2½ 358内356 アケルナルスタ 1471 0.4	3福 11月18日 [5] キビタキ 11 3勝6ト16頭 千二1110 53横山琉 H⑩⑨⑩ 478 人気11 中位一杯 5½ 344中366 ファイアダンサ 1101 0.9	4中京 12月10日 ④ 知立 8 3勝1ト9頭 千二1085 56荻野極 M⑥⑥⑥ 470 人気7 中位一杯 5½ 352内333 ドロップオブラ 1076 0.9	1札 7月22日 ① TVh賞 7 3勝10ト15頭 千二1079 56北村友 M⑬⑬⑪ 422 人気8 後方差詰 2½ 347内332 エクセトラ 1075 0.4	3京 11月4日 ① ファンタ 2 牝GⅢ 1ト18頭 千四外1205 55坂井 M⑧⑦⑦ 422 人気9 内つき伸 ½身 352内339 カルチャーデイ 1204 0.1
2京 10月22日 ⑦ 桂川 10 3勝11ト14頭 千四ダ1251 56川田 S③③④ 456B 人気❸ 好位一杯 11¼ 356中374 ペースセッティ 1233 1.8	3小 8月26日 [5] 釜山 12 3勝5ト13頭 千ダ57.9 58団野 H[13]⑬⑬ 534 人気11 後方まま 5身 348中343 アッティーヴォ 570 0.9	2札 9月2日 [7] 日高 7 3勝12ト14頭 千五1302 58鮫島駿 M⑦⑨⑨ 478 人気4 中位まま 2½ 364外367 セッタレダスト 1298 0.4	5中 12月3日 ② 南総 2 3勝1ト15頭 千二外1072 53石川 M①①① 478 人気15 逃粘る クビ 330内342 バースクライ 1072 0.0	1小 1月28日 [6] 巌流 4 3勝15ト18頭 千二1093 54小沢 M⑧⑩⑨ 472 人気10 中位差詰 2身 344外349 ヤクシマ 1090 0.3	4新 10月21日 ❸ 北陸 6 3勝11ト18頭 千二内1097 56北村友 H⑪⑬⑬ 424 人気6 中位差詰 1½ 346中351 オタルエバー 1094 0.3	5阪 12月10日 ④ 阪神JF 8 牝GⅠ 18ト18頭 千六外1335 55坂井 S⑯⑯⑯ 416 人気13 後方差詰 5½ 361中340 アスコリピチェ 1326 0.9
5阪 12月17日 [6] 御影 15 3勝5ト16頭 千四ダ1269 58マーカンド H⑧⑪⑮ 464B 人気8 中位一杯 大差 352内394 エンペラーワケ 1234 3.5	1阪 3月2日 [3] なにわS 14 3勝9ト16頭 千二ダ1129 58鮫島駿 M⑪⑪⑪ 526B 人気14 後方まま 11身 357中372 コパノパサディ 1110 1.9	2京 10月22日 ⑦ 三年 13 3勝7ト13頭 千六外1356 58鮫島駿 S①①② 472 人気9 逃一杯 11¾ 362内352 ソーダズリング 1337 1.9	2中 3月9日 [5] アクアマ 10 3勝4ト16頭 千二外1100 54丹内 H④⑤④ 486 人気10 好位一杯 3¼ 334中366 ユキノファラオ 1094 0.6	2小 2月25日 [6] 下関 8 3勝15ト17頭 千二1097 56小沢 M⑦⑦[8] 468 人気11 中位一杯 4½ 348中349 カンチェンジュ 1090 0.7	4中京 12月10日 ④ 知立 5 3勝2ト9頭 千二1085 56Hドイル M⑧⑧⑥ 424 人気❸ 後方追上 5身 352中333 ドロップオブラ 1076 0.9	1阪 3月10日 ⑥ フィリー 7 牝GⅡ 10ト14頭 千四内1208 55坂井 M[14]⑬⑫ 420 人気7 鼻出血 4¼ 348内350 エトヴプレ 1201 0.7

■ 2023年・函館スプリントS1着＝
キミワクイーンの【スピードスター】

前走：中山芝1200ｍ
走破時計：1.08.8＝68.8
上がり3F：34.8
「前半3ハロン」68.8－34.8＝34.0

中山芝１２００ｍ組」。

実は今開催まで21年以降で５頭しかいないレアキャラだったのだが、その成績は【４・０・１・０】と驚異的な数字を残していた。しかも５頭の人気は３↓４↓１↓３↓７番人気というのだから、非常に価値が高い。

具体例を出すと、23年の函館スプリングSを３番人気で制したキミワクイーンが該当する。

24年は春の中山開催は時計が出る馬場だったようで、過去３年で５頭しかいなかった好走パターンが、このレースだけでも４頭出走した。この後も続々、登場してくる予想が立てられるだけに、ひとつ新たなファクターに気づけただけでも、期待は倍増する。

実戦譜③13番人気のスピードスター馬に苦杯、アー、ウー（涙）

●２０２４年６月23日・函館１Ｒ（３歳未勝利、芝１２００ｍ）

①キョウエイチアフル　スピードスター　36・５秒（中山ダート）
②プレアデスグループ　スピードスター　33・９秒（函館芝）
③ミルキーメモリー　前走ダート１０００ｍ
④ラーリア　前走芝１４００ｍ

⑤ジャヴァネ　スピードスター34・7秒（函館芝）
⑥メイショウマサムネ　スピードスター34・7秒（函館芝）
⑦バニーホップ　前走芝1400m
⑧ピクラリーダ　スピードスター34・7秒（福島芝）
⑨ハイボーン　前走芝1400m
⑩プロトアステール　スピードスター34・8秒（福島芝）
⑪コアクト　スピードスター36・1秒（中山ダート）
⑫プレシャスシル　スピードスター35・6秒（函館芝）
⑬シナモンデイジー　スピードスター34・6秒（函館芝）
⑭レターフロムパリ　前走芝1000m
⑮ニシノシャミナード　スピードスター34・3秒（函館芝）
⑯ドゥザキャッチ　前走芝1800m

★スピードスター該当馬
②プレアデスグループ　1番人気　※34・3秒以下
⑪コアクト　13番人気　※35・9〜36・1秒
⑮ニシノシャミナード　2番人気　※34・3秒以下

●実戦ルポ

翌週の6月23日。この日も3場開催だったのだが、東京、京都は終日馬場が渋っていたのに反し、唯一函館競馬場だけが良馬場で終日競馬が開催できた。

先ほど説明したように、函館芝1200mの傾向としては、スピードスターを見ても〝先行有利〟。今週だけでなく、翌週以降を考えても雨中の競馬でカオスな馬場に仕上がるのは、この実戦ページとしては喜ばしくない。

ただ、この季節いつ豪雨が降り注いでもおかしくないだけに、午前中のレースで早めに結果を出したいところではある。

このレース、P51下の画像を見てもらえれば、自分予想ではアタマ候補が②プレアデスグループ、⑨ハイボーン（3番人気）の2頭。次いで、④ラーリア（4番人気）だった。

なぜ、そういう予想になったのかはさておき、3連単はその通りに、②⑨→②④⑨→ヒモのフォーメーションになっている。

ヒモは、②④⑤⑥⑨⑩⑭⑮の8頭。そう、ここには対象馬の⑪コアクトがいない。

あれ、最初の教訓では「無印馬でも、スピードスターに該当したら拾っておけ！」だったよね。それで、何で買ってないの？

もちろん、一考はした。ただ、前2走がダート。しかも8着、15着の大敗、大差負け。唯一、芝の初出走がどう出るかくらいで、さすがにここは要らんだろ！　スピードスターといえど、自信の消しだ。

レースは1番人気の対象馬プレアデスグループが逃げる。直線を向いても余裕があり、そこにラーリアが追い上げてくる。さらにハイボーンがインから迫る。

「そのままでいいぞ！」

そう心の中で叫んだ瞬間——「外からコアクト！」とアナウンスが。オイオイ⁉

死んでも届いてほしくなかったコアクトが3着。ハイボーンはそれに4分の3馬身差の4着に終わった。バカ、バカ、バカ！

3連単は、あとひと塗りで11万馬券だった。

「アー、ウー」

その日はショックのあまり、まともに言葉が出なかった。

教訓を自ら反古にした自分に、スピードスターの神様からのペナルティはあまりにもきつかった……。

●教訓　アー、ウー。今一度、頭に叩き込め！　本当に来ないと思っても、スピードスター馬なら入れておけ！

●著者・中山のポイント解説

Y君が悔しい思いをした函館1R。めったに出ないから、詳しく解説できていなかったが、「35・9〜36・1秒」のゾーンだった⑪コアクトがどうして該当馬になるのか触れておこう。

函館芝1200mのスピードスターは、「とにかく速い馬、前走前半3ハロン＝34秒3以内」がセオリーなのだが……砂漠の中のオアシス、スラム街のリゾートホテルともいうべきか、高い単勝回収値（357円）を突然叩き出す好走ゾーンが存在する。

函館 1R

発馬 9.50

三歳未勝利 牝・馬齢

	1 白1	2 白1	3 黒2	4 黒2	5 赤3	6 赤3	7 青4	8 青4	9 5
父	ダノンレジェンド(短)	サトノアラジン(マ中)	リアルスティール(中)	トーセンラー(中)	トーセンラー(中)	マジェスティックウォリアー(短)	イスラボニータ(マ中)	ブラックタイド(中)	モーリス(マ中)
馬名	キョウエイチアフル	プレアデスグループ	ミルキーメモリー	ラーリア	ジャヴァネ	メイショウマサエメ	バニーホップ	ピクラリーダ	ハイボーン
母・母実績	ウディバードソング 1勝(短)	オリヒメ 未勝(短)	ミルキーブロード 3勝(マ)	イリリア 未出(中)	セントフロンティア 未勝(中)	メイショウミハル 1勝(中)	ラビットラン 4勝(中)	ハイフリート 未勝(短)	ノーブルリーズン 2勝(中)
毛色・斤量	黒鹿 52 牝3	黒鹿 55 牝3	鹿 55 牝3	黒鹿 52 牝3	鹿 54 牝3	栗 54 牝3	鹿 52 牝3	黒鹿 51 牝3	鹿 55 牝3
騎手	替▲小林勝	丹　内	替 古川吉	替▲長浜	替☆松本	替☆角田河	替▲川端	替★小林美	替 岩田康
厩舎	美 勢司	栗 吉岡	美 牧	美 大竹	美 加藤和	栗 角田	栗 辻野	美 森一	栗 上村
賞金	0	0	0	0	0	0	0	0	0
馬主名	田中晴夫	吉田晴哉	伊東純一	中村昭博	小林祐一	松本好雄	社台RH	ディアレストC	長谷川守正
牧場名	ひ 木村秀則	白 白老F	ひ 静内フジカワ牧場	日 北田剛	ひ 静内山田牧場	浦 三嶋牧場	千 社台F	新 武田牧場	安 ノーザンF
小桧山	…	▲	…	△	…	… 初	注	… 初	◎
瀬古	…	○	…	注	△	△ B	◎	… B	△
山目	…	○	△	…	…	△	▲	…	◎
黒板	…	◎	…	△	△	△	…	…	注
子打	…	○	…	◎	△	△	…	△	△
越本紙	…	◎ 西	…	△	△	△ 西	△ 西	△	注 西
最高	中ダ1140⑬ 東ダ1304⑫	函1084② 阪[illegible]6④	中ダ1134⑨ 千ダ1012⑨	千六1362② 東[illegible]⑥	中1095⑧ 東1237⑥	函1094⑥ 東1234⑪	千五1314⑧ 京1219⑧	福1106⑪ 千ダ1148⑮	千六1363❻ 京1[illegible]⑤
上り最高・騎乗成績	初芝 初騎乗	千四3[illegible]3④ 0 [illegible] 0	初芝 初騎乗	千六[illegible]3② [illegible]	千四34.9⑥ 初騎乗	千二34.7⑥ 0 0 0 1	千四34.2⑧ 初騎乗	千二35.9⑪ 初騎乗	千四[illegible]⑤ 0 0 [illegible] 1
		1		**2**					**4**
芝重実績	○0000	○0000	○0000	○0000	○0000	○0000	○0000	○0000	○0011
母の父	ウッドマン	マジェスティックウ	クロフネ	ダノンシャンティ	デインヒル	ダイワメジャー	タピット	アフリート	ネオユニヴァース
千のみ	0 0 0 0	0 0 0 0	0 0 0 0	0 0 0 0	0 0 0 0	0 0 0 0	0 0 0 0	0 0 0 0	0 0 0 0
千一〜千二のみ	0 0 0 0	0 1 1 0	0 0 0 0	1 0 0 0	0 0 0 0	0 0 2 0	0 0 0 0	0 0 0 0	0 0 0 0
千三〜千四のみ	0 0 0 0	0 0 0 0	0 0 0 0	0 0 0 0	0 0 0 0	0 0 0 0	0 0 0 0	0 0 1 0	1 0 0 0
千五〜千六のみ	0 1 1 0	1 1 1 0	0 0 4 1	1 1 0 0	0 1 2 0	0 2 2 0	2 1 0 0	0 0 3 1	1 1 0 0
前3走	ウッドマン 21・2・25生 オールフォーエリカ	1京 1月13日 ④手13 牝未勝 18ﾄ18頭 千六内 1368 55 松山 M⑨⑨⑭ 426 人気5 中位一杯 12¾ 348中376 ソルトクィーン 1347 2.1	1中 1月21日 7手11 未勝 14ﾄ16頭 千二ダ1139 55 木幡巧 M④②③ 460 人気5 先行一杯 大差 341中398 ガビーズシスタ 1103 3.6	ダノンシャンティ 21・4・22生 シーザシー	デインヒル 21・5・8生 キャシェルマラ	4中京 12月17日 ⑥手11 牝未勝 15ﾄ16頭 千四 1234 54 角田河 M①③③ 450 人気9 好位一杯 4½ 347中364 ショウナンラウ 1226 0.8	2札 8月12日 ①手8 牝新馬 8ﾄ13頭 千五 1314 55 吉田隼 S⑦⑥⑥ 416 人気5 中位一杯 3¼ 376外356 レアリゼアンレ 1308 0.6	2函 7月8日 ③手7 未勝 4ﾄ7頭 千二 1131 55 藤岡佑 M①②② 440 人気5 先行バテ 大差 347中384 セントキルダ 1097 3.4	ネオユニヴァース 21・3・6生 カメリアローズ
前2走	兄弟 スウィーブアウェイ(5勝) トロピカルガーデン(3勝)	1福 4月13日 ③手4 未勝 14ﾄ16頭 千二 1093 53 西塚 M④③③ 432 人気3 好位一息 2身 340外353 カリーシ 1090 0.3	3中 3月24日 ②手9 未勝 3ﾄ16頭 千二ダ1134 55 木幡巧 H①①① 452 人気11 逃一杯 9½ 340内394 アイムプラウド 1117 1.7	1東 2月3日 ③手2 新馬 15ﾄ16頭 千六 1362 55 西村淳 S②②② 400 人気6 先行粘る 2身 370中338 セイロンジェム 1358 0.4	1中京 3月9日 ①手6 牝未勝 14ﾄ18頭 千四 1237 52 水沼 S⑦⑤⑨ 414 人気15 中位差詰 4身 362中349 メリージェーン 1231 0.6	5阪 12月28日 ⑨手10 未勝 11ﾄ14頭 千八外 1496 54 角田和 S⑬⑪⑪ 452 人気10 後方まま 9½ 369外355 ジンセイ 1480 1.6	1京 1月13日 ④手8 牝未勝 17ﾄ18頭 千六内 1359 55 松若 M⑭⑬⑩ 406 人気15 後方差詰 7½ 351外366 ソルトクィーン 1347 1.2	1札 7月23日 ②手6 未勝 2ﾄ8頭 千ダ1023 52 大久保 M⑧⑦⑦ 442 人気7 発馬躓く 13¾ 378中372 アルジェンター 1001 2.2	1京 1月21日 7手3 新馬 17ﾄ17頭 千六内 1384 55 岩田望 M⑦④⑤ 428 人気3 好位粘る 2¾ 356外366 ジャンヌローサ 1380 0.4
前走	1東 2月18日 ⑧手12 新馬 13ﾄ16頭 千四ダ1304 55 松岡 M④⑤⑤ 440 人気6 好位一杯 12¾ 373中398 ビッグフラワー 1282 2.2	1新 5月11日 ⑤手2 未勝 6ﾄ16頭 千四内 1228 53 西塚 M②②② 434 人気4 先行粘る 1½ 344中365 ヤブサメ 1225 0.3	3中 4月6日 5手14 未勝 12ﾄ16頭 千二ダ1138 55 木幡巧 H②②② 454 人気11 先行一杯 12½ 336中402 ヨッコサン 1116 2.2	2中 2月25日 2手7 未勝 1ﾄ16頭 千六外 1368 55 西村淳 M1①② 398 人気2 逃一杯 6½ 354内380 ヴァルドルチャ 1357 1.1	3中 3月23日 ①手8 1勝 9ﾄ10頭 千二外 1095 52 長浜 M⑦⑧⑧ 406 人気10 後方まま 8¾ 343外352 エリカカリーナ 1080 1.5	名古 3月13日 ❷オレンジ7 交流条件 2ﾄ12頭 千五ダ1389 53 角田和 S9⑨⑧ 463 人気3 出遅る 13¼ 外406 ウフフトルンナ 1363 2.6	1阪 3月9日 ⑤手10 未勝 13ﾄ15頭 千六外 1369 55 池添 S②②② 410 人気7 先行一杯 8身 364中357 リラボニート 1356 1.3	2中 2月25日 2手15 未勝 11ﾄ16頭 千二ダ1148 55 吉田豊 H4⑬⑬ 456 人気11 向正不利 16身 357中391 タイセイビュー 1121 2.7	1阪 2月25日 ❷手6 未勝 13ﾄ18頭 千六外 1363 55 岩田康 M⑧⑨⑩ 432 人気6 中位差詰 2¾ 357中355 サロニコス 1358 0.5

芝 1200メートル 右回り

A 直線262.1メートル

賞金	レコード
550万	1.06.8
220	17年 6月
140	ジューヌ
83	エコール
55	50北村友

函館1R 枠番連勝

1-1	62.3	4-4	☆
1-2	12.0	4-5	18.9
1-3	14.3	4-6	☆
1-4	11.7	4-7	87.3
1-5	5.3	4-8	22.5
1-6	31.3	5-5	21.2
1-7	24.7	5-6	50.2
1-8	6.3	5-7	39.7
2-2	☆	5-8	10.2
2-3	51.7	6-6	☆
2-4	42.5	6-7	☆
2-5	19.3	6-8	59.8
2-6	☆	7-7	☆
2-7	89.0	7-8	47.3
2-8	22.9		

●2024年6月23日・函館1R（3歳未勝利、芝1200m）

1着②プレアデスグループ★
（1番人気）
2着④ラーリア
（4番人気）
3着⑪コアクト★
（13番人気）
★はスピードスター購入対象馬

単② 170円
複② 110円
④ 300円
⑪ 3440円
馬連②－④ 970円
馬単②→④ 1310円
3連複②④⑪ 43090円
3連単②→④→⑪ 119380円

16 桃8	15	14 橙7	13	12 緑6	11	10 黄
ドゥラメンテ(輸) ドゥザキャッチ キャッチザカクテル 亜(中)	エピファネイア(輸) ニシノシャミナード ニシノリコルディ 未勝(中)	タリスマニック(輸) レターフロムパリ ドーバーブリーズ 未出(中)	サトノダイヤモンド(輸) シナモンデイジー イルミナティ 4勝(長)	バゴ(輸) プレシャスシル プレシャスフラワー 未勝(マ)	イスラボニータ(沖) コアクト アクトナチュラリー 未勝(マ)	キンシャサノキセキ(マ) プロトアステール ターシャズスター 米(短)
栗 55 牝3	鹿 55 牝3	鹿 55 牝3	鹿 52 牝3	鹿 52 牝3	黒鹿 55 牝3	鹿 55 牝3
替菱田	永野	替佐々木	替▲鷲頭	▲今村	替黛	替北村友
美田中博	美嘉藤	美西田	美菊川	美菊川	美宗像	栗寺島
0	0	0	0	0	0	0
鈴木剛史	西山茂行	嶋田賢	ディアレストC	橋本善太	ウエストフォレストS	シルクR
浦三嶋牧場	浦ガーベラPS	日服部牧場	浦ディアレストC	安マルゼン橋本牧場	日グランド牧場	安ノーザンF
…… …… …… …… …… ……	○ ▲ 注 ○ ▲ ○	△ …… △ …… …… ……	B …… …… …… …… ……	…… …… …… …… …… ……	…… …… …… …… …… ……	△ …… △ ▲ 注 ▲西
芝16 1370⑥ 芝18 1495⑨	函 1088② 芝16 1353④	千 56.2⑥ 東ダ 1294⑤	函 1103⑫ 芝20 2030⑬	函 1102⑭ 芝18 1376⑪	中ダ 1168⑮ [illegible]⑧	小 1102③
芝16 35.9⑥ 初騎乗	芝16 34.4④ 0 1 0 0	千 32.9⑥ 初騎乗	芝12 35.7⑫ 初騎乗	芝12 34.6⑭ 0 0 0 1	3	芝12 35.7③ 初騎乗
○0000	○0000	○0000	○0001	○0000	○0000	○0000
キャッチャーインザ	ハーツクライ	フランケル	メイショウサムソン	サンデーサイレンス	ディープインパクト	スパニッシュステッ
芝16 芝14 芝12 千 0 0 0 0 0 0 0 0 0 0 0 0 2 0 0 0	芝16 芝14 芝12 千 0 0 0 0 0 0 1 0 0 0 0 0 4 0 0 0	芝16 芝14 芝12 千 0 0 0 0 0 0 0 0 0 0 0 0 0 1 1 1	芝16 芝14 芝12 千 0 0 0 0 0 0 0 0 0 0 0 0 0 0 1 0	芝16 芝14 芝12 千 0 0 0 0 0 0 0 0 0 0 0 0 1 0 2 0	芝16 芝14 芝12 千 0 0 0 0 0 0 0 0 0 0 0 0 0 0 1 0	芝16 芝14 芝12 千 0 0 0 0 0 0 0 0 0 0 1 0 0 0 1 0
キャッチャーインザライ 21・2・20生 カクテルアタイア	4東 10月22日 ⑦ 牝 4 未勝 9ト11頭 芝18 1359 55 野中 S ④③③ 414 人気7 好位一息 3身 369 中 344 ドリーミングア 1354 0.5	フランケル 21・3・19生 ハウスホールドネーム	1中 1月21日 7 牝 9 新馬 12ト17頭 芝20内 2093 55 野中 S ②⑤⑥ 472 人気15 先行一杯 8½ 385 内 388 レッドテリオス 2079 1.4	1東 2月18日 ⑧ 牝 13 未勝 6ト16頭 芝18 1501 52 小林勝 S ①①① 422 人気16 逃一杯 10½ 363 内 357 ベストミーエヴ 1484 1.7	ディープインパクト 21・3・22生 シャイアーズエンデ	スパニッシュステップス 21・4・7生 ミズキュヴェナバ
5中 12月17日 ⑥ 牝 6 新馬 13ト16頭 芝16外 1370 55 戸崎圭 S ⑥④⑤ 446 人気3 好位一杯 6身 369 中 359 ミラビリスマジ 1360 1.0	1東 2月17日 ⑦ 牝 4 未勝 8ト16頭 芝16 1353 55 野中 S ①③③ 416 人気5 好位一息 5¾ 358 内 352 シュネルラウフ 1344 0.9	1東 1月28日 ② 牝 5 新馬 1ト16頭 芝14ダ 1294 55 横山武 S ⑥⑥⑥ 442 人気7 中位差詰 8¼ 379 中 382 ウンガイソウテ 1281 1.3	2小 2月17日 ③ 牝 13 牝馬未勝 4ト17頭 芝20 2030 54 秋山稔 H ③④⑦ 464 B 人気12 好位一杯 11½ 355 中 387 アリストクラシ 2011 1.9	1阪 2月24日 1 牝 11 未勝 9ト15頭 芝12ダ 1158 55 太宰 S ⑤⑥⑥ 418 人気15 好位一杯 大差 370 中 388 ローガンバス 1125 3.3	5中 12月17日 ⑥ 牝 8 牝馬新馬 8ト16頭 芝18ダ 2009 55 木幡初 M ②②⑥ 450 人気14 先争退く 大差 385 中 447 ボーイハンター 1567 4.2	兄弟 エスメラルディーナ（4勝） コンシリエーレ（現）
1東 1月28日 ② 牝 10 未勝 13ト16頭 芝16ダ 1411 55 戸崎圭 H ⑭⑭⑬ 454 人気3 出遅る 11¼ 373 中 393 アデランテ 1392 1.9	2中 3月17日 ⑧ 牝 6 未勝 13ト16頭 芝16外 1360 55 野中 S ④③③ 408 人気7 好位一息 3身 367 中 359 デイジー 1355 0.5	2中 2月24日 1 牝 6 牝馬未勝 16ト16頭 芝12ダ 1135 55 キング M ④②③ 438 人気3 先行一息 11身 350 外 385 パレスドフィー 1116 1.9	2小 3月2日 7 牝 15 未勝 5ト15頭 芝20 2053 52 水沼 S ⑤⑪⑬ 466 B 人気13 中位一杯 12¾ 365 中 379 ウォーターブイ 2032 2.1	2中 3月2日 3 牝 11 1勝 3ト12頭 芝18外 1376 55 野中 S ⑫⑫⑫ 420 人気12 後方まま 15身 370 中 370 スパークリシャ 1351 2.5	2中 3月17日 ⑧ 牝 15 未勝 14ト16頭 芝12ダ 1168 55 丸田 M ⑥⑦⑭ 446 人気11 ジリ下り 大差 361 中 407 ガラスノブルー 1129 3.9	3小 8月27日 ⑥ 牝 3 新馬 2ト9頭 芝12 1102 52 今村 M 9⑦⑦ 428 人気2 後方伸 2¾ 345 外 357 トレンシャリー 1098 0.4

無念の⑪コアクト抜け。あと1点追加していたら11万馬券だったのに……。しかもアタマでも買っていた⑨ハイボーンが4着とは、泣くに泣けない結果。

0006	004	函館	日	1R	3連単 フォーメーション	1着：02,09 2着：02,04,09 3着：02,04,05,06,09,10,14,15	各 100円 計2,400円	–	–	0円

それが「35・9~36・1秒」だ。

コース云々以前に、スプリント戦にしてはあまりに遅い印象を受ける通り、好走馬は後方一気の激走馬ばかり。その中でも細かい内訳を説明すると、複勝圏内に入った8頭中7頭が「2、3歳馬」という点と、2頭がダートから芝への臨戦だった。

コアクトはダート1200mを使ってきた3歳馬。とにかく大穴狙い！　という超穴党の方がいれば、ぜひ覚えてもらいたい条件だ。

実戦譜④復活の3連単万馬券！1Rの仇を最終で獲る

●2024年6月23日・函館12R（3歳1勝クラス、芝1200m）

①ソングフォーユー　スピードスター　34・8秒（函館芝）
②アコルダール　スピードスター　36・3秒（中京芝）
③アップフルーク　前走ダート1000m
④カレンナオトメ　スピードスター　34・9秒（函館芝）
⑤ゴーインマイウェイ　スピードスター　34・8秒（函館芝）
⑥パクスロマーナ　前走ダート1000m
⑦イテマエダセン　前走ダート1000m
⑧ヤマニンアストロン　スピードスター　34・4秒（函館芝）

⑨ハートホイップ　スピードスター　34・0秒（函館芝）

★スピードスター該当馬

⑨ハートホイップ　4番人気　※34秒3以下

●実戦ルポ

1Rの〝コアクト・ショック〟から、約6時間後、声が出るようになっていた。

なぜか。その直前の京都メイン、宝塚記念を3連単の9万馬券を含め、ほぼ本線で的中していたから。

こうなると、人間、ゲンキンなものである。この函館最終レースもやったるで！

といっても、9頭立てと少頭数。対象も⑨ハートホイップ1頭のみ、しかも4番人気と、コアクト級の穴馬とは到底いえない。

こんな場合の馬券はどう組むべきか？

そもそもスピードスター対象馬なら、機械的に単複を買い続けてもプラスになる可能性がある。

例えば、テキーラワルツなら複勝2910円（ちなみに同レースの1着ロードトレイルの単勝は4410円）、マメコ

万馬券的中証明書

[redacted]

2024年06月23日
JRA日本中央競馬会

あなたは下記の万馬券を的中させましたので
ここに証明いたします。

記

2024年　4回京都8日　11R

3連単 12→09→03　100円購入

払戻金単価　@91,680円

払戻金合計　91,680円

ドウデュースもジャスティンパレスも吹っ飛んだ宝塚記念の３連単⑫→⑨→③９万1680円を的中！

●2024年6月23日・函館12R（3歳上1勝クラス、芝1200m）

函館 12R 発馬 16.05 三歳以上1勝クラス （混）（指）・定量

	9 桃8	8 桃8	橙7	緑6	黄5	青4	赤3	黒2	白1
父	ジョーカプチーノ（マ）	ディーマジェスティ（中）	キンシャサノキセキ（マ）	ネロ（短）	トーセンラー（中）	カレンブラックヒル（マ）	トゥザグローリー（中）	ダノンレジェンド（短）	キタサンブラック（長）
馬	（地）ハートホイップ	ヤマニンアストロン	（地）イテマエダセン	（地）パクスロマーナ	ゴーインマイウェイ	カレンナオトメ	（地）アップフルーク	（地）アコルダール	（地）ソングフォーユー
母・実績	ドキドキマドンナ 未勝（短）	ヤマニンアタシャン 2勝（短）	シャイナムスメ 4勝（マ）	アンティクイーン 公（マ）	ディアザリア 未勝（マ）	オルレアンノオトメ 3勝（中）	テツムーン 未勝（短）	ピンキーカフェ 未勝（マ）	デイドリーム 1勝（短）
毛色・斤量	芦 56 牝5	青鹿 54 牡3	鹿 58 牡4	栗 56 牝4	黒鹿 51 牡3	栗 53 牝3	鹿 55 牝5	黒鹿 56 牝6	鹿 56 牝5
騎手	替永野	☆角田河	古川吉	荻野琢	替★小林美	黛	▲小林勝	丹内	大野
厩舎	（美）蛯名利	（栗）石橋	（美）的場	（栗）藤沢則	（美）矢野英	（美）小野次	（美）松山将	（栗）西園翔	（美）上原博
賞金	90	400	200	400	400	400	120	340	380
総賞金	675	1300	235	691	1443	1603	290	1156	1324
馬主名	ノルマンディーTR	土井肇	岡浩二	酒井孝敏	山藤賢	ミルF	村山正道	ノルマンディーTR	兼子尚也
牧場名	（ひ）聖心台牧場	（新）錦岡牧場	（日）広中稔	（ひ）野表篤夫	（浦）ディアレストC	（浦）ミルF	（浦）櫛桁牧場	（浦）斉藤英牧場	（平）高橋啓
小桧山	△	◎	…	…	◎	▲	△ B	注	…
瀬古	注	◎	…	…	◎	▲	△	△	…
目黒	△	◎	…	…	⊙	▲	△	注	△
板子	△	▲	…	△	◎	◎	…	注	△
打越	連 注	▲	連	連 △	連 ◎	◎	連	連 △	連 △
本紙	闘 △	▲ 西	闘	闘 △ 西	闘 ◯	◎	闘	闘 注 西	闘 △
1000	札ダ[illegible]⑨	[illegible]	函ダ1005⑨	小ダ58.6⑧	芝ダ1277[10]	芝1332❷	新56.9④	芝ダ1[illegible]④	新57.4⑩
1200	福[illegible]⑥	函[illegible]3⑩	新ダ1144⑪	門ダ1147❽	函1090④	函1090④	福1111⑭	小1[illegible]	小1081⑤
1400	函ダ[illegible]76②	京1[illegible]7②	函ダ1332③	函ダ1312①	東1217④	東1225①	新1241[7]	京[illegible]	芝1492④
1600	函ダ[illegible]1404[6]	阪[illegible]⑧	中1404[8]	芝ダ1126⑥	芝ダ1588[6]	東1343⑩	中1372⑬	中13[illegible]⑪	阪1356②
上り最高	芝35.2⑥	芝34.0⑧	芝35.4[8]	初芝	芝33.7④	芝34.1④	千34.7④	芝33.6⑦	芝33.7②
騎乗成績	初騎乗	1 1 1 2	0 0 0 2	0 0 0 1	初騎乗	0 1 0 2	0 0 0 1	0 0 0 2	0 0 0 1
クラス実績	0 0 0 7	0 1 1 2	0 0 0 3	0 0 0 3	0 1 0 2	0 0 0 2	0 0 0 6	0 0 0 12	0 0 0 4
当該条件	0 1 0 6	0 0 0 1	初コース	初コース	0 0 0 1	0 0 0 2	初コース	0 0 0 2	0 0 0 1
着順	2	1						3	
前走4	1函 6月25日 ⑥ 3歳上 6 1勝 4ｹ13頭 芝1098 56 丹内 M④④④ 488 人気5 好位一息 3¼ 341中357 シロン 1090 0.8	2京 1月27日 ① 鳥 3 1勝 6ｹ6頭 芝内1347 57 角田河 M②②② 490 人気4 好位粘る 2¼ 350中363 スマートスピア 1343 0.4	姫路 2月22日 ❸ 4歳上 1 C2 3ｹ12頭 ダ50.3 57 竹村達 M⑤⑤⑤ 493 人気2 中位抜出 3身 外365 シンゼンノイトサ 508 0.5	川崎 7月5日 ③ 3歳上 2 C1 9ｹ10頭 ダ54.5 49 小林捺 H①①② 426 人気3 先争粘る ½身 349内376 キモンアップル 544 0.1	2小 3月2日 [7] 3歳 1 未勝16ｹ18頭 芝1103 57 菊沢 M⑦⑤④ 466 人気2 G前差す クビ 350外353 ファイツオン 1104 0.1	1中 1月7日 ② フェアリ 11 牝GIII 8ｹ14頭 芝外1346 55 菅原明 M⑪⑩⑨ 418 人気13 2角躓く 3¾ 357中349 イフェイオン 1340 0.6	4中京 12月2日 ① 3歳上 15 1勝 3ｹ16頭 芝ダ1150 58 酒井 H②②③ 510 人気11 先行一杯 16¾ 345中405 サイレンスゴー 1120 3.0	2小 2月10日 ① 4歳上 4 1勝 8ｹ18頭 芝1085 53 西塚 M⑪⑫⑫ 460 人気9 中位差詰 5身 345外340 リシャールケリ 1077 0.8	1小 2月4日 ❽ 4歳上 14 1勝14ｹ14頭 芝1111 53 水沼 H②②② 442 人気9 先行一杯 9¼ 335中376 パラードインミ 1095 1.6
前走3	2函 7月16日 [6] 3歳上 4 1勝 6ｹ13頭 芝1108 56 鮫島駿 M④④④ 486 人気7 好位一息 3¾ 351内357 クールムーア 1102 0.6	2京 2月17日 ⑦ 3歳 2 1勝 1ｹ10頭 芝外1217 56 角田河 S⑤④③ 478 人気1 好位伸 ½身 357中342 ナムラアトム 1216 0.1	1福 4月6日 ① 4歳上 9 1勝13ｹ16頭 芝ダ1103 58 古川吉 M⑫⑪⑩ 488 人気10 後方差詰 6身 364内370 ザアトム 1093 1.0	3小 8月27日 ⑥ 3歳上 8 1勝13ｹ14頭 千ダ58.6 54 国分優 H⑧⑤⑥ 424 人気8 中位まま 4¼ 343中358 フォルティーナ 579 0.7	1新 5月4日 ③ ゆきつばき 2 1勝 9ｹ16頭 芝内1096 57 菊沢 H⑬⑪⑪ 470 人気11 後方伸 3身 348中348 アウェイキング 1091 0.5	1東 2月10日 ⑤ クイC 10 牝GIII 9ｹ13頭 芝1343 55 菅原明 S⑧⑧⑧ 424 人気11 中位一杯 7身 364中348 クイーンズウォ 1331 1.2	1小 1月28日 ⑥ 4歳上 7 1勝13ｹ14頭 千ダ1000 55 水沼 H④④⑤ 512B 人気12 好位一杯 12身 348中369 マキアージュ 581 1.9	2小 3月3日 [8] 4歳上 5 1勝 1ｹ16頭 芝1099 56 丹内 S⑤⑤⑥ 460 人気8 好位一息 4身 348内351 ディオアステリ 1092 0.7	1福 4月6日 ① 4歳上 14 1勝 8ｹ16頭 芝1100 53 水沼 M①②② 452 人気10 先行一杯 9身 340中360 オルフェスト 1086 1.4
前走2	1福 4月20日 ⑤ 塗 6 1勝14ｹ14頭 芝1091 56 鮫島駿 M①③③ 490 人気11 先行一杯 2¼ 339中352 ライクアフラワ 1087 0.4	1阪 3月10日 ⑥ 3歳 8 1勝 1ｹ11頭 芝外1339 56 角田河 S⑤⑦⑦ 480 人気5 中位一杯 3¼ 364外340 ディスペランツ 1334 0.5	1新 4月28日 ② 4歳上 11 1勝11ｹ11頭 芝ダ1144 57 角田和 H⑦⑧⑧ 486 人気10 後方まま 16身 351中393 ヒルノピレネー 1116 2.8	2小 3月3日 [8] 4歳上 11 1勝13ｹ14頭 千ダ59.5 56 幸 H⑥⑥⑦ 428 人気14 中位一杯 6½ 346中367 アネモス 584 1.1	2東 5月25日 ⑪ 3歳 4 1勝 2ｹ15頭 芝1217 57 モレイラ S[7]⑤⑦ 468 人気5 向正不利 4¾ 363中337 スティールブル 1210 0.7	2中 3月2日 [3] 3歳 9 1勝11ｹ12頭 芝外1364 54 永野 S[10]⑪⑧ 422 人気9 後方まま 8身 370外360 スパークリシャ 1351 1.3	1新 5月18日 ⑦ 飛竜 4 1勝 8ｹ16頭 千直56.9 58 菊沢 H ①① 516B 人気11 逃一息 2¼ 222―347 オリアメンディ 565 0.4	1中京 3月24日 ❻ 4歳上 8 1勝14ｹ16頭 芝1115 56 松山 S⑫⑫⑫ 460 人気10 後方差詰 7¾ 363外352 アシャカタカ 1103 1.2	1新 5月18日 ⑦ 飛竜 10 1勝12ｹ16頭 千直57.4 56 藤田菜 H ⑨⑨ 456 人気9 中位まま 4½ 230―344 オリアメンディ 565 0.9
前走	1函 6月16日 ④ 3歳上 10 牝ヒ1勝 5ｹ14頭 芝1099 56 丹内 M④④④ 492 人気8 好位一杯 5身 340中359 ポエットリー 1091 0.8	1函 6月9日 ② 3歳上 10 1勝10ｹ13頭 芝1093 54 角田河 M⑤⑥⑧ 492 人気1 中位まま 2½ 344中349 クファシル 1088 0.5	1函 6月15日 ③ 3歳上 9 1勝10ｹ11頭 千ダ1005 58 古川吉 H⑩⑩⑨ 478 人気11 後方まま 8¾ 361外362 ニルアドミラリ 590 1.5	1函 6月15日 ③ 3歳上 8 1勝 4ｹ11頭 千ダ1004 56 荻野琢 H⑧⑨⑩ 420 人気10 後方まま 8½ 361内362 ニルアドミラリ 590 1.4	1函 6月16日 ④ 3歳上 4 1勝 9ｹ14頭 芝1090 55 武豊 M⑪⑪⑫ 472 人気2 後方追上 1¼ 348内342 スイミーユニバ 1088 0.2	1函 6月9日 ② 3歳上 4 1勝 9ｹ13頭 芝1090 53 黛 M⑬⑬⑫ 418 人気9 後方追上 1身 349外341 クファシル 1088 0.2	1函 6月15日 ③ 3歳上 11 1勝 2ｹ11頭 千ダ1006 55 小林勝 H[5]⑤⑤ 512B 人気6 中位一杯 9½ 351内373 ニルアドミラリ 590 1.6	1函 6月16日 ④ 3歳上 8 1勝 6ｹ14頭 芝1094 56 丹内 M⑦⑨⑨ 466 人気12 中位まま 3¼ 346中348 スイミーユニバ 1088 0.6	1函 6月16日 ④ 3歳上 8 牝ヒ1勝11ｹ14頭 芝1098 56 大野 M⑪⑪⑭ 456 人気14 後直だけ 4½ 348外350 ポエットリー 1091 0.7

賞金	コースレコード
120	エコール
80	50北村友

函館12R 枠番連勝

組	オッズ
1-1	—
1-2	97.2
1-3	☆
1-4	34.9
1-5	19.9
1-6	☆
1-7	☆
1-8	28.4
2-2	—
2-3	☆
2-4	21.0
2-5	12.0
2-6	☆
2-7	☆
2-8	17.0
3-3	—
3-4	57.6
3-5	33.0
3-6	☆
3-7	☆
3-8	46.9
4-4	—
4-5	4.3
4-6	36.1
4-7	74.6
4-8	6.1
5-5	—
5-6	20.6
5-7	42.7
5-8	3.5
6-6	—
6-7	☆
6-8	29.4
7-7	—
7-8	60.8
8-8	18.2

軸馬 4
単穴 2
連 5 8 1

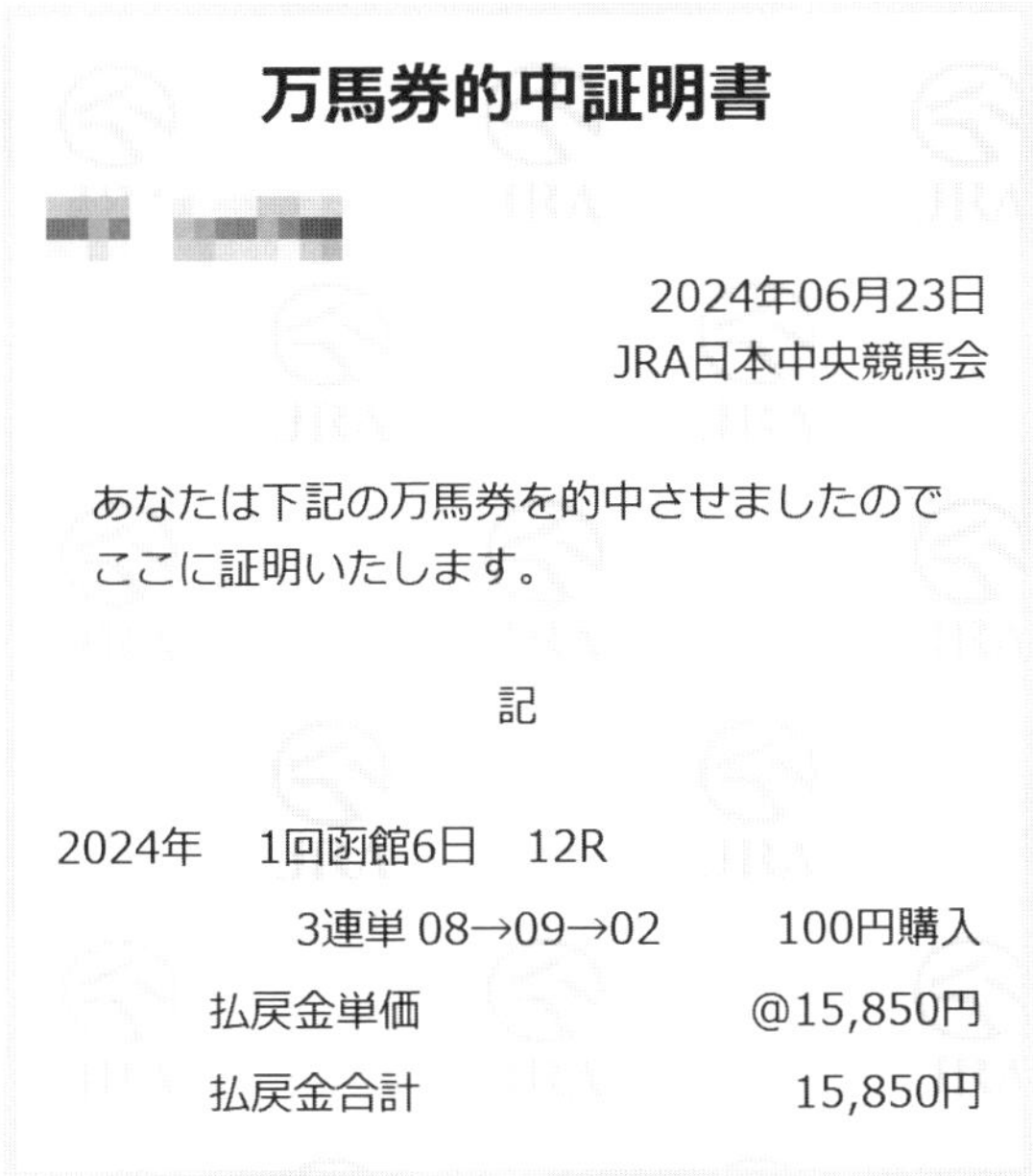

万馬券的中証明書

[redacted]

2024年06月23日
JRA日本中央競馬会

あなたは下記の万馬券を的中させましたので
ここに証明いたします。

記

2024年　1回函館6日　12R

3連単 08→09→02　100円購入

払戻金単価　@15,850円

払戻金合計　15,850円

１着馬が自分予想の◎。それに１頭のみの購入対象馬⑨ハートホイップのセット３連単、ヒモは少頭数ゆえの総流しであっさり万馬券ゲット。

１着⑧ヤマニンアストロン
（２人気）
２着⑨ハートホイップ★
（４番人気）
３着②アコルダール
（５番人気）
★はスピードスター購入対象馬

単⑧ 270 円
複⑧ 150 円
⑨ 260 円
② 390 円
馬連⑧－⑨ 1340 円
馬単⑧→⑨ 1980 円
３連複②⑧⑨ 4340 円
３連単⑧→⑨→② 15850 円

は単勝2160円、複勝620円、コアクトは複勝3440円（くっそー！）と半端じゃないリターンがある。だから単複勝負にも、それなりの意義があるのは大いに認めるところだ。

しかし、それだけではやっぱりツマラナイ。より高い払戻を求め馬券を組み立てるのが、競馬ファンってものでしょ？　まあ、都合のいい理屈ではあるけれど。

さて、より高い払戻となると、この場合は3連単しかない。少頭数だと、馬連や3連複ではそれほどの配当は期待できない。

このレースでの自分予想では、⑧ヤマニンアストロン1頭が抜けていて、あとはカオスな状況。むしろ少頭数の分、何が馬券圏内に入ってもおかしくないイメージだ。

なので、ここはスピードスターご指名の⑨ハートホイップをセットの3連単を組む。

・⑧⑨→⑧⑨→全通り（14点）
・⑧⑨→全通り→⑧⑨（14点）

さらに念を入れて⑧と⑤ゴーインマイウェイ（1番人気）を1着、⑨ハートを2、3着付けにした、次の3連単を追加した。

・⑤⑧→⑨→全通り（14点）
・⑤⑧→全通り→⑨（14点）

レースは、⑨ハートが2番手で先行。直線で先頭に立つと、外から⑧ヤマニンが差を詰めゴール寸前で捕らえた。そして3着には5番人気②アコルダールが飛び込む。

⑤ゴーインが4コーナーで転倒する波乱はあったが、3連単は2通り、つまり200円的中で、3万円超の

払戻を手にしたのである。

●教訓　単複もいいが、スピードスター馬が少なく、しかも人気馬の場合、自分予想との組み合わせで高めツモを狙いたい。

実戦譜⑤自分予想でも推しの馬がスピードスターだったら……

●2024年6月23日・京都12Rリボン賞（3歳上2勝クラス、ダ1200m）

前項までは函館芝1200mオンリーだったが、ここで初めてダート1200m戦が登場。まずは表6の京都ダート1200mのスピードスター好走ゾーンをご覧いただきたい。

注目は単勝回収値216円と圧倒的に好成績を収めている「34・1〜34・3秒」。

スピードスターの値も近く、単勝回収値こそ目立たないものの、単勝適正回収値（P27参照。略して「単適回値」）が100円を超えている「34・4〜34・6秒」。

そして離れて、単勝回収値は低いものの複勝回収値が高い「35・6〜35・8秒」の3つのゾーンに注目。

表6●京都ダ1200m【スピードスター】好走対象ゾーン

前走前半3F	勝率	連対率	複勝率	単回値	複回値	特記事項
〜33.7	9.5%	19.0%	28.6%	33	209	—
33.8〜34.0	0.0%	0.0%	17.6%	0	29	—
34.1〜34.3	16.1%	25.8%	25.8%	216	91	単適回値151.9
34.4〜34.6	12.8%	20.5%	30.8%	56	81	単適回値105.6
34.7〜34.9	10.8%	16.2%	18.9%	41	86	—
35.0〜35.2	5.5%	14.5%	25.5%	18	104	—
35.3〜35.5	6.5%	17.7%	25.8%	70	71	—
35.6〜35.8	13.3%	22.2%	33.3%	46	104	単適回値107.4
35.9〜36.1	3.4%	13.8%	24.1%	8	43	—
36.2〜36.4	4.3%	12.8%	19.1%	8	59	—
36.5〜	2.7%	9.3%	16.0%	35	82	—

リボン賞で該当するのは5頭いたが、その中でも1頭だけゾーンが離れている①エスカルに注目。当然ながら「35・6～35・8秒」の範囲に入っている4頭と、①ではスピードスターが離れているため脚質が違う。

よって、①だけが馬券から外れるリスクを背負う可能性もあり（該当馬が複数いるレースでは）軸に不向きだが、逆に同馬だけに展開が向く可能性も考えられ、馬券の構築にはセンスが必要なレースとなった。

①エスカル　スピードスター　34・5秒（京都ダート）
②サクハル　スピードスター　36・2秒（阪神ダート）
③アスクアイルビゼア　前走ダート1400m
④ディキシーガンナー　スピードスター　35・7秒（京都ダート）
⑤スペシャルナンバー　前走ダート1400m
⑥マイド　前走ダート1400m
⑦ギーロカスタル　スピードスター　35・8秒（京都ダート）
⑧カンパニョーラ　前走ダート1400m
⑨プレイテシア　スピードスター　36・6秒（京都ダート）
⑩リュウ　スピードスター　35・2秒（京都ダート）
⑪ジョヴィアン　スピードスター　35・6秒（京都ダート）
⑫ネグレスコ　前走ダート1400m
⑬ピカリエ　スピードスター　36・1秒（京都ダート）

⑭サイレンスタイム　スピードスター　36・4秒（阪神ダート）
⑮メイショウヒヅクリ　スピードスター　35・7秒（阪神ダート）
⑯プレシオーソ　前走ダート1400m

★スピードスター該当馬
①エスカル　3番人気　※34・1～34・3秒
④ディキシーガンナー　1番人気　※35・6～35・8秒
⑦ギーロカスタル　10番人気　※35・6～35・8秒
⑪ジョヴィアン　2番人気　※35・6～35・8秒
⑮メイショウヒヅクリ　13番人気　※35・6～35・8秒

●実戦ルポ
宝塚記念、函館最終と的中し、ここもヤル気満々。しかも自分予想で本命の④ディキシーガンナーが対象馬の1頭なのだから、軸はこれで決定！

同馬は3戦連続2着で単勝は2・6倍とつかないが、ここは逆らえない。ただし、P60の馬柱を見ればわかるように、スタートが悪い。勝ち切れないのも、そのあたりに原因があるのだろう。

なので、この馬を軸に、まずは他の対象馬にワイドを流す。人気上位の①エスカル、⑪ジョヴィアンには各1000円、人気薄の⑦ギーロカスタル、⑮メイショウヒヅクリには各500円とメリハリをつけた（P62下

京都 12 発馬 16.30 リボン賞 (混) 三才上 2勝 定量

	10 黄5	9 黄5	8 青4	7 青4	6 赤3	5 赤3	4 黒2	3 黒2	2 白1	1 白1
父	ヘニーヒューズ(短)	ドレフォン(短)	ジャスタウェイ(中)	マインドユアビスケッツ(短)	ハービンジャー(特)	リオンディーズ	ガンランナー(中)	キズナ(特)	ヘニーヒューズ(短)	アメリカンファラオ(中)
馬名	リュウ	(地)プレイテシア	(地)カンパニョーラ	ギーロカスタル	(地)マイド	(地)スペシャルナンバー	(外)ディキシーガンナー	アスクアイルビゼア	サクハル	(外)エスカル
母	ツインキャンドル 3勝(中)	ブリオバーン 愛(中)	エミレーツガール 亜(マ)	エナチャン 未勝(マ)	ニーレンベルギア 2勝(マ)	エスジーアンクル 1勝(マ)	ディキシークリスプ 米(マ)	キョウエイカルラ 6勝(マ)	アイカギ 未勝(短)	プリティガール 亜(中)
毛色 斤量 性齢	栗 58 牡4	栗 56 牝5	鹿 56 牝5	鹿 58 牡4	鹿 58 牡4	黒鹿 58 牡5	鹿 58 牡4	青 55 牝3	鹿 58 牡5	鹿 55 牝3
騎手	松山	角田和	(替)菅原明	和田竜	団野	(替)西村淳	川田	坂井	長岡	松若
厩舎	栗上村	栗羽月	美伊坂	栗鈴木孝	栗野中	栗西村	栗中内田	栗矢作	栗今野	栗森秀
賞金	900	630	860	900	950	560	900	900	900	900
総賞金	1960	2162	2773	1943	1640	1500	3340	1860	1990	2260
馬主	石川達絵	水上行雄	辻高史	桑畑夏美	ニッシンHD	ヒダカBU	ゴドルフィン	廣崎利洋HD	落合稔	前田幸治
生産	日下河辺牧場	浦笠松牧場	日エスティF	ひ前谷武志	ひチャンピオンズF	浦辻牧場	アメリカ	日モリナガF	浦川越F	アメリカ
持木秀康	△	注	…	…	…	△	○	△	…	◎
広田晶彦	△	△	…	…	△	…	○	△	…	▲
加茂聡	△	…	…	…	△	…	◎	▲	…	○
市場丈也	◎	…	△	△	△	…	○	…	…	△
田崎泰	▲	…	△	△	△	…	○	◎	…	△
本紙須藤	注	…	東	△	△	…	○	▲	…	◎
持ち時計 (ダ1000 / ダ1200 / ダ1400 / ダ1600)	阪ダ1110❷ 阪ダ1295⑨	**3** [illegible]① 京ダ[illegible]⑥ 京ダ[illegible]⑥ 京芝[illegible]⑬	千ダ1185⑦ 中ダ1109② 東ダ1237❺ 東ダ1391⑧	京芝1235⑥ 京ダ1115② 京ダ1255⑨ 大芝1505⑪	小芝1081⑥ 京ダ1250① 東芝1346②	ダ1461❾ 京ダ1116② 阪ダ1249⓫ 大ダ1549⓫	**2** 阪ダ[illegible]❷ 阪ダ[illegible]③	中芝1099⑦ 京ダ1246①	阪ダ1110❶ 阪ダ1279⑥ 大ダ1571⑨	**1** 小ダ[illegible]① 京ダ[illegible]① 阪ダ[illegible]⑦ [illegible]❸
上り最高	千二ダ35.9①	千二ダ35.5④	千四ダ34.4❺	千二ダ35.7②	千四ダ37.3①	千二ダ35.9②	千二ダ35.4❷	千四ダ37.4①	千二ダ36.3❶	千ダ35.5①
騎乗成績	2010	0001	初騎乗	2107	1002	初騎乗	2220	1010	1005	2001
クラス実績	0010	0116	0115	0105	0000	0002	0300	0000	0002	0000
当該条件	0010	0003	0002	2104	初コース	初コース	0100	初コース	0002	1001
前4走	3阪 23年6月 ⑤ 三才上 16 1勝7ト16頭 千二ダ1162 55岩田望 M④⑥⑧ 518 人気1 もまれる 大差 353内409 ボナンザ 1123 3.9	1阪 2月24日 ① 四才上 4 2勝12ト16頭 千二ダ1123 55田口 M⑤⑦⑥ 424 人気10 中位伸も 3½ 358中365 ゴッドセンド 1117 0.6	1東 2月4日 ④ 四才上 3 2勝12ト16頭 千三ダ1190 56吉田豊 M⑮⑮⑮ 444 人気7 後方伸 3½ 378外353 タイセイジャス 1184 0.6	2京 1月27日 ① 四才上 8 2勝12ト16頭 千二ダ1122 58和田竜 M⑨⑨⑧ 462 人気8 中位まま 3½ 353外369 エティエンヌ 1116 0.6	川崎 10月10日 ❷ 三才上 1 C2 6ト11頭 千四ダ1334 55新原周 M⑨⑦⑥ 484 人気2 楽抜出 2½ 400中412 モノノフイエロ 1339 0.5	2新 7月29日 ① 三才上 1 1勝10ト13頭 千二ダ1118 58団野 M⑥④④ 496 人気2 好位抜出 2½ 348中370 スペキオサレジ 1122 0.4	4阪 9月23日 ⑥ 三才上 1 1勝9ト15頭 千二ダ1116 56川田 H⑫⑪⑪ 494 人気1 後方一気 1身 355内361 マイネルフォー 1118 0.2	4中 9月23日 ⑥ カンナS 7 オープン 2ト10頭 千二外1099 55古川奈 H⑦⑦⑧ 450 人気9 出遅る 6身 341内358 オーキッドロマ 1089 1.0	2京 10月21日 ⑥ 三才上 11 1勝7ト14頭 千二ダ1137 58和田竜 M⑨⑧⑧ 494 人気12 出遅る 7¼ 364外373 アイファーシア 1124 1.3	5中 12月23日 ⑦ 三才 2 1勝6ト15頭 千二ダ1120 56横山和 H②③② 478 人気9 先行粘る 2½ 341中379 チカッパ 1116 0.4
前3走	5阪 12月16日 ⑤ 三才上 1 1勝13ト16頭 千二ダ1117 57松山 S②②② 520 人気1 先行競勝 アタマ 358中359 サンガネーブ 1117 0.0	1阪 3月10日 ⑥ 四才上 2 牝2勝11ト13頭 千二ダ1126 55田口 M⑪⑪⑨ 424 人気5 後方伸 3½ 362中364 カネコメシスタ 1120 0.6	2中 2月24日 ① 四才上 2 牝2勝4ト16頭 千二ダ1109 56吉田豊 H⑯⑭⑬ 446 人気5 直線一気 1½ 349中360 エレガントムー 1107 0.2	3京 4月27日 ③ 四才上 9 2勝3ト16頭 千四ダ1256 58和田竜 M③④④ 458 人気11 好位一杯 5¼ 352中385 バトゥーキ 1246 1.0	川崎 11月8日 ③ 三才上 1 C1 3ト12頭 千四ダ1314 56新原周 M⑥⑤③ 489 人気1 楽抜出 4身 392内399 シゲルタイムフ 1323 0.9	3新 8月26日 ⑤ 甍 11 2勝11ト15頭 千二ダ1129 58菅原明 H⑩⑪⑫ 496 人気2 中位一杯 6¾ 355中374 メタマックス 1116 1.3	5阪 12月3日 ② 三才上 2 2勝15ト16頭 千二ダ1124 57藤岡佑 M⑦⑦⑥ 500 人気1 中位伸 1¾ 357中367 ゼットレヨン 1121 0.3	4阪 9月30日 ⑧ ヤマボウ 4 1勝9ト9頭 千四ダ1260 55古川奈 H③③④ 448 人気7 好位一息 1½ 353内385 サトノフェニッ 1258 0.2	1阪 2月25日 ❷ 四才上 1 1勝6ト15頭 千二ダ1110 58長岡 M②②① 504 人気8 先行抜出 2½ 347中363 ロードドミニオ 1114 0.4	1京 1月14日 ⑤ 三才 10 1勝1ト11頭 千二ダ1138 57菅原明 H④④⑦ 480 人気2 好位一杯 7身 350内388 ロードフロンテ 1126 1.2
前2走	1京 1月6日 ① 四才上 3 2勝9ト16頭 千二ダ1121 58松山 M⑤⑤② 526 人気3 好位粘る ¾身 352中369 ジュンウィンダ 1119 0.2	2阪 4月6日 ⑤ 四才上 6 2勝5ト13頭 千二ダ1126 55田口 M⑧⑩⑨ 424 人気6 後直だけ 4身 362外364 ダイリュウホマ 1119 0.7	2東 5月5日 ⑥ 昬 7 2勝15ト16頭 千三ダ1185 56鮫島駿 S⑮⑯⑯ 450 人気4 後方差詰 5身 378外351 グランフォーブ 1176 0.9	3京 5月18日 ⑨ オースト 9 2勝9ト16頭 千四ダ1255 58和田竜 M⑦⑥⑥ 458 人気14 中位一杯 6½ 355中377 パーティーベル 1244 1.1	川崎 12月14日 ④ 三才上 1 C1 4ト12頭 千四ダ1319 56新原周 M⑥⑥⑤ 491 人気1 楽抜出 7身 400外400 コスモスミッチ 1333 1.4	4阪 10月1日 ❾ 三才上 11 2勝4ト16頭 千四ダ1249 58藤岡康 H④④⑤ 496 人気9 好位一杯 6身 344内382 マイネルプロン 1239 1.0	2阪 3月24日 ❷ 四才上 2 2勝12ト15頭 千二ダ1110 58藤岡康 M⑦⑦⑥ 496 人気1 中位伸 アタマ 356中354 オーガスタスカ 1110 0.0	2阪 4月7日 ⑥ 三才 3 1勝4ト16頭 千四ダ1251 57坂井 H⑧⑦⑧ 472 人気6 中位伸 4身 347内382 リジル 1244 0.7	1中京 3月9日 ① 貴 8 2勝8ト16頭 千二ダ1134 58長岡 H⑤⑦⑫ 504 人気8 盛返す 1¾ 353中381 ロングファイナ 1130 0.4	2中 3月3日 ④ 三才 3 1勝9ト16頭 千二ダ1118 57横山和 H③③③ 484 人気7 好位伸 1½ 341中377 ガビーズシスタ 1115 0.3
前走	5ヵ月半 放牧 乗込み3週間 仕上り○ 連対体重 506～520 3ヵ月以上休 ①②③外 1001	3京 5月26日 ⑫ 四才上 4 2勝1ト15頭 千二ダ1121 55角田和 S⑪⑩⑨ 434 人気14 後方追上 1¾ 366中355 グッドウッドガ 1118 0.3	3東 6月2日 ❷ 小金 5 2勝7ト16頭 千四ダ1237 56吉田豊 S⑪⑩⑩ 454 人気8 中位差詰 3¼ 374外344 ジャスリー 1231 0.6	4京 6月1日 ① 三才上 2 2勝12ト14頭 千二ダ1115 58和田竜 M⑩⑩⑩ 458 人気8 後方伸 クビ 358外357 ペンダバリラビ 1115 0.0	3京 5月25日 ⑪ 四才上 1 1勝9ト16頭 千四ダ1250 58団野 M④④④ 472 人気3 好位抜出 ½身 353中373 ウインバリオス 1251 0.1	8ヵ月半 繋靱帯炎放牧 乗込み4週間 仕上り○ 連対体重 482～496 3ヵ月以上休 ①②③外 0002	3京 4月21日 ② 四才上 2 2勝4ト16頭 千二ダ1122 58川田 M⑧⑧⑦ 494 人気1 中位伸 1½ 357中365 カミーロ 1120 0.2	3京 4月21日 ② 三才 1 1勝2ト12頭 千四ダ1246 57坂井 M①①① 472 人気5 逃切る 2身 349内374 ヒルノドゴール 1249 0.3	2阪 4月6日 ⑤ 四才上 12 2勝10ト13頭 千二ダ1132 58長岡 M⑧⑨⑨ 508 人気8 後方まま 8身 362外370 ダイリュウホマ 1119 1.3	4京 6月1日 ① 三才上 1 1勝14ト16頭 千二ダ1107 55松若 M②②② 474 人気4 先行抜出 2½ 345中362 バドマ 1111 0.4

レコード 1.09.0 19年10月 モンペルデュ 51松若

京都12R

1-1	☆
1-2	4.9
1-3	32.1
1-4	29.0
1-5	14.7
1-6	15.7
1-7	37.6
1-8	36.3
2-2	9.2
2-3	16.7
2-4	15.1
2-5	7.6
2-6	8.2
2-7	19.6
2-8	18.9
3-3	☆
3-4	99.2
3-5	50.5
3-6	53.8
3-7	☆
3-8	☆
4-4	☆
4-5	45.6
4-6	48.6
4-7	☆
4-8	☆
5-5	☆
5-6	24.7
5-7	59.1
5-8	57.0
6-6	65.4
6-7	63.0
6-8	60.8
7-7	☆
7-8	☆
8-8	☆

軸馬 1
単穴 10
連 13 4 11

●2024年6月23日・京都12Rリボン賞（3歳上2勝クラス、ダ1200m）

１着①エスカル★（３番人気）
２着④ディキシーガンナー★（１番人気）
３着⑨プレイテシア（15番人気）
★はスピードスター購入対象馬

単① 700円
複① 240円　④ 140円　⑨ 1360円
馬連①−④ 930円
馬単①→④ 2320円
３連複①④⑨ 28120円
３連単④→①→⑨ 101040円

16 桃8	15	14 橙7	13	12 緑6	11
プレシオーソ	メイショウヒヅクリ	サイレンスタイム	ピカリエ	ネグレスコ	㊫ジョヴィアン
ブラックタイド	ディーマジェスティ	エスポワールシチー	エイシンヒカリ	カリフォルニアクローム	ジャスティファイ
エアラホーヤ1勝	サーリセルカ未勝	ストームトウショウ未出	バンデリータ未出	アイスブレイク1勝	ランウェイドール米
黒鹿 58 騸7	黒鹿 56 牝5	鹿 58 牡4	芦 56 牝5	鹿 53 牝3	鹿 58 牡4
岩田望	田口	幸	Mデムーロ	横山武	レーン
岡田	角田	安達	金成	西園正	奥村豊
900	900	900	900	900	900
6906	2666	1110	4171	1710	2300
カナヤマHD	松本好雄	京都ホースR	リトルブルーF	モンレーヴ	吉田和美
藤原牧場	富田牧場	坂本春雄	リトルブルーF	三嶋牧場	アメリカ
……	△	B	……	△	▲
……	……	……	……	注	◎
△	……	……	注	△	……
△	……	……	注	……	▲
……	……	……	……	注	……
……	……	……	△東	△	△
ダ1173② ダ1125⑨ ダ1232⑤ ダ1447⑭	ダ58.8② ダ1106② 芝1380⑬	芝1095② ダ1126① ダ1251⑮ ダ1446⑧	1094⑩ ダ1106② ダ1271⑤ 芝1382⑫	ダ1112① ダ1259②	4
ダ35.3② 0003	ダ35.8② 初騎乗	ダ36.2⑧ 初騎乗	ダ35.6② 初騎乗	ダ35.7① 初騎乗	ダ36.5③ 初騎乗
0 3 9 15 初コース	0 0 1 7 0 0 0 1	0 0 0 4 初コース	0 0 2 0 0 0 1 0	0 0 0 0 1 0 0 0	0 0 2 0 0 0 2 0
5東 11月12日 ④ 3才上 4 2勝 10ト16頭 ダ1186 58 北村宏 S ⑦⑧⑧ 484 人気7 中位差詰 7¼ 361外363 シアージスト 1173 1.3	3新 8月26日 ⑤ 6 2勝 6ト15頭 ダ1122 56 菱田 H ②②② 466 人気9 先行一息 3¼ 343中379 メタマックス 1116 0.6	4中京 12月3日 ② 14 2勝 4ト16頭 ダ1264 57 水口 M ②②② 494 人気9 先行一杯 13¼ 350中397 ロードアウォー 1241 2.3	1中 1月14日 ⑤ 4才上 2 1勝 13ト15頭 ダ1120 56 伊藤工 H ⑩⑩⑩ 506 人気5 後方伸 ½身 355中365 アンスリウム 1119 0.1	1京 1月20日 ⑥ 1 15ト16頭 ダ1126 55 ルメートル M ④①① 496 人気1 先行抜出 3身 350中376 トランジェント 1131 0.5	3京 11月25日 ⑦ 3才上 4 1勝 4ト15頭 ダ1241 57 モレイラ M ②②② 494 人気2 先行一息 2身 347中376 ケイアイアニラ 1237 0.4
3京 11月26日 ⑧ 3才上 15 2勝 4ト16頭 ダ1270 58 岩田望 M ⑨⑪⑫ 488 人気8 出遅る 15½ 358中391 インヒズアイズ 1243 2.7	4中京 12月9日 ③ 14 2勝 16ト16頭 ダ1129 56 角田和 M ⑤④④ 472 人気10 好位一杯 8身 348中381 ドラゴンゴクウ 1115 1.4	1小 1月20日 ③ 8 2勝 12ト13頭 ダ1446 57 水口 S ①①② 492 人気7 逃一杯 9¾ 366内381 ゴッドブルービ 1429 1.7	2中 3月9日 ⑤ 4才上 1 1勝 12ト16頭 ダ1112 56 伊藤工 H ⑯⑭⑭ 500 人気2 外強襲 アタマ 350外362 プラティクレー 1112 0.0	2京 2月11日 ⑥ 2 1勝 7ト9頭 ダ1259 55 ルメートル M ③③③ 488 人気3 好位粘る 7身 355中384 フラムリンガム 1247 1.2	4中京 12月16日 ⑤ 3才上 1 1勝 8ト16頭 ダ1242 57 Hドイル H ③②② 498 人気1 先行競勝 アタマ 346中376 ルージュシェノ 1242 0.0
2阪 3月31日 ④ 4才上 6 2勝 8ト16頭 ダ1254 58 北村宏 H ⑭⑩⑧ 482 人気14 出遅る 7身 362外378 アウグスト 1241 1.3	1阪 3月10日 ⑥ 4才上 3 2勝 6ト13頭 ダ1126 56 和田竜 M ④④③ 474 人気10 好位伸 3½ 355中371 カネコメシスタ 1120 0.6	1中京 3月9日 ① 9 2勝 11ト16頭 ダ1134 58 水口 H ③④④ 492 人気4 好位一杯 2身 347中387 ロングファイナ 1130 0.4	3中 3月31日 ④ 4才上 3 2勝 9ト16頭 ダ1117 56 丸田 M ⑮⑮⑬ 494 人気6 後方伸 3身 360外357 ムーヴ 1112 0.5	1阪 2月25日 ② 1 1勝 8ト10頭 ダ1112 55 ルメートル S ②②② 488 人気4 先行競勝 アタマ 355中357 ミライテーラー 1112 0.0	3京 5月11日 ⑦ 4才上 3 2勝 2ト13頭 ダ1125 58 Mデムーロ S ①①① 508 人気4 逃粘る 2身 358内367 ナスノカンゲツ 1122 0.3
4京 6月8日 ③ 4 2勝 7ト11頭 ダ1250 58 田口 M ⑤⑤④ 480 人気10 中位伸も 4¼ 361外370 テイエムリステ 1243 0.7	2阪 4月6日 ⑤ 4才上 13 2勝 3ト13頭 ダ1132 56 和田竜 M ②④④ 476 人気11 先行一杯 8身 357内375 ダイリュウホマ 1119 1.3	2阪 4月6日 ⑤ 4才上 8 2勝 11ト13頭 ダ1126 58 水口 M ⑪⑪⑫ 486B 人気4 後直だけ 4½ 364外362 ダイリュウホマ 1119 0.7	4京 6月1日 ① 3才上 3 2勝 10ト14頭 ダ1117 56 鮫島駿 M ⑬⑬⑩ 494 人気3 後方伸 1½ 361中356 ベンダバリラビ 1115 0.2	2阪 3月31日 ④ バイオレ 9 オープン 5ト11頭 ダ1268 55 西村淳 H ⑤⑤⑤ 482 人気7 好位一杯 13¼ 347中396 エートラックス 1245 2.3	3京 5月26日 ⑫ 4才上 3 2勝 12ト15頭 ダ1121 58 和田竜 S ②①① 506 人気2 先行粘る 1½ 356中365 グッドウッドガ 1118 0.3

ご覧のように、ワイド①−④460円を1000円押さえ（P62の画像）、３連複は④−①⑪−ほぼ総流しのフォーメーションで２万馬券もゲット！

万馬券的中証明書

[redacted]

2024年06月23日
JRA日本中央競馬会

あなたは下記の万馬券を的中させましたので
ここに証明いたします。

記

2024年　4回京都8日　12R
3連複 01－04－09　100円購入
払戻金単価　@28,120円
払戻金合計　28,120円

の画像)。

そして、ここがポイント。④ディキシーは勝ち味に遅くスピードスターでも複勝回収値が高いタイプで、3連単の1着固定などには不向きといっていい。そこで、次のような2通りの3連複フォーメーションを選択した。

・④－①⑪－①⑦⑪⑮（5点・各400円）

・④－①⑪－全通り（27点・各100円）

前者は対象馬同士の組み合わせ。後者はヒモの3頭目が全通りで思いもかけない人気薄の滑り込みに期待した。ちなみに、いつも全通り買うわけではなく（函館最終のような少頭数なら全通りは結構ある）、今回は資金が豊富だったのと、函館1Rのコアクト抜けがまだ頭に残っていたから（悪夢じゃ！）。

レースは内枠引いた①エスカルが快調に逃げる。やはりスタートに難がある④ディキシーは中団から。直線も脚色衰えなかったエスカルが快勝。ディキシーは追い上げ届かずの2着。ワイド1点的中は確定だ。さあ3着は⁉

⑪ジョヴィアンが粘り込むところに内から何かが……。

黄色い帽子、⑨プレイテシアだ。この馬がなんと15番人気のブービー（コアクトもブービー人気だったなあ）。3連複は2万8120円とハネた！　もちろん、ジョヴィアンが3着ならワイド2点的中だが、全然こちらのほうがいい！

ひとつ悔いが残るとしたら、エスカル→ディキシーの馬単を買っておけばよかったということ。

京都	日	12R	ワイド	01－04	1,000円	01－04	460円	4,600円
京都	日	12R	ワイド	04－11	1,000円	－	－	0円
京都	日	12R	ワイド	04－07	500円	－	－	0円
京都	日	12R	ワイド	04－15	500円	－	－	0円

ワイド①－④ 460円が的中。

エスカルは単勝適正回収値が100円超え。すなわちアタマで買う価値がある。しかも軸馬ディキシーは「勝ち切れない差し馬」とジャッジしているのだから、それとは逆タイプの逃げ馬で①番枠を引いたエスカルは、なおさら買うべきだったのだ。

その馬単は2320円。1000円くらい押さえていてもよかったなあ。

●教訓　軸馬とジャッジしたら、その馬の個性（適性）に合った券種を選べ！

実戦譜⑥予想も馬券の筋もいい、でもツキだけがない……それも競馬

●2024年6月29日・福島12R（3歳上1勝クラス、ダート1150m）

春のGIシリーズ直後の福島開催。通常だとローカル（第3場）として開催されるが、このときだけは関東本場として開催されるレアな1カ月。

特に2024年は、ダートの短距離戦では特殊な条件が重なり、スピードスターを活用できるケースが非常に多くなっていた。

スピードスターのキモ。大切なことなので繰り返しになってしまうことをご了承いただきたいのだが、スピードスターは決して1200m戦にだけ使えるわけではなく、前走1200m戦の馬が多く出走していれば、極端な話、3200m戦でも適応可能な予想術。

よって、ダート1200m戦は用意されていない福島競馬でも威力を発揮するのだが、24年はウラが函館と小倉という、ともにダ1200m戦が行なわれない競馬場だった。

例年の中京や阪神だと、ダ1200mが行なわれているが、24年のウラ2場はダ1000m戦。何がいいたいかというと、1200mになるべく近い条件を走りたい馬が集結したのが、福島ダ1150m戦だった。

では、ここも好走ゾーンを示す、下の表7を見てもらいたい。そこから導かれたスピードスター馬は……。

①セリエル　スピードスター　35・2秒（中山ダート）
②グリントリッター　スピードスター　35・2秒（中山ダート）
③グローブフェイム　スピードスター　35・0秒（中山ダート）
④ヴォルスパルシアル　スピードスター　35・6秒（中山ダート）
⑤ネバレチュゴー　スピードスター　35・2秒（中山ダート）
⑥ディーズメイト　スピードスター　34・9秒（中山ダート）
⑦ホーリーブライト　スピードスター　34・2秒（中山ダート）
⑧ドリームオン　前走ダート1400m
⑨スマートオリーブ　前走ダート1150m
⑩ダニエラハニー　スピードスター　34・4秒（中山ダート）
⑪サルモン　スピードスター　35・0秒（阪神ダート）
⑫レンキムゼー　前走ダート1150m

表7●福島ダート1150mの【スピードスター】好走対象ゾーン

前走前半3F	勝率	連対率	複勝率	単回値	複回値	特記事項
～33.7	9.8%	17.6%	24.9%	150	124	—
33.8～34.0	2.2%	8.9%	24.9%	8	57	—
34.1～34.3	11.5%	24.6%	24.9%	66	93	—
34.4～34.6	10.6%	22.3%	30.9%	185	123	—
34.7～34.9	5.4%	13.0%	24.9%	23	50	—
35.0～35.2	5.4%	15.2%	24.9%	69	69	—
35.3～35.5	9.0%	15.4%	21.8%	72	71	—
35.6～35.8	4.1%	11.0%	24.9%	22	59	—
35.9～36.1	6.0%	8.0%	12.0%	34	37	—
36.2～36.4	0.0%	0.0%	24.9%	0	30	—
36.5～	0.0%	4.5%	24.9%	0	22	—

⑬パワポケピー　　スピードスター　34・0秒（阪神芝）
⑭ホウオウベリテ　　前走ダート1400m
⑮ダイチラファール　　スピードスター　33・7秒（中山ダート）
⑯フィーリウスワン　　スピードスター　36・6秒（中山ダート）

★スピードスター該当馬
⑦ホーリーブライト　9番人気　※34・1～34・3秒
⑩ダニエラハニー　8番人気　※34・4～34・6秒

●実戦ルポ

P66～67の馬柱を見てもらえればわかると思うが、人気を集めていたのは3歳の逃げ先行馬。しかも若手の減量騎手が鞍上の馬も多く、斤量面ではいよいよ有利ときている。

ただ、こういうレースで注意すべきは、乱ペースによる先行馬の総崩れ。ダート短距離は先行馬に分があるものの、差し馬が上位を占め波乱になるケースも……。もちろん、1頭が抜けて逃げれば、他馬が控え、「行った、行った」の展開だって考えられる。

となると、スピードスター馬と組み合わせる馬がなかなか見つからない。苦肉の策の馬券構成がP67の画像である。

スピードスター馬の⑦ホーリーブライト、⑩ダニエラハニー×上位人気の6頭。その馬単の表・裏。そして

福島 12

発馬 16.30

三歳以上1勝クラス 定量

馬番	1	2	3	4	5	6	7	8	9	10
枠	白1	白1	黒2	黒2	赤3	赤3	青4	青4	黄5	黄5
父	シニスターミニスター	ダノンレジェンド	ジャスタウェイ	ルーラーシップ	アメリカンペイトリオット	コパノリッキー	マクフィ	キズナ	キングカメハメハ	トゥザワールド
馬名	セリエル	グリントリッター	(地)グローブフェイム	(地)ヴォルスパシアル	ネバレチュゴー	ディーズメイト	ホーリーブライト	(地)ドリームオン	スマートオリーブ	(地)ダニエラハニー
母	グラスコマチ 未勝	エーシンシャイナー 未勝	アースエンジェル 4勝	ローズアライヴァル 未勝	メランコリア 2勝	エイトディズアパート 米	ラブリランテ 公	ヴィリエルバクル 未勝	スマートオーシャン 1勝	ヘイハニー 未勝
毛色 斤量 性齢	黒鹿 50 牝3	鹿 55 騸3	黒鹿 56 牝4	鹿 55 騸5	鹿 58 牡4	栗 56 牝4	鹿 53 牝3	鹿 58 牡6	鹿 52 牝5	黒鹿 55 牝5
騎手	替▲佐藤	替石川	替柴田善	替▲石田	松岡	替木幡巧	替津村	的場	替★大江原比	☆原
調教師	美杉浦	美深山	美田中剛	美加藤和	美西田	美新開	美竹内	美的場	美蛯名利	美上原佑
賞金	400	400	80	60	400	400	400	100	400	120
総賞金	1448	923	89	81	2345	812	690	161	1837	140
馬主	伊東純一	ウエストフォレストS	ヒダカBU	ライオンRH	ミルF	中村祐子	船越伸也	長谷川守正	大川徹	吉田和美
生産者	ひ松田牧場	ひ信田牧場	ひグランド牧場	浦高昭牧場	浦ミルF	ひケイアイF	平船越伸也	新ノーザンF	浦三嶋牧場	ひ秋田育成牧場
佐藤直文	▲	△	△	…	注	…	…	…	△ B	…
小野智美	◎	○	…	…	注	…	△	…	▲	…
久光匡治	○	△	…	…	◎	…	△	…	…	▲
西田美佐子	注	△	△	…	▲	△	△	…	◎	…
中田博士	◎	△	…	…	○	△	△	…	△	…
本紙武井	◎	▲	△	…	注	…	△	…	△	…
ダ1000			門ダ1012[1]		新芝57.[illegible]7[7]			ダ57.3①	千ダ1483⑫	[illegible]③
ダ1150			三芝1095⑦	大ダ1454⑯	[illegible]3⑬	福ダ1092①		千ダ1372①	福ダ1086❷	[illegible]④
ダ1200	中ダ1115③	中ダ1115❶	中ダ1124⑦	中ダ1142⑯	中ダ[illegible]❷	中ダ1128[11]	中[illegible][1]	大ダ1559⓫	新ダ1108❼	中ダ[illegible]❸
ダ1400	東ダ1280②		笠ダ1304①	東ダ1266⑫	東ダ[illegible]❹	東ダ1269[16]	京ダ127[illegible]⑨	東ダ1286⑯	阪ダ1249❽	水ダ128[illegible][1]
上り最高	三ダ37.5②	三ダ37.3⑧	千ダ37.2[1]	四ダ37.4⑫	三ダ35.8❷	千五ダ37.0①	三ダ37.5[1]	ダ37.0①	三ダ37.0❼	三ダ36.6①
騎乗成績	初騎乗	0101	初騎乗	初騎乗	0506	0001	初騎乗	0002	初騎乗	0001
クラス実績	0012	0001	0001	0002	0506	0004	0004	0003	0 1 3 14	0005
当該条件	初コース	初コース	初コース	初コース	初コース	1101	初コース	初コース	0101	初コース
前走3	2中 3月3日 ④ 三才 7 1勝 7ト16頭 三ダ1125 55 大野 H ①②② 460 人気3 一旦先頭 5¾ 340中385 ガビーズシスタ 1115 1.0	2中 3月9日 ❺ 三才 1 未勝 8ト16頭 三ダ1115 54 長浜 H [2]②② 422 人気4 先行抜出 ½身 332中383 モリノセピア 1116 0.1	笠松 12月27日 ① 三才上 1 C11 6ト7頭 四ダ1304 54 岡部誠 S ④③② 454 人気1 楽抜出 5身 393中380 ロックジャム 1314 1.0	1東 23年2月 ③ 四才上 16 1勝 8ト16頭 六ダ1454 56 山田 M ⑦⑤⑥ 512 B 人気15 ジリ下り 大差 368中438 ベストフィーリ 1382 7.2	4東 10月15日 ❺ 三才上 13 1勝 7ト16頭 三ダ1193 57 内田博 M ⑥⑦⑧ 520 人気1 中位一杯 8¾ 366中371 ウォルラス 1179 1.4	3福 11月4日 ① 三才上 6 牛七1勝 2ト12頭 千五ダ1100 55 丹内 H ①②② 474 人気6 先争退く 5¼ 343中386 フクノワカバ 1091 0.9	2中 3月3日 ④ 三才 11 1勝 10ト16頭 三ダ1130 55 木幡初 H ③⑦⑥ 436 人気15 中位一杯 8¼ 345中385 ガビーズシスタ 1115 1.5	4新 10月14日 ① 古 11 1勝 2ト17頭 三内1096 58 的場 M ⑩⑪⑫ 534 人気17 中位一杯 4¼ 348内348 エールレヴリー 1088 0.8	1中 1月8日 ③ 四才上 13 1勝 3ト16頭 三ダ1145 55 秋山稔 H ①①① 500 B 人気4 逃一杯 8¾ 337内408 オルコス 1129 1.6	4新 10月29日 ❻ 三才上 14 1勝 12ト18頭 四内1257 56 吉田隼 M ⑯⑯⑭ 480 人気14 後方まま 17½ 364外376 ペガリス 1229 2.8
前走2	2中 3月17日 ⑧ 三才 5 1勝 15ト16頭 三ダ1134 55 大野 H ②④③ 456 人気4 3角不利 3¼ 352中382 オウバイトウリ 1129 0.5	3中 3月24日 ② 三才 8 1勝 6ト15頭 三ダ1125 54 長浜 H ⑬⑬⑬ 416 人気6 出遅る 5¾ 352外373 チュウワキャリ 1116 0.9	3中 3月24日 ② 四才上 7 1勝 2ト15頭 三ダ1124 56 柴田大 M ③③⑤ 452 人気10 好位一息 3¾ 350内374 サニーサフラン 1118 0.6	4中 10月1日 ⑨ 三才上 16 1勝 11ト16頭 三ダ1142 55 水沼 H ⑭⑭⑭ 504 B 人気16 後方まま 大差 356内386 キョウエイカン 1111 3.1	5中 12月16日 [5] 三才上 6 1勝 5ト16頭 三ダ1123 57 松岡 M ⑨⑦⑨ 526 人気2 中位差詰 7身 352外371 ヤングワールド 1112 1.1	5中 12月16日 [5] 三才上 11 1勝 13ト16頭 三ダ1128 55 丹内 M [2]②③ 482 人気12 S後接触 9¾ 349中379 ヤングワールド 1112 1.6	3中 3月24日 ② 三才 12 1勝 12ト15頭 三ダ1128 55 木幡初 H ⑧⑨⑨ 436 人気14 中位一杯 7¼ 346内382 チュウワキャリ 1116 1.2	5東 11月4日 ① 三才上 16 1勝 11ト16頭 四ダ1286 58 的場 S ①①① 530 人気16 逃バテ 大差 357中407 プラチナジュビ 1234 5.2	2中 3月9日 ❺ 四才上 4 牛七1勝 7ト16頭 三ダ1113 56 西村淳 H ③②② 494 B 人気5 先行一息 ¾身 335中378 ピカリエ 1112 0.1	1中 1月21日 ❼ 四才上 8 1勝 13ト16頭 三ダ1119 56 石橋脩 H ⑪⑩⑩ 476 人気14 後方差詰 4¼ 344外375 セッカチケーン 1112 0.7
前走	3ヵ月余 放牧 乗込み4週間 仕上り○ 連対体重 454～458 3ヵ月以上休 ①②③外 0010	3ヵ月余 放牧 乗込み3週間 仕上り○ 連対体重 418～422 3ヵ月以上休 ①②③外 0100	3ヵ月余 放牧 乗込み4週間 仕上り○ 連対体重 452～454 3ヵ月以上休 ①②③外 0001	9ヵ月休 転厩放牧 乗込み2ヵ月 仕上り△ 連対体重 502～513 3ヵ月以上休 ①②③外 0002	6ヵ月余 放牧 乗込み3週間 仕上り○ 連対体重 500～520 3ヵ月以上休 ①②③外 0001	6ヵ月余 蟻洞放牧 乗込み4週間 仕上り○ 連対体重 462～478 3ヵ月以上休 ①②③外 0003	3ヵ月余 放牧 乗込み2週間 仕上り○ 連対体重 442キロ 3ヵ月以上休 ①②③外 0002	8ヵ月休 放牧 乗込み8週間 仕上り○ 連対体重 523～539 3ヵ月以上休 ①②③外 0002	1福 4月6日 ① 四才上 4 1勝 9ト16頭 千五ダ1096 55 秋山稔 M ②②② 490 B 人気1 先行一息 1¾ 350中377 ザアトム 1093 0.3	3中 4月6日 [5] 四才上 6 牛七1勝 3ト16頭 三ダ1123 55 原 M ⑩⑨⑦ 476 人気8 中位差詰 2¾ 354中369 スマイルアップ 1118 0.5

予想印: 4 (ホーリーブライト), 1 (ネバレチュゴー), 3 (ダニエラハニー)

1-5	7.5
1-6	14.8
1-7	18.8
1-8	6.9
2-2	☆
2-3	49.7
2-4	☆
2-5	58.9
2-6	☆
2-7	☆
2-8	54.4
3-3	97.6
3-4	34.3
3-5	16.0
3-6	31.8
3-7	40.2
3-8	14.8
4-4	☆
4-5	40.7
4-6	80.3
4-7	☆
4-8	37.5
5-5	94.1
5-6	37.6
5-7	47.6
5-8	17.5
6-6	☆
6-7	93.9
6-8	34.8
7-7	☆
7-8	43.9
8-8	☆

軸馬 1
単穴 5
連 12 15 9

●2024年6月29日・福島12R（3歳上1勝クラス、ダ1150m）

1着⑤ネバレチュゴー
（6番人気）
2着⑪サルモン
（8番人気）
3着⑩ダニエラハニー★
（8番人気）
★はスピードスター購入対象馬

単⑤ 1110円
複⑤ 400円
⑪ 1290円
⑩ 630円
馬連⑤－⑪ 14420円
馬単⑤→⑪ 26930円
3連複⑤⑩⑪ 62180円
3連単⑤→⑪→⑩ 360570円

16 桃8	15	14 橙7	13	12 緑6	11
ヴィットリオドーロ㊥	ホッコータルマエ㊥	ロードカナロア㋮	アポロキングダム㋮㊥	イスラボニータ㋮㊥	シャンハイボビー㋮
㊞フィーリウスワン	ダイチラファール	㊞ホウオウベリテ	パワポケビー	㊞ヘレンキムゼー	サルモン
ユニヴァースパール未勝㋮	スープリムシチー未勝㊢	キョウエイトルース3勝㋮	ハイパーラッシュ未勝㊥	シークレットジプシー米㊢	キセキノショウリ公㊢
青鹿 58 牡6	黒鹿 58 牡5	鹿 58 騸5	栗 54 牝5	栗 58 牡5	青鹿 58 牡4
替丸山	柴田大	替野中	替◇藤田菜	替三浦	替石橋脩
㊉根本	㊉柏谷	㊉天間	㊉矢嶋	㊉古賀慎	㊉加藤士
280	400	180	400	470	400
760	2287	1240	1352	821	520
成富直行	服部英利	小笹芳央	柳原達也	村野康司	野村茂雄
日若林順一	浦荻伏服部牧場	ひ岡田S	日佐々木康治	白白老F	新村上牧場
……… ……… ……… ……… ……… ………	…〇 B …△… …注… …〇… …注… …〇…	…… 再 …… B …△… ……… ……… ………	…△… …△… ……… ……… …▲… …△…	…◎… …△… ……… …△… ……… …△…	…△ 初 …… B ……… ……… ……… ………
小ダ59.1③ 新ダ55.5⑤ 中京ダ1136⑬ 東ダ1269⑬	千ダ1195⑤ 福ダ1089① 中ダ1105② 東ダ1248⑪	千ダ1396⑤ 千ダ1463④ 大ダ1550② 園ダ1320①	小ダ59.8⑩ 福ダ1095② 中ダ1107③ 中京ダ1260⑭	新ダ55.1⑤ 福ダ1096⑤ 千ダ1388③ 中京ダ1260⑫	2 中ダ…20⑫ 大ダ1420⑥
千ダ35.5③ 初騎乗	千ダ35.7② 0 1 2 4	大ダ38.4⑤ 初騎乗	千ダ36.7⑩ 0 1 0 3	千五ダ36.1⑤ 0 0 0 2	千ダ37.2⑫ 初騎乗
0 0 0 5 初コース	0 2 3 10 1 0 0 2	0 0 0 0 初コース	0 2 2 8 0 1 0 0	0 0 0 4 0 0 0 1	0 0 0 3 初コース
1東 2月10日 ⑤ 四才上 13 1勝15ト16頭 千四ダ1269 58野中 M⑩⑩⑪ 472 人気16 中位一杯 14¾ 365内383 オーラビルス 1245 2.4	2中 2月25日 ② 四才上 5 1勝9ト16頭 千二ダ1121 58柴田大 H⑤④④ 470B公4 好位一息 4身 339中382 ハヤブサジェッ 1114 0.7	姫路 2月21日 ❷ 四才上 4 C2 9ト10頭 千四ダ1344 56大山龍 S③④④ 467 人気5 好位粘る 7¾ 外409 エイシンエラン 1332 1.2	2小 2月18日 ④ 四才上 10 1勝10ト14頭 千ダ59.8 52小林美 H⑤⑧⑩ 508 人気1 中位一杯 3½ 348外367 クロンヌドラレ 591 0.7	4中京 12月17日 ⑥ 三才上 12 1勝12ト16頭 千四ダ1260 58木幡育 H⑨⑥⑥ 482 人気11 中位一杯 6¾ 354中386 ジュンウィング 1249 1.1	2中 2月25日 ② 四才上 12 1勝5ト16頭 千二ダ1143 58戸崎圭 H③⑤⑦ 528 人気7 好位一杯 16¾ 342内401 ハヤブサジェッ 1114 2.9
2中 3月17日 ⑧ 四才上 11 1勝13ト16頭 千二ダ1141 55長浜 M⑫⑩⑫ 474 人気16 後方まま 13身 366中375 ナスノカンゲツ 1120 2.1	2中 3月17日 ⑧ 四才上 5 1勝3ト16頭 千二ダ1133 58柴田大 M⑦⑦⑦ 462B公7 中位まま 8身 360外373 ナスノカンゲツ 1120 1.3	園田 3月21日 ③ 四才上 3 C2 1ト12頭 千四ダ1346 56大山龍 M③③② 466 人気3 好位粘る 2身 内411 ハンバーグハマ 1343 0.3	2小 2月24日 ⑤ 四才上 15 1勝4ト18頭 千二 1103 56荻野極 M①①② 508 人気8 逃一杯 5¾ 340内363 マテンロウボン 1093 1.0	1小 1月21日 ④ 八幡 14 1勝2ト15頭 千二 1119 58荻野極 S④⑤⑥ 482 人気12 好位一杯 9½ 359中360 トーセンエスク 1103 1.6	1阪 3月10日 ⑥ 四才上 13 1勝7ト16頭 千二ダ1141 58鮫島駿 H④④④ 526 人気9 好位一杯 11身 350中391 バトゥーキ 1121 2.0
3ヵ月余 放牧 乗込み4週間 仕上り〇 連対体重 464～476 3ヵ月以上休 ①②③外 0 0 0 2	3中 3月30日 ❸ 四才上 3 1勝9ト16頭 千二ダ1113 58柴田大 H③②② 464B公5 先行粘る ½身 337中376 カイザーブリッ 1112 0.1	園田 4月24日 ❺ 四才上 1 C2 4ト8頭 千四ダ1330 56下原理 H②①② 464 人気2 先行楽勝 3身 内409 ヒーリングアー 1335 0.5	4ヵ月余 転厩放牧 乗込み3週間 仕上り〇 連対体重 482～500 3ヵ月以上休 ①②③外 0 0 0 3	1福 4月6日 ① 四才上 5 1勝10ト16頭 千五ダ1096 57永野 M⑫⑬⑫ 486 人気7 後方追上 1¾ 366外361 ザアトム 1093 0.3	3ヵ月半 放牧 乗込み3週間 仕上り〇 連対体重 514キロ 3ヵ月以上休 ①②③外 0 0 0 3

波乱を想定し対象馬2頭⑧ホーリーブライト、⑩ダニエラハニーからの馬単の表・裏、押さえでワイドを上位に流したものの、3、4着のトホホな結果に。ワイド⑤－⑩ 2720円をい的中したのみ。

福島	土	12R	馬単 フォーメーション	1着：07,10 2着：01,02,05,09,12,15	各 100円 計1,200円	–	–	0円
福島	土	12R	馬単 フォーメーション	1着：01,02,05,09,12,15 2着：07,10	各 100円 計1,200円	–	–	0円
福島	土	12R	ワイド フォーメーション	馬1：07,10 馬2：01,02,05,09,12,15	各 100円 計1,200円	05－10	2,710円	2,710円

ワイドで押さえるという買い方だ。

レースは、減量の佐藤騎手が鞍上の1番人気①セリエルが飛び出す。番手で続くのがスピードスター馬⑦ホーリーブライト、そして⑪サルモン（12番人気）。

そして直線、①－⑦でもいいぞ！　と心の中で叫んだ瞬間、セリエルが大失速。突っ込んできたのが、差し脚鋭い⑤ネバレチュゴー。次いで外からスピードスター馬⑩ダニエラハニーだ。馬単⑤→⑩なら万馬券（175・3倍）！

……と思ったら、内で先行した人気薄のサルモンが2着に踏ん張っていた（涙）。この馬、初ブリンカーだったので、気にはなっていたのだが。スピードスター馬ダニエラハニーが3着、ホーリーブライトは4着という、なんとも救われない結果に。

ワイド⑤―⑩の2710円は的中したが、これだけでは獲りガミ。ただ、馬券の組み立ては正しかった、とは今でも思っている。ダニエラハニーがクビ差の3着だったのは、ツキの問題でしかない……悔しいが、これも競馬である。

でも、原くん、ちょっと外を回しすぎたんじゃないの？

●教訓　競馬はギャンブル。ときにはツキのある・なしに左右される。諦めも肝心。

実戦譜⑦ボックス作戦敗れる、その理由は……

●2024年6月30日・函館10R立待岬特別（3歳上2勝クラス、芝1200m）

①オウバイトウリ　前走ダート1400m
②ランドオブラヴ　スピードスター34・7秒（函館芝）
③スムースベルベット　スピードスター34・8秒（福島芝）
④ミスヨコハマ　スピードスター34・5秒（函館芝）
⑤ゴキゲンサン　スピードスター34・2秒（函館芝）
⑥ショウナンアメリア　スピードスター34・1秒（函館芝）
⑦スクルプトーリス　スピードスター33・9秒（函館芝）
⑧スイミーユニバンス　スピードスター34・4秒（函館芝）
⑨ブルトンクール　スピードスター34・4秒（函館芝）
⑩ロゼクラン　スピードスター35・0秒（京都芝）
⑪ヴァンルーラー　前走ダート1700m
⑫ポルタフォルトゥナ　スピードスター33・9秒（函館芝）
⑬ジョリダム　スピードスター34・2秒（函館芝）
⑭メイショウハボタン　スピードスター34・7秒（京都芝）
⑮ガビーズシアター　スピードスター34・2秒（中山ダート）
⑯トゥーテイルズ　前走ダート1700m

★スピードスター該当馬　※いずれも34・3秒以下

⑤ゴキゲンサン　出走取消
⑥ショウナンアメリア　12番人気
⑦スクルプトーリス　5番人気
⑫ポルタフォルトゥナ　6番人気
⑬ジョリダム　11番人気
⑮ガビーズシアター　4番人気

●実戦ルポ

ここまで函館芝1200mで功を奏してきたスピードスター・ボックス作戦。実戦譜②のUHB杯、そして実戦譜には取り上げなかった6月23日函館10R、HTB杯（3歳上2勝クラス、芝1200m）もそう。HTB杯のスピードスター馬は……。

①ヴィアドロローサ　8番人気
③ニシノレバンテ　6番人気
④ポルタフォルトゥナ　2番人気
⑦クファシル　1番人気
⑫トーセンサンダー　4番人気
⑬スクルプトーリス　10番人気

結果は⑫→⑦→⑬3連複1万500円があっさり的中。もちろん、馬連の2230円も的中である。

函館芝1200mでスピードスター馬が5、6頭いたらボックス作戦。この立待岬特別も5頭ボックスでいいだろう――その思い込みが痛恨の失敗馬券となってしまう。

勝ったのは1番人気①オウバイトウリ、2着にスピードスター馬の11番人気⑬ジョリダム、3着に3番人気②ランドオブラヴ。

外れちまった。11番人気のジョリダムが連対したのに外れちまった……。

なぜか。

前記の2レースの結果と比較したときに、その〝答え〟が出た。

UHB杯は3着に3番人気ドーバーホークが入った。HTB杯は2着に1番人気クファシルが入った。つまり、1〜3番人気馬が馬券に絡んでいる。

立待岬特別のボックス5頭では4番人気ガビーズシアターが最上位。ここには1〜3番人気馬がいなかったのだ。バランス的にある程度の人気馬が必要、これがボックスで勝つ重要なポイントということである。

といって、単純に加えると、とんでもない点数になってしまう。そこはケースバイケースなのだが、せめて1番人気①オウバイトウリからスピードスター馬への馬連、ワイドくらいは押さえておいてもよかったのではないか。

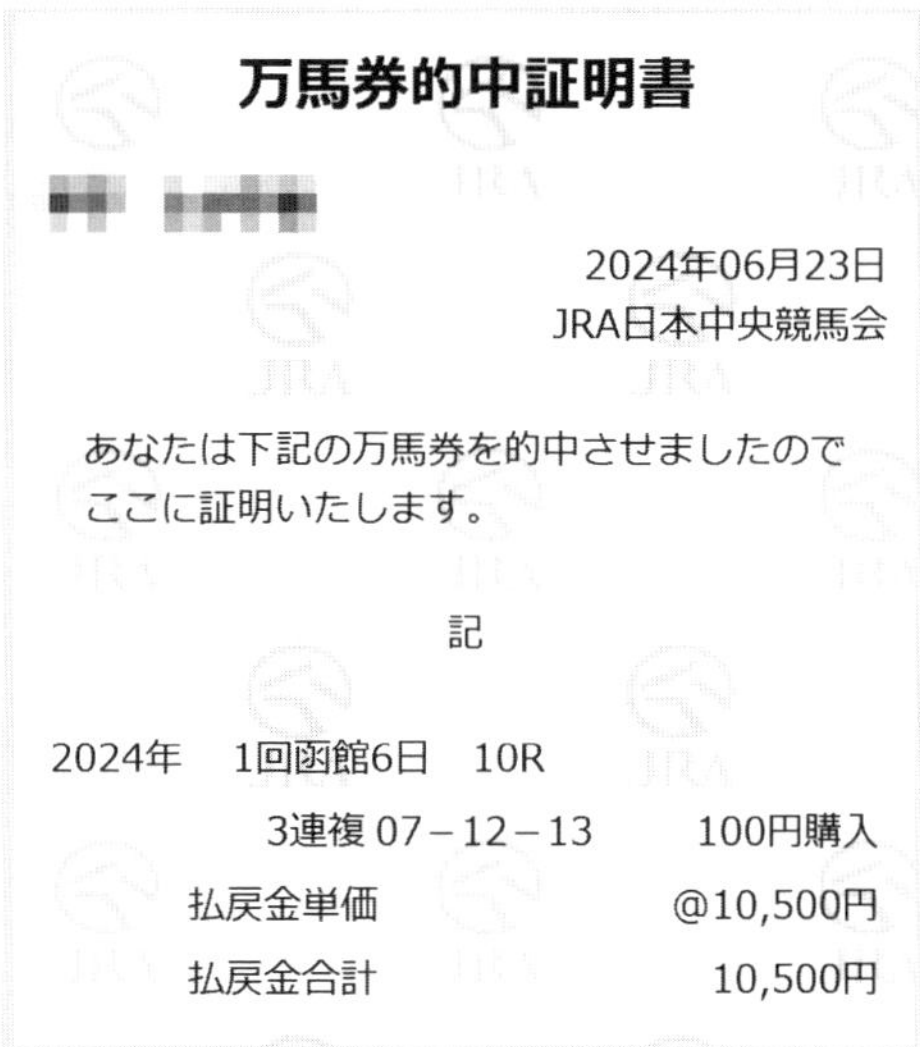
万馬券的中証明書

[redacted]

2024年06月23日
JRA日本中央競馬会

あなたは下記の万馬券を的中させましたので
ここに証明いたします。

記

2024年　1回函館6日　10R
3連複 07－12－13　100円購入
払戻金単価　@10,500円
払戻金合計　10,500円

6月23日函館10R、HTB杯。ボックス作戦で3連複⑦⑫⑬の万馬券が的中。

函館 10 発馬 14.50 立待岬特別

サラ系三才上 2勝 定量

	1	2	3	4	5	6	7	8	9	10
枠	白1	白1	黒2	黒2	赤3	赤3	青4	青4	黄5	黄5
父	リアルスティール(中)	ミッキーアイル(マ)	ディスクリートキャット(マ)	カレンブラックヒル(マ中)	リアルインパクト(マ)	ロードカナロア(マ)	ジャスタウェイ(中)	ドゥラメンテ(映)	エピファネイア(映)	リーチザクラウン(マ中)
馬名	オウバイトウリ	ランドオブラヴ	スムースベルベット	ミスヨコハマ	ゴキゲンサン	ショウナンアメリア	スクルプトーリス	スイミーユニバンス	ブルトンクール	(地)ロゼクラン
母	スターズアンドクラウズ 愛(マ)	ルックオブラヴ 未勝(中)	ロープドヴルール 3勝(短)	ミスエリカ 1勝(中)	マチャプチャレ 未勝(短)	ランスタン 未勝(短)	サッカーマム 米(マ)	マンビア 英(マ)	ファビュラスセンス 1勝(マ)	ローズカリーナ 未勝(短)
毛色 斤量 性齢	鹿 53 牝3	鹿 56 牝4	鹿 56 牝4	黒鹿 56 牝4	鹿 56 牝4	黒鹿 56 牝5	鹿 56 牝4	栗 56 牝4	栗 56 牝5	黒鹿 56 牝6
騎手	浜中	丹内	黛	横山武	永野	岩田康	鮫島駿	武豊	大野	荻野琢
調教師	(栗)武幸	(美)蛯名正	(美)手塚	(美)斎藤誠	(美)伊藤大	(美)奥村武	(栗)松下	(栗)平田	(美)新開	(栗)藤沢則
賞金	900	900	900	900	900	900	900	900	900	610
総賞金	2470	1960	3284	3840	2203	2874	2565	1740	2137	2411
馬主	キーファーズ	広尾レース	ミルF	大野富生	ニッシンHD	国本哲秀	中村伊三美	亀井哲也	会田浩史	水谷昌晃
生産者	安ノーザンF	ひ木村秀則	浦ミルF	安ノーザンF	浦チェスナットF	日天羽牧場	ひケイアイF	安ノーザンF	団社台F	ひ岡田牧場
小桧山	◎	○	B	▲	△	B	△	注		
瀬古	○	△		△			▲	◎		
目黒	▲	注					◎	○		
板子	▲	注		△	△		○	◎		
打越	◎				連 [illegible]		連 ▲	○	連	
本紙	▲ 西	注		△	闘 △		闘 ○ 西	◎ 西	闘	西
持ち時計	中ダ [illegible] ② 阪 [illegible] ③ ダ 1254 ❶	ダ [illegible] ⑧ 函 [illegible] ① 東 [illegible] ⑧	ダ 1118 ⑦ 中 1085 ② 東 1214 ⑦ 中 1350 ⑫	函 1093 ⑫ 新 1205 ③ 新 1339 ④	[illegible] 中 1374 ⑤	1488 ⑬ 中 1083 ⑤ 1213 ⑧ 新 1354 [2]	ダ 1144 ① 函 1085 ② 阪ダ 1266 ❾	1471 ③ 函 1088 ① 1206 [1] 京 1351 ⑩	1290 ⑨ 中 1083 ⑨ 京 1231 ⑰ 阪 1349 ⑥	小ダ 1008 ⑫ 京 1082 ③ 阪 1209 ⑥ 阪 1341 ④
上り最高	34.3 ③	34.3 ②	33.9 ⑦	32.8 ⑬	34.6 ⑤	34.0 ②	34.5 ②	34.4 ②	33.8 ⑨	33.1 ③
騎乗成績	初騎乗	0 0 1 0	0 0 0 1	初騎乗	初騎乗	初騎乗	2 1 0 1	初騎乗	0 0 0 5	0 0 1 1
クラス実績	0 0 0 0	0 0 1 2	0 2 0 5	0 0 3 9	0 0 0 3	0 1 0 11	0 0 1 4	0 0 0 0	0 0 0 8	0 0 1 6
当該条件	初コース	1 1 0 1	初コース	1 1 0 2	1 0 0 2	0 0 0 3	0 1 2 3	1 0 0 0	0 0 0 1	0 1 1 1
前々走	1中 1月20日 ⑥ 2 1勝 3ト10頭 ダ 1111 55 ルメール H [7]⑥⑥ 468 人気1 中位伸 1½ 343中368 アイアムユウシ 1109 0.2	5中 12月23日 ⑦ キャンド 7 2勝 1ト16頭 外 1091 55 佐々木 S [5]③③ 426 人気2 伸一息 2¾ 345中346 スピードオブラ 1087 0.4	2中 3月9日 [5] 四才上 2 2勝 13ト13頭 外 1096 56 内田博 H ③⑤⑤ 496 B 5 好位伸 ハナ 343中353 サウザンサニー 1096 0.0	1福 4月6日 ① 6 2勝 6ト16頭 1094 56 斎藤 M ⑥⑦⑨ 476 人気10 中位差詰 3½ 348中346 リシャールケリ 1088 0.6	2中 2月24日 [1] 四才上 10 牝2勝 1ト16頭 ダ 1117 56 石橋脩 H [13]⑭⑮ 500 人気8 出遅る 6½ 349内368 エレガントムー 1107 1.0	3中 3月24日 ② 四才上 5 2勝 5ト13頭 外 1083 55 田口 M ①①① 446 B 8 逃一息 3¼ 334内349 ルーフ 1077 0.6	1阪 3月10日 ⑥ 四才上 12 牝2勝 12ト13頭 ダ 1150 56 鮫島駿 M ⑨⑨⑨ 454 人気7 後方まま 17½ 360外390 カネコメシスタ 1120 3.0	4新 10月21日 ❸ 三才上 15 1勝 18ト18頭 内 1231 51 永島 M ⑧⑦[7] 432 人気3 中位一杯 5½ 346外368 ミッキーチャレ 1221 1.0	5中 12月2日 ① 三才上 9 2勝 6ト16頭 外 1083 56 大野 M ⑮⑮⑮ 458 人気16 後方差詰 3¼ 345中338 ピンクマクフィ 1078 0.5	2阪 4月14日 ⑧ 11 2勝 3ト17頭 内 1210 53 荻野琢 M ⑩⑭⑭ 448 人気15 中位一杯 9¾ 350中347 スカイロケット 1195 1.5
前走	2中 3月17日 ⑧ 1 1勝 16ト16頭 ダ 1129 55 ルメール H ⑥⑥⑥ 468 人気1 好位差切 1身 354中375 シークレットヴ 1130 0.1	1福 4月6日 ① 3 2勝 4ト16頭 1093 56 丹内 M ⑥④③ 424 人気3 好位粘る 2½ 346中347 リシャールケリ 1088 0.5	3中 4月13日 ⑦ 四才上 11 2勝 5ト12頭 外 1098 56 内田博 S [8]⑧⑧ 494 B 2 出遅る 4½ 358内340 ティニア 1091 0.7	2京 4月20日 ① 四才上 3 牝2勝 10ト10頭 1212 56 石川 S [6]⑤⑤ 474 人気6 中位伸 3身 354外342 タイセイキュー 1207 0.5	1阪 3月17日 [8] 四才上 11 2勝 12ト14頭 ダ 1254 56 松若 H ④④④ 484 人気10 好位一杯 8¾ 348中387 カセノミオ 1239 1.5	1福 4月21日 ⑥ 福島中央 12 2勝 1ト16頭 1094 56 永島 S [3]④④ 446 B 10 好位一杯 4¼ 345内349 アシャカタカ 1087 0.7	1函 6月8日 ① 函館日刊 5 2勝 1ト16頭 1088 56 富田 M ⑥⑦⑦ 460 人気11 中位伸も 1¼ 338内350 ナリタローゼ 1086 0.2	2京 1月27日 ① 四才上 16 1勝 12ト18頭 外 1234 55 秋山真 S [9]④⑥ 420 人気8 折合欠 10¼ 353中367 コンクイスタ 1217 1.7	2中 3月9日 [5] 四才上 13 2勝 11ト13頭 外 1120 56 大野 H ⑥⑦⑦ 462 人気11 中位バテ 14¼ 345中375 サウザンサニー 1096 2.4	3京 5月11日 ⑦ 四才上 3 2勝 11ト14頭 内 1082 56 荻野琢 S ⑪⑫⑫ 448 人気14 後方伸 3身 351中331 キタノエクスプ 1077 0.5
今走前	2阪 3月31日 ④ バイオレ 8 オープン 6ト11頭 ダ 1259 55 津村 H [7]⑥⑤ 470 人気8 中位一杯 8¼ 351内387 エートラックス 1245 1.4	1函 6月15日 ③ STV杯 12 2勝 12ト12頭 1094 56 佐々木 M ⑧⑧⑨ 432 人気4 後方まま 3½ 347外347 レッドアヴァン 1088 0.6	1福 4月21日 ⑥ 福島中央 16 2勝 15ト16頭 1099 56 杉原 S ⑦⑨⑩ 490 B 7 中位一杯 7¾ 348外351 アシャカタカ 1087 1.2	1函 6月8日 ① 函館日刊 12 2勝 7ト16頭 1093 56 斎藤 M ⑭⑭⑯ 474 人気4 後方まま 4¼ 345中348 ナリタローゼ 1086 0.7	1函 6月23日 ⑥ HTB杯 5 2勝 8ト13頭 1088 53 丹内 M ⑤③④ 498 人気7 好位一息 1½ 342中346 トーセンサンダ 1085 0.3	1函 6月8日 ① 函館日刊 9 2勝 11ト16頭 1091 56 横山和 M ⑩⑩⑪ 452 B 12 中位まま 2¾ 341中350 ナリタローゼ 1086 0.5	1函 6月23日 ⑥ HTB杯 3 2勝 13ト13頭 1088 53 富田 M ①②② 460 人気10 先行粘る 1¼ 339中349 トーセンサンダ 1085 0.3	1函 6月16日 ④ 三才上 1 1勝 13ト14頭 1088 52 小林美 M ⑩⑥③ 442 人気6 G前差す ½身 344中344 ジョーメッドヴ 1089 0.1	1函 6月23日 ⑥ HTB杯 6 2勝 6ト13頭 1089 52 松岡 M ⑥⑥⑥ 460 人気11 中位まま 2身 344内345 トーセンサンダ 1085 0.4	4京 6月2日 ② 祇園 8 2勝 7ト14頭 内 1082 56 池添 M ⑫⑫⑩ 448 人気7 後直だけ 3¾ 350中332 ロードフォアエ 1076 0.6

予想者: 小桧山 辰弥 / 瀬古 満明 / 目黒 和外 / 板子 洋一 / 打越 達司 / 本紙

持ち時計: 芝 1000 / 1200 / 1400 / 1600

組番	オッズ	組番	オッズ	組番	オッズ
1-5	25.6	3-3	☆	5-5	☆
1-6	16.5	3-4	18.8	5-6	57.6
1-7	26.8	3-5	☆	5-7	93.2
1-8	34.7	3-6	81.7	5-8	☆
2-2	☆	3-7	☆	6-6	☆
2-3	☆	3-8	☆	6-7	60.1
2-4	15.6	4-4	5.7	6-8	77.8
2-5	☆	4-5	13.2	7-7	☆
2-6	68.1	4-6	8.5	7-8	☆
2-7	☆	4-7	13.8	8-8	☆
2-8	☆	4-8	17.9		

軸馬 8
単穴 2
連 14 1 12

消 3 1

●2024年6月30日・函館10R立待岬特別（3歳上2勝クラス、芝1200m）

1着①オウバイトウリ
（1番人気）
2着⑬ジョリダム★
（11番人気）
3着②ランドオブラヴ
（3番人気）
★はスピードスター購入対象馬

単① 380円
複① 180円
⑬ 610円
② 240円
馬連①－⑬ 6160円
馬単①→⑬ 8910円
3連複①②⑬ 18950円
3連単①→⑬→② 96030円

16 桃8	15 桃8	14 橙7	13 橙7	12 緑6	11 緑6
ラブリーデイ㊥ トゥーテイルズ ウリウリ6勝㊥	アポロキングダム ガビーズスター アンジュデトワール未勝	メイショウサムソン メイショウハボタン ブルーボックスボウ1勝㊥	カレンブラックヒル (地)ジョリダム マイダイナマイト2勝㊥	ジョーカプチーノ (地)ポルタフォルトゥナ マイネアラベスク未勝	ルーラーシップ ヴァンルーラー カロンセギュール2勝㊥
青鹿 56 牝4	栗 53 牝3	鹿 56 牝6	栗 56 牝4	鹿 56 牝5	鹿 56 牝5
替佐々木	替小林凌大	藤岡佑	替小林勝	古川吉	菱田
栗東藤原英	美浦森一	栗東本田	栗東武英	美浦土田	栗東河嶋
900	900	900	820	900	900
2185	1580	6108	3060	3352	2761
金子真人HD	長島和彦	松本好雄	桑田牧場	酒井孝敏	サイプレスHD
ノーザンF	へいはた牧場	林孝輝	桑田牧場	ビッグレッドF	ノーザンF
……… ……… ……… ……… 連 △… 闘 …西	……… ……… …△… ……… …△… …△…	……… …注… ……… ……… …△… …△西	…△初 ……B …△… ……… ……… …△西	…△… …△… …△… …△… 連 注… 闘 △…	……B ……… ……… ……… ……… ……西
芝1400 1482⑧ 芝2000 2063⑪ 阪 1217④ 阪 1336④	中ダ 1103 1 東 1351⑬	芝1200 1288⑥ 小 1076③ 阪 1212④ 芝1600 1354⑦	芝[illegible]⑤ 小[illegible]⑫ 阪[illegible]⑮ 東 1337⑨	芝1[illegible]⑤ 札[illegible]⑦ 東[illegible]⑫ ダ 1255④	芝1400 1464② 京 1097⑥ 阪 1217⑮ 阪 1334⑤
芝1400 34.3① 初騎乗	芝1400 35.9⑬ 初騎乗	芝1200 33.1⑨ 0 0 0 1	芝1200 33.8⑥ 初騎乗	芝1200 34.1⑥ 0 0 1 2	芝1400 33.5③ 0 0 0 1
0 0 0 4 初コース	0 0 0 0 初コース	0 2 4 24 1 1 0 3	0 0 1 9 0 0 1 1	0 0 2 3 1 1 1 2	0 1 1 14 初コース
2小 2月24日 ⑤ 筑後 15 2勝 1ト16頭 ダ1700 1450 55 菱田 M ⑨⑩⑩ 464 人気10 中位一杯 9身 372内383 マイネルカーラ 1434 1.6	1東 2月10日 ⑤ クインC 13 牝GⅢ 5ト13頭 芝1400 1351 55 キング S ④⑤⑤ 468 人気8 好位一杯 11½ 361中359 クイーンズウォ 1331 2.0	2小 2月18日 ④ [illegible] 6 牝2勝 8ト18頭 芝1200 1080 56 丸山 M ⑦⑦⑧ 470 人気4 中位差詰 1¼ 337中343 アルーリングビ 1078 0.2	2小 2月18日 ④ [illegible] 12 牝2勝 12ト18頭 芝1200 1084 56 富田 M ⑭⑯⑱ 442 人気8 後方差詰 3¾ 342外342 アルーリングビ 1078 0.6	1福 4月21日 ⑥ 福島中央 3 2勝 7ト16頭 芝1200 1087 56 永野 S ②②② 472 人気14 先行粘る クビ 343中344 アシャカタカ 1087 0.0	1阪 3月17日 ⑧ 山陽 7 2勝 7ト11頭 芝1400内 1223 56 浜中 S ⑦⑥⑥ 466B 人気8 中位一杯 7½ 352中357 サウンドブライ 1211 1.2
1新 5月5日 ④ 咲花 13 牝2勝 14ト15頭 ダ1800 1554 56 小沢 M ⑤⑧⑧ 460 人気12 中位一杯 12身 370中394 オシゲ 1535 1.9	2中 3月3日 ④ [illegible] 1 1勝 12ト16頭 ダ1200 1115 55 キング H ⑧④④ 466 人気1 好位抜出 1¼ 342中373 プロミシングス 1117 0.2	1福 4月21日 ⑥ 福島中央 7 2勝 5ト16頭 芝1200 1089 56 角田和 S ⑩⑦⑥ 478 人気4 中位まま 1¼ 347中342 アシャカタカ 1087 0.2	1新 5月18日 ⑦ [illegible] 14 2勝 10ト16頭 芝1200内 1106 56 富田 M ⑭⑭⑬ 446 人気15 後方まま 4½ 354中352 サトノグレイト 1097 0.9	1函 6月8日 ① 函館日刊 3 2勝 5ト16頭 芝1200 1088 56 古川吉 M ②②② 476 人気8 先行伸 1身 334中354 ナリタローゼ 1086 0.2	2阪 4月14日 ⑧ [illegible] 15 2勝 10ト17頭 芝1400内 1217 52 田口 M ⑩⑫⑭ 462 人気14 出遅る 13½ 346内355 スカイロケット 1195 2.2
1函 6月22日 ⑤ 渡島 8 牝2勝 5ト9頭 ダ1700 1477 56 武豊 S ③②③ 468 人気4 先行バテ 14½ 372中398 レディーシス 1454 2.3	4ヵ月休 転厩放牧 乗込み4週間 仕上り○ 連対体重 466～468 3ヵ月以上休 ①②③外 0 1 0 0	3京 5月11日 ⑦ 四才上 6 2勝 13ト14頭 芝1200内 1084 56 藤岡佑 S ⑨⑨⑩ 486 人気7 直線差詰 4¼ 347中337 キタノエクスプ 1077 0.7	1函 6月15日 ③ STV杯 6 2勝 11ト12頭 芝1200 1090 56 富田 M ⑥③④ 444 人気11 好位一杯 1½ 342中348 レッドアヴァン 1088 0.2	1函 6月23日 ⑥ HTB杯 10 2勝 4ト13頭 芝1200 1092 54 古川吉 M ②①① 480 人気2 逃一杯 3¾ 339内353 トーセンサンダ 1085 0.7	1函 6月9日 ② 津軽 11 2勝 4ト14頭 ダ1700 1471 52 菱田 M ⑧⑦⑩ 458B 人気11 中位バテ 大差 370外400 シゲルショウグ 1432 3.9

対象馬は5頭。ここまで功を奏していたボックス作戦で臨んだもの、11番人気⑬ジョリダムが2着に食い込んだのみ。普通に上位から押さえていればよかったのに（涙）。

函館	日	10R	3連複ＢＯＸ	06,07,12,13,15	各 100円 計1,000円	－	－	0円
函館	日	10R	馬単ＢＯＸ	06,07,12,13,15	各 100円 計2,000円	－	－	0円

バランスを考えず、スピードスター・ボックスを選択してしまったのは、雑な組み立てだった——今ではそう反省している。

●教訓 単純なボックス一辺倒ではダメ。人気馬との組み合わせも押さえで一考せよ。

実戦譜⑧3連複25万馬券、波乱重賞で最大のチャンスを逃す

●2024年6月30日・小倉11R北九州記念（GⅢ、芝1200m）

小倉芝1200mのスピードスター好走ゾーンは、表8の通り。「33・8〜34・0秒」「34・1〜34・3秒」と、「36・2〜36・4秒」。

ここで注目してほしいのは、今まで何度か検証してきた函館芝1200mは「34・3秒以下」だったのに対して、小倉芝1200mは「33・7秒以下」は好走ゾーンに入ってこないのだ。

仮説を立てるとしたら、開催前半の小倉は特に時計が出やすくスピードコンテストになりがち。スピードスター33・7秒以下の馬が決して走っていないわけではないのだが、派手な時計で走った後で過剰人気になるケースが多く、単複ともに回収値が思ったほど出てこない。

その分、函館はもともと派手な時計が出やすいコースではなく、無駄な人気を集める可能性が低いことが考えられる。

さて、2024年の北九州記念はJRAの炎暑対策で例年の8月施行から6月末に移動した一戦。そのスピードスター購入対象馬は……。

表8●小倉芝1200mの【スピードスター】好走対象ゾーン

前走前半3F	勝率	連対率	複勝率	単回値	複回値	特記事項
～33.7	8.1%	16.7%	24.0%	65	81	—
33.8～34.0	8.6%	16.2%	29.0%	68	92	—
34.1～34.3	10.5%	17.4%	24.3%	109	78	単適回値101.4
34.4～34.6	5.1%	11.8%	19.4%	39	72	—
34.7～34.9	5.0%	11.9%	17.0%	49	61	—
35.0～35.2	5.8%	11.6%	19.7%	67	88	—
35.3～35.5	3.7%	10.1%	14.7%	63	100	—
35.6～35.8	4.3%	9.4%	18.0%	76	95	—
35.9～36.1	3.2%	9.7%	14.0%	136	70	—
36.2～36.4	7.4%	13.2%	16.2%	265	86	単適回値123.7
36.5～	1.1%	4.5%	10.2%	7	88	—

①ディヴィナシオン　前走芝1000m
②テイエムスパーダ　スピードスター35・5秒（中京芝）
③サーマルウインド　スピードスター33・7秒（中山芝）
④グランテスト　スピードスター34・5秒（京都芝）
⑤メイショウソラフネ　スピードスター34・7秒（中山芝）
⑥ヤクシマ　前走芝1400m
⑦モズメイメイ　スピードスター36・4秒（中京芝）
⑧トゥラヴェスーラ　スピードスター34・8秒（京都芝）
⑨ペアポルックス　スピードスター33・4秒（京都芝）
⑩エイシンスポッター　前走芝1400m
⑪ジャスパークローネ　前走海外遠征
⑫ピューロマジック　スピードスター33・2秒（京都芝）
⑬カンチェンジュンガ　スピードスター34・2秒（中山芝）
⑭ナナオ　スピードスター33・5秒（京都芝）
⑮ショウナンハクラク　前走芝1000m
⑯ヨシノイースター　スピードスター33・6秒（中山芝）
⑰メディーヴァル　前走芝1000m
⑱バースクライ　スピードスター34・1秒（中山芝）

★スピードスター該当馬

⑦モズメイメイ　16番人気　※36・2〜36・4秒
⑬カンチェンジュンガ　10番人気　※34・1〜34・3秒
⑱バースクライ　8番人気　※34・1〜34・3秒

●実戦ルポ

このレースの前、私は著者の中山さんとの打ち合わせで「ここは振り回します！」と宣言していた。

北九州記念は過去10年で、3連単49万、107万、395万馬券と高配当が頻出。22年は16番人気ボンボヤージがイン強襲で勝ち切るなど、二ケタ人気馬の激走が多い波乱重賞。スピードスターの穴馬指名が、これほど期待できる重賞はないだろう。

現状は抜けたスプリンターが不在。その混戦の中で選ぶなら、未知の魅力を秘める3歳馬だろう。古馬に比べハンデも有利。このレースには3頭の3歳馬が出走している。

⑨ペアポルックス　54キロ　4番人気　前走葵S2着
⑫ピューロマジック　53キロ　3番人気　前走葵S1着
⑭ナナオ　52キロ　2番人気　前走葵S3着

前走葵Sの上位3頭である。微妙にハンデ差があるだけに甲乙はつけがたい。ここは3頭とも3連複の一方の軸として採用した。

これに3頭のスピードスター対象馬を組み合わせた3連複で勝負！　である。フォーメーションは、次のようなもの（P79下の画像参照）。

⑦⑬⑱－⑨⑫⑭－①②③④⑦⑨⑫⑬⑱（54点）

3軸目のヒモはどちらかといえば、内目の馬を拾っている。開幕週の芝は内枠有利のセオリーによるものだ。レースは3歳の⑫ピューロがすいすい逃げる。それに追いすがる⑯ヨシノイースター（9番人気）。そのまま直線に入り、「ヨシノだけでは垂れてくれ！　そいつだけは買ってない！」と心の中で絶叫した。

しかし、ヨシノは2着を守り切り、こりゃアカン！　さらに3着には16番人気のスピードスター馬⑦モズメイメイが滑り込み。皮肉なことにモズと競り合って4着だったのが、やはりスピードスター馬の⑬カンチェンジュンガだった。

⑯ヨシノイースターだけが要らない……というか、もしあと1頭、ヒモで拾うのならヨシノだった。しかし、ヒモを10頭にすると63点。できれば50点台に収めておきたい。それで増やせなかったのだ。「振り回す！」と宣言したのに……わずか1頭ビビったために3連複25万馬券を逃してしまった（涙）。

●教訓「振り回す！」といったら、振り回せ！

●著者・中山のポイント解説

無念の結果に終わったが、モズメイメイをピックアップしているのは実戦ページの中でもトップクラスのトピックス。とにかく5月の京都で快速っぷりをアピールした馬たちが揃っていたが、真逆のベクトルにあるのが道悪馬場で行なわれた高松宮記念から休み明けで使ってきた馬たちだった。

モズメイメイといえば〝伝説のフライングゲット〟ことスピード任せの逃げ切りイメージだが、スピードス

小倉 11R

WIN5④

発馬 15.35

第59回 サマースプリントシリーズ 北九州記念（GⅢ）

(指)三才上オープン・ハンデ

	1	2	3	4	5	6	7	8	9	10
枠	白1	白1	黒2	黒2	赤3	赤3	青4	青4	黄5	黄5
父	ヴィクトワールピサ(輸)	レッドスパーダ(マ)	ドレフォン(短)	ロードカナロア(マ)	モーリス(マ中)	ハヴァナグレイ(短)	リアルインパクト(マ)	ドリームジャーニー(中)	キンシャサノキセキ(マ)	エイシンヒカリ(マ中)
馬名	ディヴィナシオン	テイエムスパーダ	サーマルウインド	グランテスト	メイショウソラフネ	(外)ヤクシマ	モズメイメイ	トウラヴェスーラ	ペアポルックス	エイシンスポッター
母・実績	フギン 4勝(短)	トシザコジーン 3勝(短)	ラフィエスタ 未出(中)	オーヴィレール 4勝(中)	メイショウデイム 5勝(短)	サツマ 英(マ)	インラグジュアリー 未出(中)	ジャジャマーチャン 未出(マ)	ミラクルアスク 1勝(中)	マーゼリン 愛(中)
毛色・斤量	黒鹿 56 牡7	芦 56 牝5	鹿 55.5 牝5	芦 53 牝4	黒鹿 56 牡5	芦 55 牡4	鹿 55 牝4	鹿 58 牡9	黒鹿 54 牡3	栗 58 牡5
騎手	松本	(替)酒井	川田	(替)坂井	横山典	幸	(替)国分恭	永島	松若	角田河
厩舎	(栗)森秀	(栗)木原	(美)奥村武	(栗)今野	(栗)石橋	(栗)寺島	(栗)音無	(栗)高橋康	(栗)梅田智	(栗)吉村
賞金	3250	6500	3800	2400	＊2400	2500	5500	6300	1700	5000
総賞金	12,383	13,880	10,270	6520	7030	5990	11,230	24,855	4310	12,670
馬主名	一村哲也	竹園正繼	キャロットF	下河辺隆行	松本好雄	ゴドルフィン	キャピタルS	吉田照哉	廣崎双葉	栄進堂
牧場名	(日)高山牧場	(新)浦河小林牧場	(安)ノーザンF	(日)下河辺牧場	(浦)太陽牧場	イギリス	(千)社台F	(千)社台F	(平)ASK STUD	(む)木田牧場
持木	…	…	○	△	…	…	…	△	△	…
広田	…	…	◎	△	…	…	…	…	注	△
加茂	…	…	▲	△	…	…	…	…	◎	…
市場	…	△	○	△	…	…	…	△	▲	△
田崎	△	△	注	◎	△	…	…	○	…	▲
本紙須藤	…	…	注 東	△	…	…	…	△	△	▲
芝1000	新55.3⑤						±ダ…⑪	天1480⑦		天1527⑦
芝1200	小1071①	小1058①	中1071②	阪1076④	小1074①	京1074⑤	京1…①	京1077②	京1073②	崇1074②
芝1400	東1213⑧	阪1218⑬	新1206[1]		京1202①	崇1206③	崇…③	東1198②	京1205②	阪1198⑩
芝1600	京1346⑨	天1538⑯	東1328②		崇1347④	阪1350⑫	阪…⑬	阪1342⑤		阪1346❼
上り最高	千32.2⑤	千二33.7⑭	千二33.4②	千二32.6②	千二33.0④	千二32.6⑬	千六33.1①	千四32.5②	千二33.9②	千二32.2③
騎乗成績	0 0 1 5	初騎乗	0 1 0 1	3 3 0 1	0 0 0 1	0 0 0 1	0 0 1 0	0 0 0 1	2 3 0 0	6 1 3 6
クラス実績	0 1 1 15	2 1 0 12	1 2 0 3	0 0 0 0	0 1 0 3	1 0 1 9	2 0 0 7	2 4 1 20	0 2 0 0	2 0 2 5
当該条件	1 2 0 3	3 1 0 2	初コース	0 0 0 1	1 2 0 1	2 0 0 1	0 0 0 1	0 1 0 3	2 0 0 0	2 0 0 0
前走①	1中 1月8日 ③ カーバン 7 オープン 9ト16頭 千二外1080 58 菅原明 M [15]⑮⑭ 476 人気12 後方追上 ¾身 344外336 シュバルツカイ 1078 0.2	4中 10月1日 ⑨ スプリンター 14 GⅠ 2ト16頭 千二外1092 56 富田 M ②②③ 496 人気10 先行一杯 6½ 334中358 ママコチャ 1080 1.2	3新 8月27日 ⑥ 朱鷺 2 L 9ト17頭 千四内1209 55 北村宏 S ①①① 520 人気4 逃粘る クビ 345内345 テンハッピーロ 1208 0.1	2京 10月22日 ⑦ [illegible] 2 2勝 1ト16頭 千二内1080 55 坂井 S [15]⑭⑬ 472 人気1 後方伸 1¾ 354中326 ミルトクレイモ 1077 0.3	2京 10月28日 ⑧ スワンS 14 GⅡ 10ト18頭 千四外1208 57 角田河 S ③②② 448 人気14 先行一杯 5¼ 344中353 ウイングレイテ 1199 0.9	2小 2月11日 ② 北九短距 9 オープン 11ト18頭 千二1084 57 秋山真 S ⑰⑰⑯ 524 人気6 後直だけ 2身 351中333 ヨシノイースタ 1080 0.4	3京 11月26日 ⑧ 京阪 12 GⅢ 12ト18頭 千二内1083 55 永島 S ⑤⑤⑤ 456 人気9 好位一杯 5¼ 345中338 トウシンマカオ 1074 0.9	3小 8月20日 ④ 北九記念 6 GⅢ 11ト18頭 千二1078 58 藤岡康 M ⑬⑫[12] 478 人気7 直線不利 3½ 339中339 ジャスパークロ 1073 0.5	1小 1月14日 ② 3才 1 未勝 6ト17頭 千二1078 57 松若 M ①②② 480 人気1 先行抜出 2身 332中346 ナムラローズマ 1081 0.3	3京 11月26日 ⑧ 京阪 3 GⅢ 6ト18頭 千二内1078 57 角田河 S ⑯⑯⑮ 504 人気6 後方伸 2½ 356中322 トウシンマカオ 1074 0.4
前走②	2京 1月28日 ② シルクロ 13 GⅢ 8ト18頭 千二内1091 56 古川吉 M ⑭⑬⑫ 484 人気15 後方まま 8¾ 347中344 ルガル 1077 1.4	2京 1月28日 ② シルクロ 14 GⅢ 14ト18頭 千二内1091 56 富田 M ①①① 502 人気10 逃一杯 8½ 334内357 ルガル 1077 1.4	4新 10月15日 [2] 信越 1 L 13ト15頭 千四内1206 54 北村宏 S ④③③ 522 人気1 先行抜出 1¼ 345中345 グランデマーレ 1208 0.2	2京 2月3日 ③ 四才上 1 2勝 6ト12頭 千二内1087 56 坂井 M ⑤⑤⑤ 470 人気1 中位抜出 クビ 342外345 キタノエクスプ 1088 0.1	1京 1月13日 ④ 淀短 2 L 11ト17頭 千二内1088 57 角田河 M ④④③ 448 人気6 好位伸 1½ 345中343 ビッグシーザー 1086 0.2	3中 4月14日 ⑧ 春雷 13 L 6ト16頭 千二外1077 55 藤岡佑 S [16]⑯⑯ 520 人気5 出遅る 4¼ 351内326 サトノレーヴ 1071 0.6	2京 2月17日 ⑦ 京都牝馬 12 牝ハGⅢ 16ト18頭 千四外1212 57 田口 S ①①① 466 人気12 逃一杯 5¼ 345内354 ソーダズリング 1203 0.9	3京 11月26日 ⑧ 京阪 4 GⅢ 18ト18頭 千二内1078 57 藤岡康 S ⑩⑨⑩ 486 人気12 中位伸も 2½ 349外329 トウシンマカオ 1074 0.4	1小 2月3日 ⑦ かささぎ 1 1勝 10ト12頭 千二1087 57 松若 M ③②② 474 人気1 好位抜出 1½ 336中351 ロードトレジャー 1090 0.3	5阪 12月23日 ⑦ 阪神カップ 10 GⅡ 9ト17頭 千四内1198 58 角田河 M ⑮⑮⑮ 504 人気11 後直だけ 3身 350中340 ウインマーベル 1193 0.5
前走③	3京 5月5日 ⑥ 鞍馬 8 オープン 1ト13頭 千二内1077 58 古川吉 S ⑬⑬⑫ 480 人気8 後方差詰 4¾ 350内327 ジャスティンス 1069 0.8	1中京 3月24日 ❻ 高松 18 GⅠ 7ト18頭 千二1116 56 富田 S [6]⑥⑦ 504 人気15 向正躓く 16¾ 355中361 マッドクール 1089 2.7	5中 12月16日 ⑤ ターコイ 6 牝ハGⅢ 7ト16頭 千六外1332 55 北村宏 S ②②② 526 人気7 先行一杯 2¼ 353中347 フィアスプライ 1327 0.5	2小 2月25日 [6] 下関 4 3勝 3ト17頭 千二1093 56 鮫島駿 M ⑦⑦⑤ 458 人気1 中位伸も 2¼ 347内346 カンチェンジュ 1090 0.3	2京 1月28日 ② シルクロ 8 GⅢ 12ト18頭 千二内1086 56 角田河 M ④⑥⑥ 446 人気7 中位一杯 5¼ 341中345 ルガル 1077 0.9	3京 5月5日 ⑥ 鞍馬 5 オープン 2ト13頭 千二内1074 57 藤岡佑 S ⑧⑪⑨ 524 人気7 後方差詰 2¾ 347内327 ジャスティンス 1069 0.5	1中京 3月24日 ❻ 高松 15 GⅠ 4ト18頭 千二1108 56 藤岡佑 S ⑯⑰⑱ 456 人気16 後方まま 12身 364中344 マッドクール 1089 1.9	2京 1月28日 ② シルクロ 6 GⅢ 16ト18頭 千二内1086 58 永島 M ⑯⑮⑫ 494 人気9 後方差詰 5¼ 348外338 ルガル 1077 0.9	3京 5月5日 ⑥ 橘 2 L 6ト10頭 千四外1205 57 松若 S ①②② 476 人気2 先行粘る 1¼ 349中341 ガロンヌ 1203 0.2	2阪 3月24日 ❷ 六甲 7 L 15ト15頭 千六外1346 58 角田河 S [13]⑬⑫ 500 人気4 後方差詰 1¾ 367中344 ボルザコフスキ 1343 0.3
前走④	1新 5月19日 ⑧ 韋駄天 5 オープン 10ト16頭 千直55.3 56 松本 H ⑪[13] 476 人気10 G前不利 2身 231—322 チェイスザドリ 550 0.3	3ヵ月余 放牧 乗込み5週間 仕上り○ 連対体重 484～498 3ヵ月以上休 ①②③外 2 0 0 2	3中 4月14日 ⑧ 春雷 2 L 3ト16頭 千二外1071 55 川田 S [6]④④ 526 人気2 好位伸 アタマ 337中334 サトノレーヴ 1071 0.0	3京 4月28日 ④ ライスシャワ 1 3勝 16ト18頭 千二内1078 56 戸崎圭 S ⑤④③ 468 人気1 好位抜出 1¼ 345中333 ミルトクレイモ 1079 0.1	3中 4月14日 ⑧ 春雷 10 L 9ト16頭 千二外1075 56 横山典 S ④④⑥ 444 人気6 好位一杯 2¾ 337中338 サトノレーヴ 1071 0.4	3京 5月26日 ⑫ 安土 18 L 4ト18頭 千四外1219 55 幸 S ⑧⑦⑧ 524 人気8 折合欠 5¼ 365内336 エイシンスポッ 1210 0.9	3ヵ月余 放牧 乗込み3週間 仕上り○ 連対体重 456～466 3ヵ月以上休 ①②③外 1 0 0 0	5ヵ月休 フレグモーネ 乗込み5週間 仕上り○ 連対体重 466～492 3ヵ月以上休 ①②③外 1 1 1 4	3京 5月25日 ⑪ 葵 2 GⅢ 13ト18頭 千二内1073 57 松若 M [2]②② 474 人気7 先行粘る 1¼ 334中339 ピューロマジッ 1071 0.2	3京 5月26日 ⑫ 安土 1 L 17ト18頭 千四外1210 575 角田河 S ⑭⑯⑮ 504 人気6 直線一気 クビ 371外325 グレイイングリ 1210 0.0

620	スパーダ
410	48今村

記号の説明

厩舎左側の(美)(栗)は
(美)＝関東・美浦所属
(栗)＝関西・栗東所属
賞金左の記号は重の巧拙を表します
◎…得意△…苦手

馬場表示

1（白抜き黒四角）↓ 不良 ❶ ↓ 重馬場 [1] ↓ 稍重 ① ↓ 良馬場　開催日の馬場状態

乗替り記号

(替)…ベスト10外の騎手からベスト10への乗替り
(替)…それ以外

開催場所・月日
開催日・着順
条件・枠・頭数
距離・タイム
斤量・騎手名
ペース・通過順
馬体重・人気
戦評・馬身差
前半・上り③F
①②着時計・秒

●2024年6月30日・小倉11R北九州記念（GⅢ、芝1200m）

1着⑫ピューロマジック
（3番人気）
2着⑯ヨシノイースター
（9番人気）
3着⑦モズメイメイ
（16番人気）
★はスピードスター購入対象馬

単⑫ 730円
複⑫ 350円
⑯ 450円
⑦ 2130円
馬連⑫－⑯ 5980円
馬単⑫→⑯ 9600円
3連複⑦⑫⑯ 257690円
3連単⑫→⑯→⑦ 798750円

馬番	11	12	13	14	15	16	17	18
馬名	(外)ジャスパークローネ	ピューロマジック	カンチエンジュンガ	ナナオ	(外)ショウナンハクラク	ヨシノイースター	メディーヴァル	バースクライ
斤量	58.5 牡5	53 牝3	55 牡4	52 牝3	56 牡5	57 牡6	53 牝6	55 牝4
騎手	団野	松山	斎藤	和田竜	小沢	丸山	小崎	西村淳
厩舎	森秀	安田翔	庄野	小栗	松下	中尾秀	寺島	千田

小倉	日	11R	3連複 フォーメーション	馬1：07,13,18 馬2：09,12,14 馬3：01,02,03,04,07,09,12,13,18	各 100円 計5,400円	－	－	0円

対象馬3頭×3歳馬3頭×ヒモの3連複作戦。2着⑯ヨシノイースターが抜け大涙……。今、見ると3軸目に⑭ナナオも抜けていたが。

ターを駆使すればここでの差しも予測できたということ。表8を見てもらえばわかるように、スピードスター34・4秒以降の唯一の好走エリアが「36・2〜36・4秒」。そこに高松宮記念のモズメイメイがピンポイントで収まり、そして結果を出した。ロジックどうこうよりも、結果が物語っているのだ。

ちなみに葵Sを勝ったピューロマジックが結果を出したが、2番人気のナナオが6着、4番人気のペアポルックスが17着と、期待を大きく裏切る結果に。1番人気のサーマルウインドも12着に敗れているし、小倉の芝1200mでスピードスター「33・7秒以下」の馬たちは今後も慎重に扱いたい。

余談になるが、その葵S1〜3着馬ではなく、4着馬エトヴプレや5着馬シカゴスティングが北九州記念に仮に出走していれば、前半3ハロンがともに33・9秒のため好走ゾーンに入る。おそらく下位人気だっただけに、ぜひとも出てきてほしかった馬たちだ。

実戦譜⑨スピードスター馬を〝脇役〟に回し3連単万馬券！

●2024年7月13日・函館11R函館2歳S（GⅢ、芝1200m）

①エンドレスサマー　スピードスター　34・8秒（函館芝）
②チギリ　スピードスター　35・2秒（函館芝）
③リリーフィールド　前走ダート1000m
④ヒデノブルースカイ　前走芝1000m
⑤ニシノラヴァンダ　スピードスター　34・1秒（函館芝）

⑥モズナナスター　スピードスター　35・2秒（函館芝）
⑦サトノカルナバル　前走芝1400m
⑧ラインパシオン　前走ダート1150m
⑨ヴーレヴー　スピードスター　34・1秒（函館芝）
⑩カルプスペルシュ　スピードスター　35・9秒（函館芝）
⑪シュードタキライト　スピードスター　34・6秒（函館芝）
⑫オカメノコイ　前走ダート1000m
⑬エメラヴィ　スピードスター　35・0秒（函館芝）
⑭ヤンキーバローズ　スピードスター　34・3秒（函館芝）

★スピードスター該当馬
⑤ニシノラヴァンダ　8番人気　※34・3秒以下
⑨ヴーレヴー　7番人気　※34・3秒以下
⑩カルプスペルシュ　4番人気　※35・9〜36・1秒

●実戦ルポ
2歳世代の初重賞、函館2歳S。たいがいがキャリア1戦の若駒だけに、波乱の結果になることもしばしばある。

函館 11R

発馬 15.25

第56回 函館2歳ステークス (GⅢ)

(指定) 二才オープン・馬齢

	白1 1	黒2 2	赤3 3	4	青4 5	6	黄5 7	8	6 9
父	アルアイン㊥	レッドファルクス㋮	モズアスコット㋮	ナダル㊥	サトノアラジン	モズアスコット㋮	キタサンブラック	シルバーステート	サトノクラウン
馬名	エンドレスサマー	チギリ	リリーフィールド	ヒデノブルースカイ	ニシノラヴァンダ	モズナナスター	サトノカルナバル	ラインパシオン	ヴーレヴー
母・実績	コケレール(豪)㊥	ナチュラルスタンス(公)㋮	ハイリリー 3勝㊥	ブロンシェダーム 1勝	ブルージャ(英)㋮	グランプリエンゼル 5勝	リアリサトリス(仏)㋮	イナズマアマリリス 1勝	アルギュロス 未勝㊥
毛色・斤量	鹿 55 牡2	芦 55 牝2	栗 55 牝2	鹿 55 牡2	鹿 55 牝2	栗 55 牝2	鹿 55 牡2	黒鹿 55 牝2	青鹿 55 牝2
騎手	横山和	北村友	武豊	高杉	永野	菱田	佐々木	大江原比	浜中
厩舎	上原佑	鹿戸雄	小崎	梅田智	奥平雅	矢作	堀	水野	武幸
賞金	400	400	400	400	400	0	400	400	400
馬主名	フィールドR	北村栄治	吉田晴哉	大石秀夫	西山茂行	キャピタルS	里見治	大澤繁昌	桑田牧場
牧場名	ノーザンF	社台F	追分F	ヒサイF	ヤナガワ牧場	上村清志	ノーザンF	小泉牧場	ノーザンF
小桧山	○	△	▲	△	注	…	◎	…	△
瀬古	◎	…	△	…	△	…	○	…	…
目黒	○	△	…	…	△	…	注	…	△
板子	◎	△	△	…	…	…	△	…	…
打越	○	…	…	△	▲	…	注	…	△
本紙	△	…	△ 西	△ 西	△	西	注	…	△ 西
最1000			函ダ59.0①	函57.6①					
高1200	函[illegible]①	函1094②			函[illegible]①	函1102②	西[illegible]6①	芝ダ1110①	函1092①
上り最高	芝[illegible]①	芝34.7③	初芝	千34.8①	芝[illegible]①	芝35.0②	西[illegible]①	初芝	芝35.1①
騎乗成績	初騎乗	初騎乗	1000	1000	1000	初騎乗	初騎乗	1000	1000
芝重実績	○0000	○0000	○0000	○0000	○0000	○0000	○0000	○0000	○0000
母の父	ザミンダー	フジキセキ	アグネスタキオン	ディープインパクト	シドニーズキャンデ	アグネスデジタル	ニューメラス	スエヒロコマンダー	マンハッタンカフェ
距離別勝利度数 (六 西 三 千)	0010 0000 0000 0000	0010 0010 0000 0000	0001 0000 0000 0000	0001 0000 0000 0000	0010 0000 0000 0000	0000 0010 0000 0000	0100 0000 0000 0000	0000 0000 0000 0000	0010 0000 0000 0000
兄弟	ラヴィエベール(3勝) スティルディマーレ(現)	マルカシャルマン(現) クワッドルッツ(未勝)	ハイハロー(2勝) スレプトン(1勝)	セラフィナイト(現) アルトゥーム(現)	エルゲルージ(現) セイウンシテンノウ(未勝)	モズピンポン(3勝) モズレジーナ(3勝)	ジャスティンスカイ(現) ダニーデン(現)	ミルトハンター(現) カモンスプリング(2勝)	アルジェントステラ(1勝) シルバーニース(現)
レース診断	上昇度○ 発馬良好。ノーステッキで好タイムの快勝。	1函 6月15日 ③ 芝2 未勝新馬 3 7頭 芝1094 55横山武 M③④④ 456 人気3 中位伸 1½ 347内347 ヴーレヴー 1092 0.2	上昇度◎ 余力を残して59秒0の好時計勝ち。能力高い	上昇度○ 逃げ馬に並びかけて競り落とす。強い内容。	上昇度○ 好発からハナを切り、後続を楽々と引き離す	上昇度○ 余裕残し。内を器用に立ち回り追って味あり	上昇度◎ 内に切れ込むも末脚鮮やか。最後は流す余裕	上昇度○ 渋太く伸びて差し切る減量Jの恩恵を生かす	上昇度○ コントロールに苦労したが能力で押し切った
前走	1函 6月29日 ⑦ 芝1 新馬 5 9頭 芝1094 55横山武 S①①① 492 人気2 逃楽勝 5身 348内346 モズナナスター 1102 0.8	1函 6月29日 ⑦ 芝1 未勝新馬 5 5頭 芝1099 55横山武 S②②② 458 人気1 先行抜出 1¾ 352中347 ドゥアムール 1102 0.3	1函 6月15日 ③ 芝1 新馬 7 7頭 芝ダ59.0 55武豊 M①①① 436 人気2 逃楽勝 6身 351内357 オカメノコイ 1000 1.0	1函 6月8日 ① 芝1 新馬 6 11頭 千57.6 52高杉 H③①① 420 人気1 先行抜出 2身 338中348 ワイルドゴーア 579 0.3	1函 6月16日 ④ 芝1 新馬 5 7頭 芝1093 54永野 M①①① 416 人気1 逃楽勝 4身 341内352 ダイチラボール 1100 0.7	1函 6月29日 ⑦ 芝2 新馬 2 9頭 芝1102 55鮫島駿 S④③③ 464 人気4 好位伸 5身 352内350 エンドレスサマ 1094 0.8	3東 6月22日 7 芝1 新馬 3 10頭 西1236 55レーン S⑤⑤④ 494 人気1 中位一気 7身 370外340 デアマ・ニジノ 1247 1.1	2福 6月29日 ① 芝1 新馬 9 9頭 芝ダ1110 51大江原比 M④③② 398 人気6 中位差切 ½身 373中368 デルタウェーブ 1111 0.1	1函 6月15日 ③ 芝1 未勝新馬 2 7頭 芝1092 55浜中 M①①① 466 人気2 逃切る 1½ 341内351 チギリ 1094 0.2
逃先差追 連対数	1000	0110	1000	1000	1000	0100	0010	0010	1000
コース 函館芝コース (全左ダ右函) 1着	10011	10011	10100	10011	10011	00000	11000	10100	10011
2着	00000	10011	00000	00000	00000	10011	00000	00000	00000
3着	00000	00000	00000	00000	00000	00000	00000	00000	00000
着外	00000	00000	00000	00000	00000	00000	00000	00000	00000
評価	△連下	連なら	△連下	★伏兵	△連下	入着級	☆特注	入着級	△連下

賞金	前年勝ち馬
780	モンファボリ
470	
310	54武豊

函館11R 枠番連勝

1-1	—	4-4	☆
1-2	55.6	4-5	34.1
1-3	21.7	4-6	29.4
1-4	18.1	4-7	☆
1-5	10.1	4-8	16.9
1-6	8.7	5-5	☆
1-7	35.0	5-6	16.5
1-8	5.0	5-7	65.9
2-2	—	5-8	9.5
2-3	☆	6-6	60.6
2-4	☆	6-7	56.9
2-5	☆	6-8	8.2
2-6	90.1	7-7	☆
2-7	☆	7-8	32.8
2-8	52.1	8-8	12.4
3-3	☆		
3-4	72.7		
3-5	41.0		
3-6	35.3		
3-7	☆		
3-8	20.3		

軸馬 10
単穴 7
連 4 13 1

推定 混戦

●2024年7月13日・函館11R函館2歳S(GⅢ、芝1200m)

１着⑦サトノカルナバル
（１番人気）
２着⑤ニシノラヴァンダ★
（８番人気）
３着①エンドレスサマー
（２番人気）
★はスピードスター購入対象馬

単⑦ 340円
複⑦ 160円
⑤ 250円
① 210円
馬連⑤ー⑦ 2280円
馬単⑦→⑤ 3560円
３連複①⑤⑦ 3780円
３連単⑦→⑤→① 18580円

14 桃8	13	12 橙7	11	10 緑
ヤンキーバローズ エピファネイア キャンディパローズ2勝	エメラヴィ オルフェーヴル ショウナンワヒネ1勝	オカメノコイ パイロ クレオール2勝	シュードタキライト ウインブライト クイックメール3勝	カルプスペルシュ シュヴァルグラン バロネラ未勝
青 55 牡2	鹿 55 牝2	栗 55 牝2	芦 55 牡2	鹿 55 牝2
岩田康	横山武	藤岡佑	丹内	鮫島駿
上村	松永幹	小笠	菊川	石坂公
400	400	400	400	400
猪熊広次	桑田牧場	岡浩二	コロンバスC	村尾賢二
富田牧場	桑田牧場	ハシモトF	岡田S	ノーザンF
… 注 ◎ ○ △ ▲ 西	△ △ ▲ 注 ◎ ○ 西	… … △ … 連 闘	… … … … … …	… ▲ … ▲ △ ◎ 西
函 1098①	函 1097①	函ダ 59.5❶	函 58.0③ 函 1100③	函 1097①
三 34.7① 1 0 0 0	三 34.7① 1 0 0 0	初芝 1 1 0 0	千 34.3③ 初騎乗	三 33.8① 1 0 0 0
○0000	○0000	○0000	○0000	○0000
ディープインパクト	シンボリクリスエス	チチカステナンゴ	タイキシャトル	ロードカナロア
天 函 三 千 0 0 1 0 0 0 0 0 0 0 0 0 0 0 0 0	天 函 三 千 0 0 1 0 0 0 0 0 0 0 0 0 0 0 0 0	天 函 三 千 0 0 0 1 0 0 0 1 0 0 0 0 0 0 0 0	天 函 三 千 0 0 1 0 0 0 0 0 0 0 1 1 0 0 0 0	天 函 三 千 0 0 1 0 0 0 0 0 0 0 0 0 0 0 0 0
兄弟 クインズエルサ（現） キャンディタフト（現）	兄弟 ウェーブメジャー（2勝） ミスパープル（未勝）	兄弟 エスペラント（現） ペルフェツィオーネ（現）	1函 6月8日 ① 千 3 新馬 5ト11頭 千 58.0 55 佐々木 H ③⑤⑤ 488 人気 6 中位伸 3身 351 中 343 ヒデノブルース 576 0.4	近親 プリモシーン ダノンエアズロック
レース診断 上昇度○ 勝負所で押し上げ抵抗する相手をねじ伏せた	レース診断 上昇度○ 直線でスパッと抜け出してくる。時計も上々	1函 6月15日 ③ 千 2 新馬 1ト7頭 千ダ 1000 55 藤岡佑 M ③④③ 448 人気 4 好位伸 6身 353 内 364 リサーフィール 590 1.0	1函 6月22日 ⑤ 千 3 未勝 1ト9頭 三 1100 55 佐々木 H ③③③ 482 人気 3 好位伸 ½身 341 中 359 モジャーリオ 1099 0.1	レース診断 上昇度○ 抜群の手応えで直線へ 間を割りキッチリ差す
1函 6月23日 ⑥ 千 1 新馬 5ト5頭 三 1098 55 岩田康 S ③③② 470 人気 1 中位差切 1身 351 外 347 ティビティーナ 1100 0.2	1函 6月9日 ② 千 1 新馬 4ト14頭 三 1097 55 横山武 S ④③③ 440 人気 8 好位抜出 2½ 350 中 347 カルミネイシャ 1101 0.4	1函 7月7日 ⑩ 千 1 未勝 3ト11頭 千ダ 59.5 55 藤岡佑 H ①①① 448 人気 1 逃切る 2½ 348 内 364 ラヴィングユー 1000 0.5	1函 6月30日 ⑧ 千 1 未勝 4ト5頭 三 1100 55 佐々木 M ②③③ 478 人気 2 好位抜出 1½ 346 中 354 ミッドナイトダ 1102 0.2	1函 6月22日 ⑤ 千 1 新馬 2ト7頭 三 1097 55 鮫島駿 S ④④④ 448 人気 4 中位差切 クビ 359 中 338 ポッドベイダー 1098 0.1
0 0 1 0	0 1 0 0	1 1 0 0	0 1 0 0	0 0 1 0
全 左 ダ 右 函 1 0 0 1 1 0 0 0 0 0 0 0 0 0 0 0 0 0 0 0	全 左 ダ 右 函 1 0 0 1 1 0 0 0 0 0 0 0 0 0 0 0 0 0 0 0	全 左 ダ 右 函 1 0 1 0 0 1 0 1 0 0 0 0 0 0 0 0 0 0 0 0	全 左 ダ 右 函 1 0 0 1 1 0 0 0 0 0 2 0 0 2 2 0 0 0 0 0	全 左 ダ 右 函 1 0 0 1 1 0 0 0 0 0 0 0 0 0 0 0 0 0 0 0
▲単穴	○有力	連なら	入着級	○有力

万馬券的中証明書

[redacted]

2024年07月13日
JRA日本中央競馬会

あなたは下記の万馬券を的中させましたので
ここに証明いたします。

記

2024年　1回函館11日　11R
3連単 07→05→01　100円購入
払戻金単価　@18,580円
払戻金合計　18,580円

スピードスター馬⑤が８番人気のため、意外な高配当（１万8670円）になった。

しかし、今回の函館2歳Sには完全な〝主役〟がいた。

1番人気の⑦サトノカルナバルである。

前走は東京の新馬戦（芝1400m）を完勝した逸材。POGでも評判になっていた馬で、次走は秋の東京マイル重賞、サウジアラビアロイヤルCあたりかと噂になっていた馬。名門・堀厩舎の管理馬であり、3歳のマイル、クラシック路線に乗っていくと予想されていたのだが……なんと、スプリント戦の函館2歳Sに歩を進めてきたのである。

前走の鞍上、レーン騎手が「スプリンター」というジャッジを下したこと、遺伝子検査で短距離適性が高かったことなどが、出走の背景にあるようだが、ここでは一枚抜けた〝主役〟といっていい。

ならば、主役を支える〝脇役〟を探せば3連系の馬券が組み立てられる。その脇役こそ、この場合、スピードスター馬の3頭ではないか。3連単フォーメーションは⑦サトノカルナバルの1着固定、スピードスター馬の2、3着付けで、次の2通り。

・⑦→⑤⑨⑩→①③⑤⑥⑨⑩⑬⑭（21点）

・⑦→①③⑥⑬⑭→⑤⑨⑩（15点）

レースは、逃げた⑤ニシノラヴァンダを直線つかまえた⑦サトノカルナバルが余裕の勝利。3着には2番人気①エンドレスサマーで、3連単は万馬券となった。

●教訓　ときにはスピードスター馬を脇役に回す、柔軟な活用を！

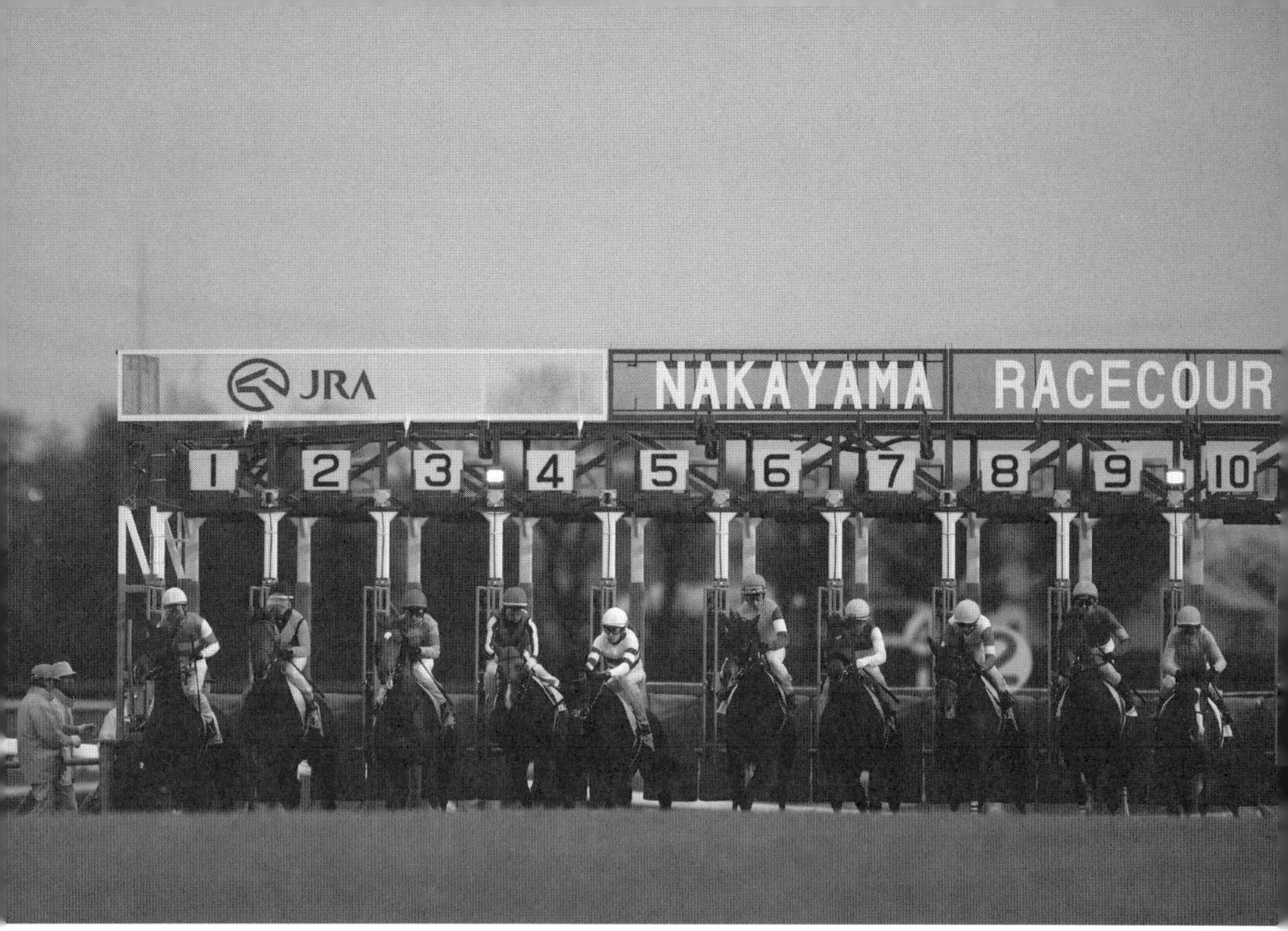

第3章

前半3ハロン＋コース特性＝好走ゾーン

芝・ダ【短距離】19コースの稼ぎどころ！

コース攻略①中山・芝1200m

●スプリンターズSの舞台を分析すると……

第3章はコース別に攻略法の話を進めていきたいと思うが、やっぱり最初に扱うのは中山競馬場の芝1200m。「短距離戦に特化した予想攻略法」をうたっている以上、8月末の本書の刊行から最初の大一番はスプリンターズSとなる。

年に2戦しかスプリントGIがないため、予想法としては特殊となるのだが、そこはこの項の最後まで取っておくとして、まずは中山芝1200mの傾向から見てみよう（左下の表1）。

好走ゾーンは【〜33・7秒】【33・8〜34・0秒】と【34・7〜34・9秒】のゾーンに分かれる。スプリントGIの舞台としての立ち位置があるため、他の場と比較しても上級条件のレースが多く組み込まれている。

そうなると、テンのスピードの速い馬が好結果を残す確率が高く、【〜33・7秒】のゾーンが入ってくるのは必然といえば必然。ここ3年のOPクラス以上のレースで、このゾーンのスピードスターを持って好走した馬は、主に次のようになる。

21年カーバンクルS　1着レジェーロ　単勝3030円
21年カンナS　1着コラリン　単勝280円　※2歳戦
22年カンナS　1着ウメムスビ　単勝1430円　※2歳戦
22年スプリンターズS　1着ジャンダルム　単勝2030円
23年オーシャンS　1着ヴェントヴォーチェ　単勝440円

23年スプリンターズS　1着ママコチャ　単勝490円

単勝高配当の穴馬もいるし、何より2年連続でスプリンターズSの勝ち馬がいるだけに、好走ゾーンとして間違いないのだが、これだけ活躍していながら単適回収値が97%と100%を切っているのは物足りないところ。

むしろ【〜33・7秒】のスピードスターで活躍馬を見つけるならば、カンナSを2連覇しているように2歳戦（ちなみに23年のカンナSは該当馬がいなかった）と、下級条件で狙ったほうが得策といえる。

面白いのは、道悪のほうが【〜33・7秒】を狙うと旨味が増すという点。

先に挙げた22年カンナSのウメムスビも重馬場だったが、下級条件戦になると、終日不良馬場で行なわれた23年3月25日、26日が顕著で、25日の5R（3歳1勝クラス）では単勝1420円のアンビバレントが1着。翌26日の12R（古馬2勝クラス）では単勝4190円のアイルビーザワンが勝ち高配当が続出した。

「前半3ハロンが速い馬＝道悪では大幅マイナス』というエッジがかかるからなのだろうが……その道悪を除くと、好走はするが馬券妙味が実は高くないゾーンではある。穴党なら、「道悪&下級条件&2歳戦」で狙うべきだ。

むしろ一番推したいのが、快速エリアの真逆に存在する【34・7〜34・9秒】のゾーン。

表1●中山芝1200mの【スピードスター】好走対象ゾーン

前走前半3F	勝率	連対率	複勝率	単回値	複回値	特記事項
〜33.7	11.7%	18.4%	28.5%	125	87	—
33.8〜34.0	9.0%	14.2%	21.6%	57	54	—
34.1〜34.3	9.7%	19.4%	27.1%	52	84	—
34.4〜34.6	6.9%	13.1%	18.8%	49	77	—
34.7〜34.9	10.3%	15.9%	24.1%	101	68	単適回値118.2
35.0〜35.2	2.7%	9.7%	15.9%	19	41	—
35.3〜35.5	5.9%	15.3%	23.5%	66	118	—
35.6〜35.8	1.9%	7.5%	15.1%	29	42	—
35.9〜36.1	4.2%	8.3%	12.5%	18	38	単勝回値101.3
36.2〜36.4	6.7%	6.7%	6.7%	12	7	—
36.5〜	0.0%	0.0%	4.5%	0	6	—

これこそスピードスターの真骨頂で、この差に理由を見つけることはできないのだが、隣の【35・0〜35・2秒】になるとガクンと数字が落ちて、勝率2・7%。単適回収値にいたっては19円と絶望的な数字となってしまう。

このゾーンで狙いたいのは、先述した【〜33・7秒】と完全に真反対の思考。つまり、上級条件馬で、スピードスターの指数が比較的遅い——それこそが狙い目なのである。

21年オーシャンSを勝ったコントラチェックは、デビュー以来マイル以下の距離では一度も連対したことがなく、前走のシルクロードSでも11着に敗退しており、単勝3340円の11番人気という低評価だった。

22年スプリンターズSのウインマーベルは、前走キーンランドC（2着）というローテーションが嫌われ7番人気ながら、2着に入った（左の馬柱参照）。このように買い材料が乏しくても、【34・7〜34・9秒】というだけで穴馬を見つけることができる。

スプリンターズSの狙いも【34・7〜34・9秒】。2024年は阪神競馬場がお休みしているとはいえ、夏競馬が行なわれる馬場には影響はまったくなく、セントウルSもきれいな中京競馬場の馬場で行なわれるはずだ。おそらく【〜34・0秒】に入る馬は多く出走してくることになるだろう。

よって、ウインマーベルと同じキーンランドCで、前半3ハロン【34・7〜34・9秒】を出した馬を狙う作戦をオススメしたい。

▼中山芝 1200 mのポイント
・道悪競馬では【〜 33.7 秒】を狙うと回収率がグンとアップ
・２歳戦も前走前半３ハロンが速い馬を狙え!!
・スプリンターズＳで高配当を狙いたいときは【34.7 〜 34.9秒】の馬を意識しよう

●2022年10月2日・中山11RスプリンターズS(GⅠ、芝1200m)

馬番	枠	馬名	父	母(母の成績)	毛色・斤量・性齢	騎手	調教師	賞金	総賞金	馬主	生産者
1	白1	テイエムスパーダ	レッドスパーダ	トシザコジーン 3勝	芦 53 牝3	国分恭	五十嵐	3550	7980	竹園正繼	浦河小林牧場
2	白1	㊥ジャンダルム	キトゥンズジョイ	ビリーヴ 10勝	黒鹿 57 牡7	荻野極	池江寿	10,050	23,960	前田幸治	アメリカ
3	黒2	メイショウミモザ	ハーツクライ	メイショウベルーガ 7勝	芦 55 牝5	丹内	池添兼	5150	13,084	松本好雄	三嶋牧場
4	黒2	ダイアトニック	ロードカナロア	トゥハーモニー 未勝	鹿 57 牡7	岩田康	安田隆	11,650	30,170	シルクR	酒井牧場
5	赤3	エイティーンガール	ヨハネスブルグ	センターグランタス 1勝	青鹿 55 牝6	替 秋山真	飯田祐	8000	17,490	中山泰志	庄野牧場
6	赤3	ナランフレグ	ゴールドアリュール	ケリーズビューティ 公	栗 57 牡6	丸田	宗像	12,950	32,454	村木克成	坂戸節子
7	青4	ウインマーベル	アイルハヴアナザー	コスモマーベラス 7勝	栗 55 牡3	松山	深山	5050	10,992	ウイン	コスモヴューF
8	青4	㊞ファストフォース	ロードカナロア	ラッシュライフ 2勝	黒鹿 57 牡6	団野	西村	5250	11,902	安原浩司	三嶋牧場
9	黄5	ナムラクレア	ミッキーアイル	サンクイーンⅡ 米	53 牝3	浜中	長谷川	5900	17,230	奈村睦弘	谷川牧場
10	黄5	タイセイビジョン	タートルボウル	ソムニア 1勝	栗 57 牡5	替 福永	西村	8600	22,500	田中成奉	ノーザンF
11	緑6	トウラヴェスーラ	ドリームジャーニー	ジャジャマーチャン 未出	鹿 57 牡7	鮫島駿	高橋康	6300	18,425	吉田照哉	社台F
12	緑6	ヴェントヴォーチェ	タートルボウル	ランウェイスナップ 公	鹿 57 牡5	替 西村淳	牧浦	5950	13,190	エデンA	下河辺牧場
13	橙7	メイケイエール	ミッキーアイル	シロインジャー 未勝	鹿 55 牝4	池添	武英	14,150	30,930	名古屋競馬	ノーザンF
14	橙7	ラヴィングアンサー	ダイワメジャー	ラブレター 1勝	鹿 57 牡8	菱田	石坂公	6050	17,102	江口博美	笠松牧場
15	桃8	㊥シュネルマイスター	キングマン	セリエンホルデ 独	鹿 57 牡4	替 横山武	手塚	16,800	36,810	サンデーR	ドイツ
16	桃8	㊥マリアズハート	シャンハイボビー	マリアズダンス 米	鹿 55 牝6	菊沢	菊沢	5000	12,740	ノルマンディーTR	アメリカ

1着②ジャンダルム（8番人気） 単② 2030円

複② 470円 ⑦ 510円 ⑥ 560円

2着⑦ウインマーベル（7番人気） 馬連②－⑦ 15340円

馬単②→⑦ 36640円

3着⑥ナランフレグ（5番人気） 3連複②⑥⑦ 50590円

3連単②→⑦→⑥ 468950円

コース攻略②京都・芝1200m

●特筆すべき2つの注目ゾーン

京都競馬場は2023年4月までスタンド改修工事を行なっていたため、他の主場に比べてサンプル数が少ないのだが、それにしても極端な偏りが出たゾーンを中心に見ていこう（左の表2）。

例えば、【35・0～35・2秒】は40頭もいて1頭も勝ち馬を出していない。

一方で、【35・3～35・5秒】は2頭の勝ち馬を出し、単適回収値が100円を超えているものの、その2頭は1番人気と2番人気。複勝率に関しては、前後のゾーンと比較して逆に見劣りしていることから、妙味のないゾーンといっていいだろう。

もちろん、サンプル数が少ないので、今後、人気薄が激走するケースもあるかもしれないが……。

やはり注目は、単適回収値が170円超えとダントツの数字を示している【34・4～34・6秒】。このゾーンの特徴と

しては、とにかく人気に比例してしっかり好走している。

人気馬ゆえに単勝回収値の低さが目立つのだが、該当した延べ48頭を検証したところ、単勝三ケタ配当の馬は14頭。その結果は【7・1・1・5】。とにかく、好走比率の高さはグンを抜いており、【34・4〜34・6秒】ゾーンの人気馬は常に意識しておいて損はないだろう。

ちなみに、このゾーンで、単勝四ケタ以上で3着以内に入ったのは、次の2頭だけだった。

24年4月28日10R　JRAウルトラプレミアム・ライスシャワーC
3着マイネルレノン（14番人気）複勝1290円

24年5月5日11R　鞍馬S
2着プルパレイ（10番人気）複勝710円

この2頭に共通点を見出すとしたら、初めての京都芝1200m戦だったということだろう。

最初に書いたように、改修工事が終わって月日がまだ経っていない京都競馬場。おそらく工事がなかったら、この古馬2頭はもっと早くに京都競馬場で結果を残して、ここまでの人気薄にならなかった可能性が高い。

表2●京都芝1200mの【スピードスター】好走対象ゾーン

前走前半3F	勝率	連対率	複勝率	単回値	複回値	特記事項
〜33.7	16.7%	22.2%	27.8%	80	72	単適回値142.5
33.8〜34.0	7.1%	14.3%	14.3%	44	39	—
34.1〜34.3	7.5%	12.5%	25.0%	122	78	—
34.4〜34.6	14.6%	18.8%	22.9%	57	74	単適回値174.0
34.7〜34.9	4.3%	15.2%	23.9%	13	58	—
35.0〜35.2	0.0%	7.5%	20.0%	0	65	—
35.3〜35.5	8.3%	8.3%	8.3%	35	14	—
35.6〜35.8	0.0%	6.3%	25.0%	0	108	—
35.9〜36.1	0.0%	20.0%	20.0%	0	104	—
36.2〜36.4	0.0%	0.0%	28.6%	0	148	—
36.5〜	0.0%	8.3%	8.3%	0	79	—

あと1年くらいは、京都芝1200m未経験の【34・4～34・6秒】ゾーン馬が激走することが起こる可能性はゼロではないが、徐々に該当馬が少なくなっていくのは自然の流れ。やはり、このゾーンに関しては人気馬を手堅く買っていくという戦術が一番理にかなっているだろう。

最後に残った【～33・7秒】が単適回収値も142円と高く、単勝・複勝回収値も安定している。直線が平坦に近い京都コース。馬場の生育技術も上がり、21世紀になって以降は先行有利のイメージがついているが、まさにその通りといえるだろう。

典型的なレースとなったのが、23年4月29日11R朱雀S（4歳上3勝クラス、左の馬柱参照）。

勝ったのは1番人気サトノレーヴで、2着が3番人気イルクオーレだった。このレースで【～33・7秒】に入っていたのは4頭いたが、そのうちの2頭で決着している。

ちなみに、2番人気のミッキーハーモニーは8着に敗れたが、その前走前半3ハロンは【33・8～34・0秒】だった。他の場では好走ゾーンに選ばれがちな値なのだが、表2で一目瞭然、【～33・7秒】とでは雲泥の違い。【33・8～34・0秒】では、人気馬といえども信頼はできないということだ。

ミッキーハーモニーは普通に見れば、テンのスピードが足りていて、末脚しっかりの馬なので、軸馬にふさわしいと思われがちだが、このゾーンに入っていたので、実は危険な人気馬だったというわけである。

▼京都芝 1200 mのポイント

・【34.4 ～ 34.6 秒】の馬を狙う場合は、人気に逆らえない（ただし、このコース初体験の馬に関しては、人気無視でもＯＫ）

・【～ 33.7 秒】と【33.8 ～ 34.0 秒】では雲泥の違い。狙いは断然、【～ 33.7 秒】だ！

●2023年4月29日・京都11R朱雀S（4歳上3勝クラス、芝1200m）

枠	馬番	馬名	父	母	性齢	斤量	騎手
白1	1	メイショウツツジ	エイシンフラッシュ	メイショウアキシノ	牝5	56	古川吉
白1	2	フォイアーロート	リオンディーズ	ヴィンテージローズ	牡5	58	酒井
黒2	3	カプティフ	ジョーカプチーノ	シルクラビッシュ	牡4	58	国分優
黒2	4	ショウナンラスボス	ダイワメジャー	プリンセスオブザターズ	牡5	58	岩田望
赤3	5	ミッキーハーモニー	キタサンブラック	マンビア	牝4	56	横山和
赤3	6	ケイサンフリーゼ	リオンディーズ	カウントオンミー	牝5	56	太宰
青4	7	イルクオーレ	ロードカナロア	アルーリングハート	牝5	56	荻野極
青4	8	グレイトゲイナー	キンシャサノキセキ	キャニオンリリー	牡6	58	松若
黄5	9	セリシア	エイシンヒカリ	サワノパルファン	牝5	56	鮫島駿
黄5	10	コスモエスパーダ	レッドスパーダ	コウユーヒカリママ	牡7	58	角田河
緑6	11	クレア	ビッグアーサー	バルビーナ	牝4	56	横山典
緑6	12	サトノレーヴ	ロードカナロア	チリエージェ	牡4	58	浜中
橙7	13	シナモンスティック	ジョーカプチーノ	マイネデセール	牝4	56	川須
橙7	14	スリーパーダ	ミッキーアイル	シンハリーズ	牝4	56	団野
橙7	15	メイショウドウドウ	ヴィクトワールピサ	ダンシングプルーム	牡8	58	武豊
桃8	16	ドロップオブライト	トーセンラー	プレシャスドロップ	牝4	56	小沢
桃8	17	シュバルツカイザー	ダークエンジェル	ファッショナブル	牡5	58	国分恭
桃8	18	ユキノファラオ	ワールドエース	ユキノシンデレラ	牡5	58	岩田康

1着⑫サトノレーヴ
（1番人気）
2着⑦イルクオーレ
（3番人気）
3着⑨セリシア
（8番人気）

単⑫ 220円
複⑫ 140円 ⑦ 190円 ⑨ 380円
馬連⑦ー⑫ 730円
馬単⑫→⑦ 990円
3連複⑦⑨⑫ 4360円
3連単⑫→⑦→⑨ 12530円

コース攻略③阪神・芝1200m

●2025年春になったら、これで儲けよう！

左の表3を見てもらえるとわかるように、阪神芝1200mのスピードスターは好走ゾーンが、広い範囲に散らばっており、ロジックを組み立てて解説するには無理がある。ただひとつ、広がる理由として挙げられるのは、阪神の芝1200m戦は下級条件、上級条件を問わず頭数が集まりやすい点が挙げられる。

当たり前のことながら、多頭数になるとちょっとした不利を受けることで着順がガーンと下がってしまう。

他場を見てもらうとわかるように、全体のバランスだけでいえば、先行馬有利（スピードスターの値が速い）の場は多いが、阪神1200mは内回りコースしか実施されておらず、外枠馬が一気に内へと押し寄せるリスクが高く、ベストポジションが設定しにくい。

逆にいうと、だからこそ他の人があまり取っていないデータ【スピードスター】の出番でもある。好走ゾーンを紹介していこう。

まず目立っているのはメチャクチャ遅い【35・9～36・1秒】のゾーン。単勝回収値888円というのはズバ抜けた数値。2021年以降、このゾーンで馬券圏内に入った馬は6頭しかおらず、1番人気で好走したのは23年12月28日に行なわれた2歳未勝利戦を勝ったイリスアスールのみ。ちなみに、この馬は3歳になっても1勝クラスを8着→8着と結果は出ていない。

やはり単勝回収値が示すように、伏兵馬の激走がモノをいっている。22年4月2日10R仲春特別を13番人気で勝ったエーティーメジャー……この馬が単勝配当1万7260円で回収値を爆発的に上げている。前走を見ても、同じ阪神芝1200mのレースを終始最後方で回ってきただけ。かつ半年の休み明けで買い材料は、ほぼなかったように思える。

ただ同馬以外でも【3・1・2・15】で、勝率14・3%はスピードスターでトップのゾーン。複勝率28・6%は立派で、むしろエーティーメジャーのような超特大の穴をあける馬もいて、最高の条件を備えている超優良物件といえそう。

しかも馬券圏内に入った6頭の前走を調べてみると、ダートからの転戦の馬は1頭しかいなかった。その時点で、かなり絞れる。登場したら無条件で買っていいだろう。

次に目立つのは【~33・7秒】のゾーン。勝率、連対率、回収値がすべて高く安定感が魅力。下級・上級条件問わずに力を発揮しているが、配当妙味を考えると上級条件でこそ狙ってみたい。

■23年・セントウルS1着=テイエムスパーダの【スピードスター】
前走:小倉芝1200m　走破時計:68・2　上がり3ハロン:35・1
【前半3ハロン】68・2－35・1=33・1

重賞なので記憶している読者も多いかと思うが、このときのテイエムス

表3●阪神芝1200mの【スピードスター】好走対象ゾーン

前走前半3F	勝率	連対率	複勝率	単回値	複回値	特記事項
~33.7	12.4%	24.7%	29.9%	223	98	単適回値111.2
33.8~34.0	4.9%	8.2%	16.4%	40	57	—
34.1~34.3	2.2%	8.7%	20.7%	31	61	—
34.4~34.6	11.6%	18.6%	25.6%	60	69	単適回値106.4
34.7~34.9	10.7%	18.7%	29.3%	83	60	—
35.0~35.2	11.1%	16.7%	22.2%	255	100	単適回値129.5
35.3~35.5	5.3%	15.8%	15.8%	22	29	—
35.6~35.8	4.8%	7.1%	11.9%	30	28	—
35.9~36.1	14.3%	19.0%	28.6%	888	186	単適回値199.3
36.2~36.4	0.0%	9.1%	18.2%	0	52	—
36.5~	0.0%	4.8%	9.5%	0	41	—

パーダの単勝配当は1万1260円と、かなり単勝回収値を押し上げている。ただ、サンプルの頭数は多く220円は立派の一語。

23年9月に行なわれた道頓堀S（左の馬柱）でも、2着メイショウエニシア（複勝780円）、3着ドロップオブライト（複勝340円）といった穴馬が【〜33・7秒】から好走。そして勝ったのが、好走ゾーンで取り上げている【35・0〜35・2秒】だったグレイトゲイナー。

■23年・道頓堀S1着＝グレイトゲイナーの【スピードスター】
前走：福島芝1200m　走破時計：70・9　上がり3ハロン：35・9
【前半3ハロン】70・9－35・9＝35・0

このレースの単勝は1万2530円、3連単は228万600円の超配当だった。これがスピードスターの対象馬ボックスだけで的中することができたのだ。

好走ゾーンがバラバラで、狙いは絞りにくいのだが、むしろ割り切ってゾーンに入っている馬だけのボックス買いを推奨したい。そうすれば、常識外の高配当も拾える可能性が生まれるはずだ。

▼阪神芝1200mのポイント

・人気、穴馬関係なく【35.9〜36.1秒】は常に勝っておきたい。ただし、ダートからの転戦馬は無視してOK
・好走ゾーンがバラバラで絞りにくいだけに、ボックス買いがオススメ

●2023年9月24日・阪神10R道頓堀S（3歳上3勝クラス、芝1200m）

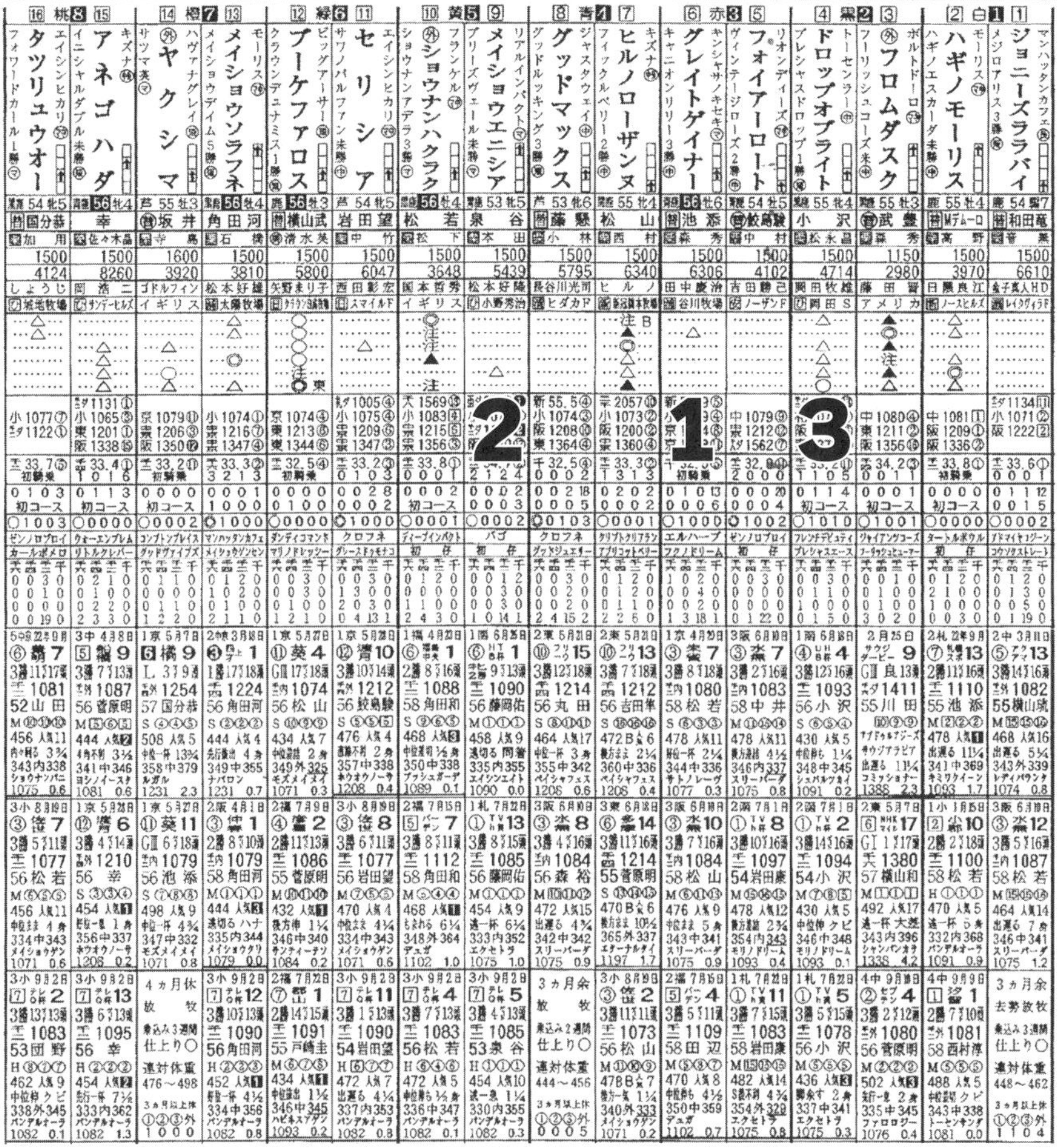

馬番	馬名	父	母	斤量	騎手	厩舎
1	ジョニーズララバイ	マンハッタンカフェ	メジロアリス	54 牝7	和田竜	音無
2	ハギノモーリス	モーリス	ハギノエスカーダ	55 牡4	Mデムーロ	高野
3	外フロムダスク	ボルトドーロ	フーリッシュ	55 牡3	武豊	森秀
4	ドロップオブライト	トーセンラー	プレシャスドロップ	55 牝4	小沢	松永昌
5	フォイアーロート	リオンディーズ	ヴィンテージローズ	54 牝5	鮫島駿	中村
6	グレイトゲイナー	キズナ	キャニオンリリー	56 牡6	池添	森秀
7	ヒルノローザンヌ	キンシャサノキセキ	フィックルベリー	55 牝4	松山	西村
8	グッドマックス	ジャスタウェイ	グッドルッキング	53 牝6	藤懸	小林
9	メイショウエニシア	リアルインパクト	ブリーズヴェール	53 牝5	泉谷	本田
10	外ショウナンハクラク	フランケル	ショウナンアデラ	56 牡4	松若	松下
11	セリシア	ビッグアーサー	サワノパルファン	54 牝5	岩田望	中竹
12	ブーケファロス	エイシンヒカリ	クラウンデュナミス	56 牡3	横山武	清水英
13	メイショウソラフネ	モーリス	メイショウデイム	56 牡4	角田河	石橋
14	外ヤクシマ	ハヴァナグレイ	サツマ	55 牡3	坂井	寺島
15	アネゴハダ	キズナ	イニシャルダブル	56 牝4	幸	佐々木晶
16	タツリュウオー	エイシンヒカリ	フォワードカール	54 牡5	国分恭	加用

1着⑥グレイトゲイナー
（15番人気）
2着⑨メイショウエニシア
（9番人気）
3着④ドロップオブライト
（6番人気）

単⑥ 12530円
複⑥ 2700円　⑨ 780円　④ 340円
馬連⑥ー⑨ 88800円
馬単⑥→⑨ 248360円
3連複④⑥⑨ 143610円
3連単⑥→⑨→④ 2280600円

※なお、阪神競馬場はスタンドの改修工事中で、再開は2025年春の見込み。

コース攻略④函館・芝1200m

●前走「中山芝1200m出走」がキーポイント

注目すべきは【〜33・7秒】【33・8〜34・0秒】【34・1〜34・3秒】の3つのゾーン（左の表4）。全体の数字と比べると、好走率も回収値も高くなっており、小回りかつ直線がJRAで最短の函館らしく「前走の前半3ハロンタイム」が速い馬ほど、お金になるコースといえよう。

その中でも、やはり目立つのは単適回収値が100円を超えている【〜33・7%】のゾーン。特に24年は2章の実戦編でも多く函館芝1200mが登場することになったが、例年以上に時計が出た馬場になっており、最終週でも先行前残りの結果が多かった。

では、25年以降はどうなる？

明らかに、ここ10年で北海道の気候も変わっており、7月の函館開催でも30度を超える日が発生していた。そして何より梅雨がないというメリットが、日本中が熱帯化していることもあって、なくなっているような気がする。むしろ札幌開催（序盤）が〝北海道梅雨〟と重なる関係で雨にたたられるのに反して、函館開催は今後、天候により恵まれて先行有利の度合いが高まっていくのでは……というのが筆者の読み

ここからは遊び半分の仮想の物語になってしまうが、24年行なわれた2つの函館スプリント重賞をスピードスターの観点から探ってみた。

〈24年・函館スプリントS〉

1着サトノレーヴ　1分8秒4＝68・4秒－34・6秒↓33・8秒
2着ウイングレイテスト1分8秒6＝68・6秒－34・8秒↓33・8秒
3着ビックシーザー　1分8秒6＝68・6秒－34・7秒↓33・9秒

〈24年・函館2歳S〉
1着サトノカルナバル　1分9秒2＝69・2秒－34・8秒↓34・4秒
2着ニシノラヴァンダ　1分9秒4＝69・4秒－35・4秒↓34・0秒
3着エンドレスサマー　1分9秒4＝69・4秒－35・1秒↓34・3秒

この6頭、ほぼ間違いなく次戦が函館戦になることはないだろうが、この2重賞のスピードスターを探ると、函館2歳Sの勝ち馬サトノカルナバルを除いて5頭が、好走ゾーンに当てはまる指数を出している。

「もう1回やれば結果は変わるよ」とは、競馬ファンの口癖みたいになっているが、スピードスターにかかれば「やったとしても5頭は再び好走するよ」と鼻で笑うことができるのだ。

ちなみに今回、函館2歳Sに東京芝1400mから転戦してきて勝ったサトノカルナバルだったが、極端な話、もう一度函館2歳Sをやれば凡走の可能性が高いのはこの馬だろう。

表4●函館芝1200mの【スピードスター】好走対象ゾーン

前走前半3F	勝率	連対率	複勝率	単回値	複回値	特記事項
～33.7	14.2%	23.0%	27.4%	89	84	単適回値105.0
33.8～34.0	9.9%	18.4%	30.5%	45	87	—
34.1～34.3	9.0%	18.5%	28.7%	71	93	—
34.4～34.6	5.9%	11.7%	19.0%	63	64	—
34.7～34.9	6.8%	15.6%	27.1%	33	65	—
35.0～35.2	5.7%	12.1%	20.1%	39	47	—
35.3～35.5	3.7%	9.3%	15.0%	34	70	—
35.6～35.8	6.1%	18.2%	19.7%	17	32	—
35.9～36.1	10.0%	15.0%	30.0%	266	183	単適回値125.6
36.2～36.4	0.0%	2.9%	5.9%	0	3	—
36.5～	2.4%	7.3%	17.1%	12	81	—

弱いという理由ではなく、適性舞台ではないのに勝ち切った強さを評価すべきで、今後スプリント以上の距離でも走るのではないか。名調教師や遺伝子検査に対抗するほどの気合はないが（笑）。

話は戻って、この舞台では【～34・3秒】を狙うのがセオリーなのは間違いない。その中でもマストで狙いたいのが「前走が中山芝1200mの馬」。

21年以降で5頭しかいないレアキャラではあるが、その成績は【4・0・1・0】と驚きの複勝率100％である。しかも、5頭の人気は3、4、1、3、7番人気だから価値が高い。

第2章でもふれたが、23年の函館スプリントS（左の馬柱）を3番人気で制したキミワクイーンは、前走の春雷S（中山芝1200m）の前半3ハロンは33・4秒であり、【～33・7秒】のゾーンに合致していた。

開催日程の都合上、中山からでは休み明けの馬になってしまうが、それでもリスクを無視して該当馬がいれば狙ってほしい。

さらにもうひとつ、数は少ないものの注目すべきは【35・9～36・1秒】のゾーン。スプリント戦の「前半3ハロンタイム」としては遅い印象を受ける通り、好走馬はいずれも前走で差し・追い込みの競馬をしていた。3着以内の8頭中7頭が「2、3歳馬」という点と、2頭が「ダート戦からの臨戦」だった点を押さえておきたい。

▼函館芝 1200 mのポイント

・今まで以上に先行有利に函館芝は変わっていくはず
・「スピードスター」買いの分岐点は 34 秒 3。それ以下で狙いたい！
・ダート戦からの臨戦【35.9 ～ 36.1 秒】は要注目

●2023年6月11日・函館11R函館スプリントS（GⅢ、芝1200m）

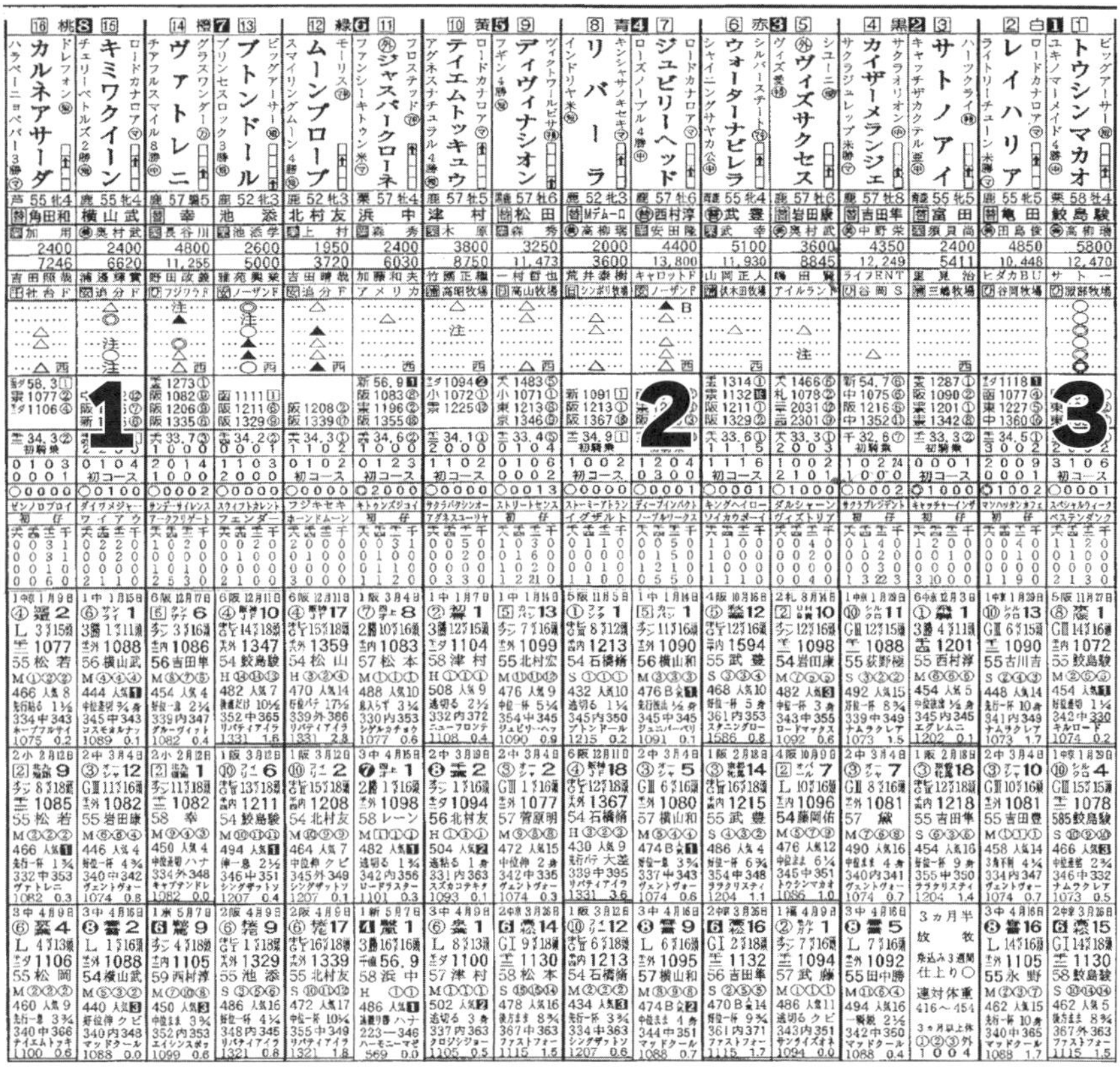

馬番	枠	馬名	父	母	性齢・斤量	騎手	厩舎
16	桃8	カルネアサーダ	ドレフォン	ハラペーニョペパー	芦55牝4	角田和	加用
15	桃8	キミワクイーン	ロードカナロア	チェリーペトルズ	鹿55牝4	横山武	奥村武
14	橙7	ヴァトレニ	グラスワンダー	チアフルスマイル	鹿57騸5	幸	長谷川
13	橙7	ブトンドール	ビッグアーサー	プリンセスロック	鹿52牝3	池添	池添学
12	緑6	ムーンプローブ	モーリス	スマイリングムーン	鹿52牝3	北村友	上村
11	緑6	(外)ジャスパークローネ	フロステッド	ファンシーキトゥン	栗57牡4	浜中	森秀
10	黄5	テイエムトッキュウ	ロードカナロア	アグネスナチュラル	栗57牡5	津村	木原
9	黄5	ディヴィナシオン	ヴィクトワールピサ	フギン	黒鹿57牡6	松田	森秀
8	青4	リバーラ	キンシャサノキセキ	インドリヤ	鹿52牝3	Mデムーロ	高柳瑞
7	青4	ジュビリーヘッド	ロードカナロア	ローズノーブル	鹿57牡6	西村淳	安田隆
6	赤3	ウォーターナビレラ	シルバーステート	シャイニングサヤカ	鹿55牝4	武豊	武幸
5	赤3	(外)ヴィズサクセス	シユーニ	ヴィズ	栗57牡4	岩田康	奥村武
4	黒2	カイザーメランジェ	サクラオリオン	サクラジュレップ	鹿57牡8	吉田隼	中野栄
3	黒2	サトノアイ	ハーツクライ	キャッチザカクテル	黒鹿55牝5	富田	須貝尚
2	白1	レイハリア	ロードカナロア	ライトリーチューン	鹿55牝5	亀田	田島俊
1	白1	トウシンマカオ	ビッグアーサー	ユキノマーメイド	栗58牡4	鮫島駿	高柳瑞

1着⑮キミワクイーン	単⑮ 610円
（3番人気）	複⑮ 190円　⑦ 260円　① 160円
2着⑦ジュビリーヘッド	馬連⑦ー⑮ 3100円
（5番人気）	馬単⑮→⑦ 5590円
3着①トウシンマカオ	3連複①⑦⑮ 3600円
（1番人気）	3連単⑮→⑦→① 21410円

コース攻略⑤中京・芝1200m

●高松宮記念の舞台を分析すると……

中京芝1200mの攻略法を探るには、スプリントレースの最高峰・高松宮記念で結果を出さないといけないというのは当たり前の話。そもそもスピードスターという予想法を思いつくキッカケとなったのは、とある高松宮記念の予想番組を見たから。そこに出ていた著名な予想家が話していたのは、

「キルロード（2022年3着：複勝4500円）やショウナンアンセム（19年3着：複勝6410円）が来るGⅠレースなんて、まともに買っちゃダメですよ」

まともに予想できない馬が出るから、このGⅠは買えない……（笑）。メディアに出て予想を披露する仕事を請け負った以上、こういう発言をする人間を肯定したくないのが私。キルロードやショウナンアンセムを拾える予想家になれないことを反省すべきであって、レース結果にふてくされても意味はないと思うのだ。……と、そこがスタートのスピードスターである。

■23年・高松宮記念3着＝キルロードの【スピードスター】
前走：中山芝1200m　走破時計：68・3　上がり3ハロン：34・6
【前半3ハロン】68・3－34・6＝33・7

■19年・高松宮記念3着＝ショウナンアンセムの【スピードスター】

前走：中山芝１２００ｍ　走破時計：68・1　上がり３ハロン：34・8
【前半３ハロン】68・１－34・８＝33・３

２頭ともが、好走ゾーンに該当する【～33・7秒】。今回のコース別の表に関しては、すべて21年以降の統計が入っているため、19年のショウナンアンセムは折り込まれていないのだが、注目してほしいのは【～33・７秒】の複勝回収値。勝率、連対率の高さは目立たないもの、この値だけがトップの数字となっている（表５）。

しかも複勝６４１０円という爆穴のショウナンアンセムが入ってなくて、この数字だからどれだけ凄い値かわかってもらえるだろう。その原因となる馬を調べると、恐ろしい事実が浮かび上がってきた。

21年から現在に至るまで、【～33・7秒】で単勝１００倍以上だった馬は、キルロードを含めて、たったの２頭。もう1頭は22年9月25日中京9R知多特別のワンダーカタリナ。これが単勝１２８・１倍で2着に入線している。

さすがに、その理由を突きとめることは不可能だが、キルロードとワンダーカタリナがいたおかげで、スピードスターが【～33・7秒】かつ単勝１００倍以上の馬は、56回連続で馬券圏外に去ったとしても複勝回収値は１００円以上。レアキャラだけに無条件で買いたいところだ。

表5●中京芝1200mの【スピードスター】好走対象ゾーン

前走前半3F	勝率	連対率	複勝率	単回値	複回値	特記事項
～33.7	8.7%	18.5%	26.1%	52	120	―
33.8～34.0	5.6%	11.1%	18.9%	42	79	―
34.1～34.3	12.2%	16.7%	22.2%	129	62	単適回値137.3
34.4～34.6	4.8%	8.8%	21.6%	59	66	―
34.7～34.9	7.0%	14.0%	21.1%	145	83	―
35.0～35.2	1.2%	8.2%	12.9%	2	62	―
35.3～35.5	8.2%	18.0%	27.9%	212	105	―
35.6～35.8	9.1%	22.7%	25.0%	137	78	単適回値116.3
35.9～36.1	4.3%	4.3%	8.7%	15	10	―
36.2～36.4	10.0%	10.0%	10.0%	112	29	―
36.5～	8.3%	8.3%	12.5%	26	17	―

あと一番、実用的なのは勝率も高く単適回収値137・3円と高い数字を残している【34・1~34・3秒】。ここのゾーンの勝ち馬は、第1章でも取り上げた23年の高松宮記念の勝ち馬ファストフォース。他にも重賞だと22年のシルクロードSの勝ち馬メイケイエールが挙げられる。

●スピードスター【34・1~34・3秒】の馬場別・単勝回収値
良…86円　稍重…73円　重…144円　不良…389円

頭数にバラつきがあるが、雨が降れば降るほど利益率は高まっていくと考えてよいだろう。馬場のことを意識し過ぎたせいで、テンの速い馬を避ける傾向が生まれるかもしれないが、むしろそこが一番美味しいお肉がブラ下がっているゾーンなのだ。

不良馬場で行なわれたファストフォースの高松宮記念の印象が強いが、同日同コースの8R（左の馬柱）も【34・1~34・3秒】のヤマニンアンフィルが4番人気1着。雨の日こそ、このゾーンは積極的に狙ってみよう。

あと覚えておきたいのは複勝率の高かった【35・3~35・5秒】。ここのゾーンはクラスによって、狙い方が変わり「未勝利、1勝クラス」まではアタマで買わずに2着、3着で狙う。それより上級のクラスは1着で狙う。そうすることによって、回収値がかなり上がってくる。

▼中京芝 1200 mのポイント
・【~ 33.7 秒】かつ単勝 100 倍以上の穴馬は要チェック
・【34.1 ~ 34.4 秒】は道悪のときに積極的に買い！
・【35.3 ~ 35.5 秒】はクラスによって馬券の買い方に変化をつけよ！

●2023年3月26日・中京8R（4歳上1勝クラス、芝1200m不良）

馬番	枠	馬名	父	母	毛色・斤量・性齢	騎手	調教師	賞金	総賞金	馬主	生産者
18	桃8	ルヴァンノワール	ブラックタイド	ベリーフィールズ（2勝）	鹿 54 牝5	◇藤田菜	庄野	400	1848	Viridian KC	富田恭司
17	桃8	㊞グリュレーヴ	キズナ	スターオブサファイア（米）	芦 55 牝5	☆松本	佐々木晶	300	748	飯田正剛	千代田牧場
16	桃8	プリモカリーナ	サトノアラジン	ベットーレ（伊）	鹿 56 牝4	横山和	安田隆	400	929	ライオンRH	ノーザンF
15	橙7	㊞アコルダール	ダノンレジェンド	ピンキーカフェ（未勝）	黒鹿 56 牝5	池添	西園翔	340	836	ノルマンディーTR	斉藤英牧場
14	橙7	ヤマニンアンフィル	ダイワメジャー	ヤマニンパピオネ（4勝）	青鹿 56 牝4	西村淳	斉藤崇	400	1308	土井肇	錦岡牧場
13	橙7	ナリタローゼ	ダイワメジャー	オフジオールドブロック（米）	青鹿 56 牝5	和田竜	高橋亮	400	1600	オースミ	社台F
12	緑6	マメコ	リヤンドファミユ	ファーマクリーム（3勝）	鹿 56 牝4	松山	武英	400	1380	中西功	増尾牧場
11	緑6	スカイトレイル	ザファクター	アドマイヤアロング（公）	鹿 56 牝4	小崎	西村	400	995	小島俊治	辻牧場
10	黄5	ミエノベルル	エピファネイア	ベルルミエール（4勝）	鹿 57 牝5	☆角田和	高橋亮	400	761	里見美恵子	社台F
9	黄5	スズノナデシコ	ハービンジャー	レッドヴィラーゴ（未勝）	鹿 52 牝5	★永島	石坂公	400	2350	小紫嘉之	タガミF
8	青4	ヴィルチュオーズ	サトノアラジン	エセンテペ（愛）	青鹿 53 牝4	▲佐々木	上原佑	400	700	桑田牧場	ノーザンF
7	青4	㊞エメラルアポロン	ロードカナロア	レッドミモザ（未勝）	鹿 58 牡4	川須	相沢	60	60	高橋勉	杵臼牧場
6	赤3	ホウオウジュレップ	エイシンヒカリ	タニノジュレップ（3勝）	芦 56 牝5	丹内	牧	400	670	小笹芳央	岡田S
5	赤3	サンマルクレイジー	カレンブラックヒル	ラフォンテロッソ（未勝）	青鹿 58 牡4	武藤	中野栄	400	587	相馬勇	西野春樹
4	黒2	エターナルピース	ディープブリランテ	ピースエンブレム（4勝）	鹿 56 牝5	鮫島駿	和田郎	400	620	キャロットF	ノーザンF
3	黒2	ショウナンラタン	ダイワメジャー	シュウギン（2勝）	栗 58 牡4	吉田隼	西園正	400	966	国本哲秀	チャンピオンズF
2	白1	デルマヤクシ	オルフェーヴル	チリエージェ（5勝）	栗 58 牡5	荻野琢	田中克	400	1023	浅沼廣幸	白井牧場
1	白1	テーオーエルサ	ロードカナロア	ラハイナII	鹿 56 牝5	加藤	梅田智	400	561	小笹公也	タイヘイ牧場

1着⑭ヤマニンアンフィル（4番人気）
2着②デルマヤクシ（5番人気）
3着⑫マメコ（3番人気）

単⑭ 530円
複⑭ 180円 ② 230円 ⑫ 190円
馬連②－⑭ 2000円
馬単⑭→② 3640円
3連複②⑫⑭ 3370円
3連単⑭→②→⑫ 19870円

コース攻略⑥福島・芝1200m

●シンプルにテンの速さが問われる平坦小回り

平坦小回りコースのイメージ通り、ここでもテンのスピードの速さがスプリント戦では大きな武器となる。

やはり圧倒的な強さを誇るのが【〜33・7秒】のゾーンである（左の表6）。該当馬をベタ買いしただけで勝率が18・4％もあり、単勝回収値も104円とプラス収支を記録している。端的にいってしまえば、前走で高い先行力を発揮した馬がそのまま押し切ってしまうコースなのだ。

当然、好走馬の多くは逃げ・先行で結果を出しているだけに、枠順のアシストがあればさらに確度は高まるというもの。福島1200mといえば、「先行＋内枠」を狙っておけばいいと漠然と考えていた人も多いかと思うが、調べてみるとしっかりと数字でも証明されている。

具体的には外目の「6〜8枠」に入った馬は割引で、内目の「1〜5枠」なら勝率25・7％で単勝回収値143円と、何を差し置いてでも買うべきである。

単勝30倍超の激走はないため、このあたりに取捨のボーダーラインを定めておくといいだろう。合致する馬は勝率31・1％、単勝回収値174円とべらぼうで、複勝率の面でも47・5％、複勝回収値117円と確度の高い勝負が可能になる。

特に「関西馬」がこの条件を満たすのであれば、全力で狙いところ。例えば、23年7月15日のバーデンバーデンC（P109の馬柱）で2，3着に食い込んだオタルエバー（4番人気）、ビアイ（7番人気）がこれに該当する。

もうひとつ追加するなら、秋の開催においては、【〜33・7秒】＋2歳・3歳という条件を加えると、さらに精度が上がる。21年以降、2歳に限定すると年末開催では勝率30・8％、単勝回収値128円、複勝率も53・8％、複勝回収値112円とかなり高い数字を残している。

3歳馬にいたっては、秋福だけに当然限定戦ではなく古馬との混合戦。ここも勝率44・4％、単勝回収値197円。複勝率55・6％、複勝回収値104円と好成績を残している。

2歳馬が活躍しているというデータにも紐づけられるのだが、斤量別に【〜33・7秒】ゾーンの好走馬を見てみると、サンプルは少ないが51キロ以下だと勝率75％、単勝回収値が334円と驚異的な数字を残している。

そしてこれは謎なのだが、逆に58キロ以上になると複勝率83％、複勝回収値

表6●福島芝1200mの【スピードスター】好走対象ゾーン

前走前半3F	勝率	連対率	複勝率	単回値	複回値	特記事項
～33.7	18.4%	27.2%	33.3%	104	84	単適回値134.2
33.8～34.0	9.9%	19.0%	24.8%	52	51	—
34.1～34.3	9.6%	19.2%	29.9%	77	82	—
34.4～34.6	8.7%	17.4%	28.6%	76	84	—
34.7～34.9	6.4%	14.4%	19.3%	65	46	—
35.0～35.2	7.4%	13.5%	18.2%	101	64	—
35.3～35.5	7.0%	14.8%	20.9%	62	74	—
35.6～35.8	0.0%	4.9%	7.3%	0	14	—
35.9～36.1	5.6%	16.7%	27.8%	82	119	—
36.2～36.4	7.4%	18.5%	22.2%	57	124	単適回値172.3

173円という数字をマークしている。

全部で該当馬が6頭いて、馬券圏外になったのは単勝141倍だった1頭のみ。5頭が馬券に絡んでおり、ほぼパーフェクトといえるだろう。極端な2つの斤量範囲を覚えておくとよいだろう。


さらに注目すべきは、【35・9~36・1秒】【36・2~36・4秒】のゾーンで、まとめて【35・9~36・4秒】を激アツな狙い目として推奨する。

何せ数字が上がりにくい複勝回収値がベタ買いでプラスなのだから、予想術としては非常に価値があるといっていいだろう。単複派はもちろんのこと、3連系派も見逃し厳禁である。

特にこの条件で活躍馬が出るのは下級条件。馬券圏内に入った21頭のうち、2勝クラス以上の馬は【35・9~36・1秒】では4頭、【36・2~36・4秒】のゾーンでは1頭もいない。3勝クラス以上になると、どちらのゾーンもゼロである。

あとは、とにかく人気を無視すること。【35・9~36・4秒】ゾーンの激走馬には二ケタ着順はザラ。前走の場所や人気も調べたのだが偏った条件は見られず、「前走1秒未満の敗退馬」ならさらに確度は上がる。2秒以上の大敗馬だけは除いて狙っていきたい。

▼福島芝 1200 mのポイント

・やはりここでも【~ 33.7 秒】が強い！　特に内枠だと、さらに上昇する
・【~ 33.7 秒】の中でも、斤量が 51 キロ以下と 58 キロ以上が好成績
・【35.9 ~ 36.4 秒】なら、前走 1 秒未満の敗退馬が条件

●2023年7月15日・福島11Rバーデンバーデンカップ
（3歳上3勝クラス、芝1200m）

	11 桃8	10 桃8	9 橙7	8 橙7	7 緑6	6 緑6	5 黄5	4 青4	3 赤3	2 黒2	1 白1
父	モーリス	リオンディーズ	ディープブリランテ	フランケル	グランプリボス	モーリス	キンシャサノキセキ	メイショウボーラー	ヘニーヒューズ	スクリーンヒーロー	プラクティカルジョーク
馬名	ビーオンザマーチ	オタルエバー	タイセイブリリオ	㊕ショウナンハクラク	ヒロノトウリョウ	アドヴァイス	グレイトゲイナー	ビアイ	㊞ジーガーロンシャン	ウィリン	㊕デュガ
母	ヴィクトリーマーチ 2勝	ルージュクール 未勝	メリオール 公	ショウナンアデラ 3勝	マイラヴユアラヴ 1勝	テンシノホホエミ 1勝	キャニオンリリー 3勝	ビューティアイ 未勝	ジーガーウイング 1勝	レッドカーラ 2勝	アントラヴェルド 米
毛色・斤量・性齢	栗 56 牝4	黒鹿 58 牡4	鹿 58 牡4	黒鹿 58 牡4	鹿 58 牡7	鹿 56 牝4	青鹿 58 牡6	青鹿 56 牝6	鹿 58 牡6	黒鹿 56 牝4	鹿 58 牡4
騎手	替戸崎圭	替北村宏	替石橋脩	角田和	替丸田	替三浦	替田辺	替内田博	武士沢	替津村	菅原明
厩舎	美 林	栗 中竹	栗 大橋	栗 松下	美 蛯名利	栗 中村	栗 森秀	栗 畑端	美 土田	美 林	栗 森秀
賞金	1500	1500	1500	1500	1500	1500	1500	1500	1530	1500	1500
総賞金	3110	5290	5591	3368	4804	3790	6026	6692	2361	4120	3822
馬主	吉田晴哉	住谷幾久子	田中成奉	国本哲秀	小野博郷	泉一郎	田中慶治	副島義久	酒井孝敏	ジャコモ	藤田晋
生産	追分F	レイクヴィラF	村田牧場	イギリス	新冠伊藤牧場	浜本牧場	谷川牧場	鳥井征士	須崎牧場	社台F	アメリカ
印	………	○	◎	注	B	△ B	△	△ B	………	▲	△
印	………	△	◎	▲	………	○	………	△	………	注	△
印	………	▲	△	△	………	注	△	………	………	○	◎
印	………	▲	△	○	………	△	………	△	………	◎	注
印	▲	○	………	△	………	△	△	△	………	注	◎
印	………	注 西	△ 西	◎ 西	………	○ 西	△ 西	△ 西	………	▲	△ 西
持ち時計	千二ダ1103❶	2	千八ダ1254③	天 1569⑬	新 55.9①	千二ダ1130⑪	新 54.9⑤	3	船ダ1021②		千八ダ[illegible]6⑤
持ち時計	中 1089⑬	函[illegible]	阪 1075③	福 1085①	函 1103⑬	小 1082②	小 1079④	[illegible]	船ダ1126❸	中 1083①	小 [illegible]3⑬
持ち時計	東 1216⑪	京[illegible]3	京 1204③	京 1215⑥	阪ダ1296⓫	阪 1211⑧	京 1234⑧	阪[illegible]	大ダ1257❶	京 1223③	東 [illegible]2①
持ち時計	中 1365⑤	東[illegible]	阪 1351④	京 1356③	壬 1308⑭	千八ダ1248⑧	京 1348⑪	[illegible]	川ダ1453⑫		阪[illegible]⑰
上がり	千四 34.1①	千六 33.5①	千二 34.0③	千二 33.8①	千 32.6①	千二 33.3①	千 32.5⑤	千 33.1②	初芝	千二 34.1①	千四 32.9⑪
騎手成績	初騎乗	初騎乗	0 0 0 1	1 0 0 0	1 1 1 7	初騎乗	初騎乗	初騎乗	0 0 0 1	0 0 1 0	1 0 0 0
距離成績	0 0 0 2	0 0 0 1	0 0 0 0	0 0 0 0	0 0 0 4	0 0 0 0	0 1 0 12	0 2 0 22	0 0 0 1	0 0 0 1	0 0 0 0
コース成績	初コース	初コース	初コース	2 0 0 0	初コース	2 0 0 0	0 1 0 2	初コース	初コース	1 1 0 0	初コース
重成績	○0 0 0 0	○0 0 0 0	○1 0 0 0	○0 0 0 1	○0 0 0 2	○0 0 0 2	○1 0 0 0	○1 1 1 3	○0 0 0 0	○0 0 0 0	○0 0 1 0
兄弟	アグネスタキオン	リダウツチョイス	キングカメハメハ	ディープインパクト	ヨスルアルガード	ダイワメジャー	エルハーブ	アッミラーレ	ウイングアロー	マンハッタンカフェ	カナディアンフロンティア
兄弟	サトノファイター	スターフィールド	メルテッドハニー	初仔	クリンクリン	スマイルフェアリー	フクノドリーム	ツーエムアロンソ	ジーガーローレンス	初仔	初仔
距離別	千六 千四 千二 千	千六 千四 千二 千	千六 千四 千二 千	千六 千四 千二 千	千六 千四 千二 千	千六 千四 千二 千	千六 千四 千二 千	千六 千四 千二 千	千六 千四 千二 千	千六 千四 千二 千	千六 千四 千二 千
	0 1 2 0	1 1 1 0	0 0 3 0	0 1 2 0	0 0 0 1	0 0 3 0	1 0 2 0	0 0 3 0	0 0 0 0	0 0 3 0	0 2 1 0
	0 0 0 0	0 1 0 0	0 0 1 0	0 0 0 0	0 0 3 0	0 0 2 0	0 0 4 0	0 1 1 1	0 0 0 0	0 0 1 0	0 0 0 0
	0 0 0 0	1 1 0 0	0 3 1 0	1 1 0 0	0 0 1 0	0 0 1 0	0 0 2 0	0 0 2 0	0 0 0 0	0 1 0 0	0 0 1 0
	1 4 2 0	2 0 1 0	1 4 4 0	2 4 1 0	0 1 13 4	0 3 5 0	1 3 17 1	0 12 21 2	0 0 0 0	0 1 1 0	1 5 3 0
3走前	1東 2月11日	2東 22年5月	1京 5月27日	2小 2月26日	3中 3月25日	2小 2月26日	1阪 3月18日	2阪 4月2日	船橋 12月20日	2中 3月11日	5東 11月6日
	⑤ [illegible] 11	⑥ NHKマイル 16	⑪ 四才上 3	⑥ 四才上 8	❶ [illegible] 13	⑥ 四才上 9	⑪ [illegible] 13	④ [illegible] 14	④ 三才上 7	⑤ 四才上 1	② 三才上 11
	3勝 15ト15頭	GI 15ト18頭	2勝 4ト14頭	1勝 4ト18頭	3勝 11ト16頭	1勝 2ト18頭	3勝 14ト16頭	3勝 13ト15頭	B1 1ト7頭	2勝 4ト16頭	2勝 4ト14頭
	千四 1216	千六 1340	千四外 1204	千二 1103	千二ダ 1115	千二 1105	千二内 1092	千四内 1211	千二ダ 1171	千二外 1083	千四 1220
	54 津村	57 横山和	55 田口	58 西村淳	58 江田照	55 角田和	58 森裕	56 川須	54 木間龍	56 丹内	56 武豊
	S ⑤⑤⑤	M ②②②	S ①①①	M ⑦⑤⑤	M ⑬⑪⑪	M ①①①	S ⑧⑩⑩	S ②②②	M ⑦⑦⑦	S ①①①	S ⑬⑬⑬
	476 人気 9	480 人気15	480 人気 5	488 人気❸	500B 人気15	480B 人気 4	486 人気15	514B 人気14	519B 人気 7	448 人気❶	500 人気 5
	好位一杯 6¾	先行一杯 10身	逃粘る 1身	好位一息 3¾	中位一杯 9½	逃一杯 5身	中位一杯 6身	先行一杯 6¼	後方まま 8身	逃切る ½身	出遅る 5¾
	347外352	343中364	346内347	342中361	346中369	339内366	348外344	344中353	377内394	342内341	375内329
	グラスミヤラビ	ダノンスコーピ	メイショウベッ	スーリールダン	ヴァガボンド	スーリールダン	クリノマジン	メイショウホシ	ハセノエクスプ	ヨール	ミスボニータ
	1206 1.0	1323 1.7	1202 0.2	1096 0.7	1098 1.7	1096 0.9	1082 1.0	1200 1.1	1156 1.5	1084 0.1	1211 0.9
2走前	3中 4月8日	1函 22年6月	3阪 6月3日	1福 4月8日	1新 5月7日	1福 4月16日	1京 4月29日	1新 5月21日	船橋 1月20日	3中 4月8日	6阪 12月4日
	⑤ [illegible] 13	① 函館日刊 1	① [illegible] 3	① 四才上 1	❹ [illegible] 12	④ [illegible] 1	③ [illegible] 7	⑧ [illegible] 15	⑤ 四才上 9	⑤ [illegible] 4	② 三才上 11
	3勝 13ト13頭	2勝 5ト14頭	2勝 7ト15頭	1勝 4ト16頭	3勝 5ト16頭	1勝 7ト16頭	3勝 8ト18頭	オープン 7ト16頭	A2 10ト10頭	3勝 12ト13頭	2勝 9ト12頭
	千二外 1089	千二 1080	千二内 1075	千二 1085	千直 58.2	千二 1100	千二内 1080	千直 57.4	千二ダ 1169	千二外 1085	千四内 1219
	56 津村	54 横山武	58 幸	58 西村淳	58 秋山稔	56 丹内	58 松若	50 川端	52 木間龍	56 坂井	56 北村友
	M ⑩⑦⑧	M ④②②	S ①①①	M ⑤③③	H ⑮⑮	M ①①①	S ⑥③③	H ⑥⑯	H ⑤⑥⑥	M ②②②	S ⑫⑫⑫
	462 人気10	480 人気❶	478 人気 6	470 人気❷	492B 人気11	478B 人気❶	478 人気11	514B 人気14	519B 人気 9	444 人気❸	500 人気 8
	中位一杯 4¾	先行抜出 1½	逃粘る ¾身	好位抜出 1¼	後方まま 7½	逃切る 2身	好位一杯 2¾	後方まま 5身	中位一杯 11½	先行一息 2¼	出遅る 4¼
	342外347	333内347	335内340	339中346	241—341	342内358	344中336	226—348	365内404	338中347	368中336
	ヨシノイースタ	モンファボリ	ブッシュガーデ	シュガーフロー	ジャスパークロ	プリモカリーナ	サトノレーヴ	メディーヴァル	メイケイライジ	ヨシノイースタ	リヴェール
	1081 0.8	1083 0.3	1073 0.2	1087 0.2	569 1.3	1103 0.3	1077 0.3	565 0.9	1146 2.3	1081 0.4	1211 0.8
前走	3ヵ月余	3阪 6月10日	3中京 7月1日	1福 4月23日	2函 7月1日	1京 5月13日	3阪 6月10日	3阪 6月10日	2福 7月1日	3ヵ月余	3東 6月17日
	放牧	③ [illegible] 16	❶ 知多特 1	⑥ 福島中央 1	① TV杯 13	⑦ 四才上 1	③ [illegible] 10	③ [illegible] 4	❶ [illegible] 13	放牧	⑤ 相模 1
	乗込み4週間	3勝 13ト16頭	2勝 9ト11頭	2勝 8ト16頭	3勝 4ト16頭	2勝 6ト16頭	3勝 7ト16頭	3勝 11ト16頭	3勝 10ト13頭	乗込み4週間	2勝 11ト13頭
	仕上り○	千二内 1093	千二 1087	千二 1088	千二 1103	千二内 1087	千二内 1084	千二内 1081	千七ダ 1483	仕上り○	千四 1202
	連対体重	58 幸	58 藤岡康	58 角田和	55 勝浦	56 幸	58 松山	56 川須	58 武士沢	連対体重	58 菅原明
	452～476	M ⑥⑥⑥	M ①①①	S ⑨⑥⑤	M ⑫⑫⑩	S ①①①	M ⑥⑪⑬	M ④②②	S ⑬⑬⑬	418～448	S ⑩⑨⑧
	3ヵ月以上休	500 人気❷	478 人気❷	468 人気❸	490B 人気16	488B 人気 4	476 人気 9	514B 人気13	516 人気13	3ヵ月以上休	498 人気 8
	①②③外	出遅る 10¼	逃切る クビ	中位差切 ½身	後方まま 6身	逃切る ¾身	中位まま 5身	先行一息 3¼	後方まま 大差	①②③外	直線一気 ½身
	2 0 0 2	336外357	338内349	350中338	349内354	354内333	343中341	332中349	382中392	3 1 1 0	360外330
		スリーパーダ	ヤマニンアンフ	ブッシュガーデ	モリノドリーム	ブッシュガーデ	スリーパーダ	スリーパーダ	リリーミニスタ		レフトゥバーズ
		1075 1.8	1087 0.0	1089 0.1	1093 1.0	1089 0.2	1075 0.9	1075 0.6	1437 4.6		1203 0.1

1着①デュガ
（6番人気）
2着⑩オタルエバー
（4番人気）
3着④ビアイ
（7番人気）

単① 750円
複① 240円　⑩ 220円　④ 430円
馬連①－⑩ 2460円
馬単①→⑩ 4550円
3連複①④⑩ 12600円
3連単①→⑩→④ 67410円

コース攻略⑦札幌・芝1200m

●過剰人気の先行馬でも買わないと損をする、ありがたくないコース

左の表7から見て取れるのは、シンプルに前半3ハロンの速いタイムが、そのまま結果につながっているという点。正直なところ、残念ながらスピードスターの旨味が、他場と比較して薄いということを先に断っておこう。

というのも、どうしても逃げ・先行脚質の馬に小回りコースの場合は人気が集中することが多く、能力が低くても「展開恵まれ」を見越して売れてしまう。そんな馬を買う連中を〝カモ〟とあざ笑うことができれば競馬が楽しくて仕方ないのだが、今回データを漁ってみたら、「過剰評価の先行馬でも買っておいたほうが得!」という身もフタもない結果となった。

当章の中京芝1200mのページでも書いたが、「普通に予想しても買えない穴馬を拾う」ということがコンセプトで始まったスピードスターだけに、札幌競馬場との相性は悪いといわざると得ない（実際、単適回収値が100円を超えているゾーンが他の場と比べて少ない）。

そうグチっていても仕方ないので、唯一の好走ゾーンである【〜33・7秒】を丁寧に分析していこう。

まず注目すべきは隣り合っている【33・8〜34・0秒】との比較。単勝回収値では勝っているが、複勝回収値では逆転されている（勝ち馬をもっと出していたら【33・8〜34・0秒】も好走ゾーンに入ってくるのだが……）。ゆえに、【〜33・7秒】のゾーンで狙い馬が見つかったときは、アタマ固定で勝負するのが理想だろう。

21年以降【〜33・7秒】で馬券圏内に入ったのは19頭。そのうち15頭が牝馬に集中している。軸馬を選ぶ基

準のひとつとして覚えておいていただきたい。実際、自身の単勝配当が2200円。3連単155万6320円だった21年6月27日のHBC賞。大波乱の立役者となったキーダイヤ（10番人気1着）も4歳牝馬だった。

■21年・HBC賞1着＝キーダイヤの【スピードスター】
前走：札幌芝1200m　走破時計：69・8　上がり3ハロン：36・3
【前半3ハロン】69・8－36・3＝33・5

この法則はもちろん重賞にも適応され、21年のキーランドCを勝ったレイハリアも当時3歳の牝馬だった。

■21年・キーンランドC1着＝レイハリアの【スピードスター】
前走：中京芝1200m　走破時計：68・1　上がり3ハロン：34・5
【前走3ハロン】68・1－34・5＝33・6

また、【～33・7秒】に単勝10倍未満という条件をプラスすると、勝率は22・2％とダブルアップ。複勝率も59・3％、複勝回収値114円と膨らんでおり、この条件が加わるときは必ずといっていいほど、馬券には入れてほ

表7●札幌芝1200mの【スピードスター】好走対象ゾーン

前走前半3F	勝率	連対率	複勝率	単回値	複回値	特記事項
～33.7	10.2%	17.0%	26.1%	135	81	単適回値104.2
33.8～34.0	9.8%	19.7%	32.8%	79	90	—
34.1～34.3	8.9%	15.2%	22.8%	85	55	—
34.4～34.6	6.4%	13.6%	20.9%	40	73	—
34.7～34.9	3.5%	12.4%	15.0%	24	42	—
35.0～35.2	9.7%	17.5%	27.2%	57	83	—
35.3～35.5	3.8%	8.8%	15.0%	24	54	—
35.6～35.8	3.3%	11.7%	15.0%	133	58	—
35.9～36.1	6.7%	10.0%	13.3%	46	36	—
36.2～36.4	5.6%	11.1%	16.7%	11	37	—
36.5～	3.1%	15.6%	18.8%	25	35	—

しいところだ。

第2章の実践では間に合わなかったのだが、今この原稿を書いているとき。まさにドンピシャで、このデータが当てはまるレースが行なわれた。

24年7月20日札幌11RのTVh賞。勝利したのは1番人気の4歳牝馬エイシンフェンサー。とはいっても、16頭中6番人気までが10倍以下という大混戦メンバーで単勝配当は450円ついており、かなり美味しい配当にたどり着くことができた。

【～33・7秒】＋牝馬＋単勝10倍未満＝1着が濃厚。これはかなり鉄板の方程式といえそうだ。

しかもこのレース、出走馬に好走ゾーンの馬が4頭しかおらず、2着マイネルレノン（10番人気：単勝22・4倍）3着ブッシュガーデン（7番人気：単勝10・9倍）で入線。もう1頭（アドヴァイス）は7着と敗れたものの同馬は単勝10倍以上ついており、エイシンフェンサー1着固定で3連単を購入するとわずか6点で、947・1倍をゲットしていたことになる。

最後に【35・6～35・8秒】の単勝回収値が133円と目立って大きく出ているが、これは22年のしらかばSで単勝7450円のミリオンペールが大激走した影響で吊り上がっているだけなので気にしなくてOKだろう。

▼札幌芝 1200 mのポイント

・【～33.7 倍】かつ単勝 10 倍未満の馬に注目
・牡馬より牝馬を重点的に狙え
・人気が横並びの混戦レースこそ威力を発揮する

●2024年7月20日・札幌11R　TVh賞（3歳上3勝クラス、芝1200m）

枠・馬番	16 桃8	15 桃8	14 橙7	13 橙7	12 緑6	11 緑6	10 黄5	9 黄5	8 青4	7 青4	6 赤3	5 赤3	4 黒2	3 黒2	2 白1	1 白1
父	ファインニードル	ダイワメジャー	キンシャサノキセキ	ビッグアーサー		ダイワメジャー	モーリス	リアルスティール	リアルスティール	エイシンヒカリ	ルーラーシップ	ディーマジェスティ	モーリス	トーセンファントム	ハーツクライ	リオンディーズ
馬名	エイシンフェンサー	マイネルレノン	ラキエータ	グットディール	サトノグレイト	オードゥメール	アドヴァイス	ドナベティ	オウバイトウリ	タツリュウオー	ジャスティンエース	ドーバーホーク	アバンチュリエ	トーセンサンダー	(地)プライムライン	ブッシュガーデン
母	エーシンパナギア（3勝）	コスモルーシー（2勝）	ウィルパワー（4勝）	マリアヴァレリア（4勝）	ノヴァホーク（英）	オーシュペール（3勝）	テンシノホホエミ（1勝）	ドナルチア（1勝）	スターズアンドクラウズ（愛）	フォワードカール（1勝）	ガラアフェアー（未勝）	タカラジェニファ（2勝）	バンディア（未勝）	カグラグレイス（1勝）	バートラムガーデン（4勝）	フリスコベイ（2勝）
斤量・性齢	56 牝4	58 牡5	56 牝5	58 騸5	58 騸4	56 牝5	56 牝5	53 牝3	53 牝3	56 牝6	58 牡5	58 牡4	58 騸5	58 牡5	58 騸7	56 牝5
騎手	川又	丹内	武豊	佐々木	池添	藤岡佑	岩田康	鮫島駿	浜中	古川吉	菱田	横山武	柴田善	大野	北村友	富田
調教師	吉村	宮	音無	須貝尚	中竹	斉藤誠	中村	矢作	武幸	藤野	杉山晴	清水英	大竹	杉浦	田中克	武井
賞金	1500	1500	1500	1500	1500	1500	1500	1600	1500	1500	1500	1500	1500	1500	1380	1500
総賞金	5856	5578	5738	6104	3950	5461	4438	3680	4020	4404	4366	4324	4131	6570	4113	8345
馬主	栄進堂	ラフィアン	シルクR	安原浩司	里見治	中村伊三美	泉一郎	小川眞査雄	キーファーズ	しょうじ	三木正浩	嶋田賢	DMMドリームC	島川隆哉	広尾レース	那須野牧場
生産者	木田牧場	ビッグレッドF	白老F	ノーザンF	社台F	ケイアイF	浜本牧場	下屋敷牧場	ノーザンF	城地牧場	ノーザンF	大栄牧場	ノーザンF	エスティF	下河辺牧場	那須野牧場

1着⑯エイシンフェンサー
（1番人気）
2着⑮マイネルレオン
（10番人気）
3着①ブッシュガーデン
（7番人気）

単⑯ 450円
複⑯ 190円　⑮ 550円　① 350円
馬連⑮－⑯ 5460円
馬単⑯→⑮ 8980円
3連複①⑮⑯ 17300円
3連単⑯→⑮→① 94710円

コース攻略⑧新潟・芝1200m

●単勝回収値で驚異の数字を弾き出したゾーンとは

古い競馬ファンの中には、ビリーヴやスノードラゴンが勝利したスプリンターズSの映像が、スッと記憶の中から引き出される人も少なくないと思うが、あくまで中山競馬場の代替として新潟競馬場が使われた話。芝1200mが設定されているレース場の中で、新潟は福島競馬場とともにOPクラスのレース設定がない。

左の表8で目に飛び込んでくるのが【36・2〜36・4秒】のゾーン。隣の【35・9〜36・1秒】が未勝利で複勝回収値が28円しかないところを見れば、勝率14・3％で単勝回収値863円は驚きの数字といっていいだろう。

このゾーンで馬券圏内に入っている5頭のうち、4頭が未勝利戦で1頭が1勝クラス。すべて7Rより前の時間帯で出走しており、下級条件でこそ価値のある馬券術となる。

その中で数値を爆上げさせているのが単勝万馬券（1万990円）で未勝利戦（P117の馬柱）を勝ち切ったタイキバンディエラ。

■22年5月29日未勝利戦1着＝タイキバンディエラの【スピードスター】

前走：中京ダ1200m　走破時計：76・4　上がり3ハロン：40・1

【前半3ハロン】76・4－40・1＝36・3

前走は中京ダート1200mだったのだが、実は未勝利戦で馬券圏内に入った4頭のうち、3頭が同馬と同じダートからの転戦組だった。

【36・2～36・4秒】で前走ダートを使った未勝利馬は、21年から合計7頭しかおらず、そのうち4頭が馬券圏内に入っているのだから、かなりの高確率。しかも単勝回収値915円、複勝回収値506円と、穴馬選別の馬券術として、しっかり機能しているということだろう。

ちなみにタイキバンディエラはこれが芝初戦ではなく、デビューから2戦は芝を使って13着→13着と、いいところなし。だからこその不人気だった。

あとは単勝回収値180円、単適回収値146・8円を記録している【～33・7秒】だろう。ここは先ほどと違って、未勝利戦～3勝クラスまで好走馬は散らばっている。

また、新潟の芝1200m戦（内回り）は頭数が集まることが多く、大半が16頭立てになるのだが、このゾーンでは14頭立て以下になると、単勝回収値930円、複勝回収値266円まで一気にハネ上がる。

【～33・7秒】の前走コース別成績を見ると、全66頭のうち半数以上の34頭が小倉コースを使っていたのだが、「小倉→新潟」のローテーションは頭数が多いだけで、さほど結果は出ていない。複勝回収値順にローテ成績を並べると、次のようになる。

表8●新潟芝1200mの【スピードスター】好走対象ゾーン

前走前半3F	勝率	連対率	複勝率	単回値	複回値	特記事項
～33.7	15.4%	24.6%	29.2%	180	97	単適回値146.8
33.8～34.0	13.3%	24.4%	33.3%	62	99	単適回値119.7
34.1～34.3	10.3%	19.1%	26.5%	68	51	—
34.4～34.6	4.3%	10.1%	20.3%	20	66	—
34.7～34.9	4.9%	16.0%	23.5%	18	98	—
35.0～35.2	3.8%	11.3%	16.3%	42	58	—
35.3～35.5	10.1%	11.6%	18.8%	261	96	—
35.6～35.8	4.9%	12.2%	17.1%	98	57	—
35.9～36.1	0.0%	6.3%	12.5%	0	28	—
36.2～36.4	14.3%	21.4%	35.7%	863	465	単適回値255.6
36.5～	3.8%	3.8%	3.8%	55	10	単適回値177.8

・前走・函館芝1200m→複勝回収値1090円
・前走・福島芝1200m→単勝回収値136円
・前走・中京芝1200m→複勝回収値105円
・前走・小倉芝1200m→複勝回収値90円

函館組は1戦1勝（21年9月5日飯豊特別1着エムオーシャトル・単勝5580円）だったため、超お宝かもしれないが今回はスルーして、やはり狙いたいのは「福島→新潟」のローテーションでやってきた馬。

21年北陸Sを勝ったシセイヒテン（単勝1840円）や、23年の同じく北陸Sを勝ったオタルエバー（単勝670円）が含まれており、3勝クラスのレースで威力を発揮するようだ。

最後に【33・8〜34・0秒】についても紹介しよう。

【〜33・7秒】と比較すると単勝回収値が3分の1しかなくパンチに欠けるが、複勝率、複勝回収値はともに上回っており、例えば3連単の2，3着付けなどで有意義な馬券戦略が練ることができる。

ちなみに、【33・8〜34・0秒】になると「小倉→新潟」のローテーションの数字がアップ。勝率8・7％だが、複勝率は34・8％あることから、2、3着付けが妥当な馬券戦術といえるだろう。

▼新潟芝1200mのポイント

・【36.2〜36.4秒】で狙うのは前走ダートを使った未勝利馬
・【〜33.7秒】は前走福島を使った馬を狙え！
・【33.8〜34.0秒】は単勝よりも2、3着付けと割り切った馬券が◎

●2022年5月29日・新潟2R（3歳未勝利、芝1200m）

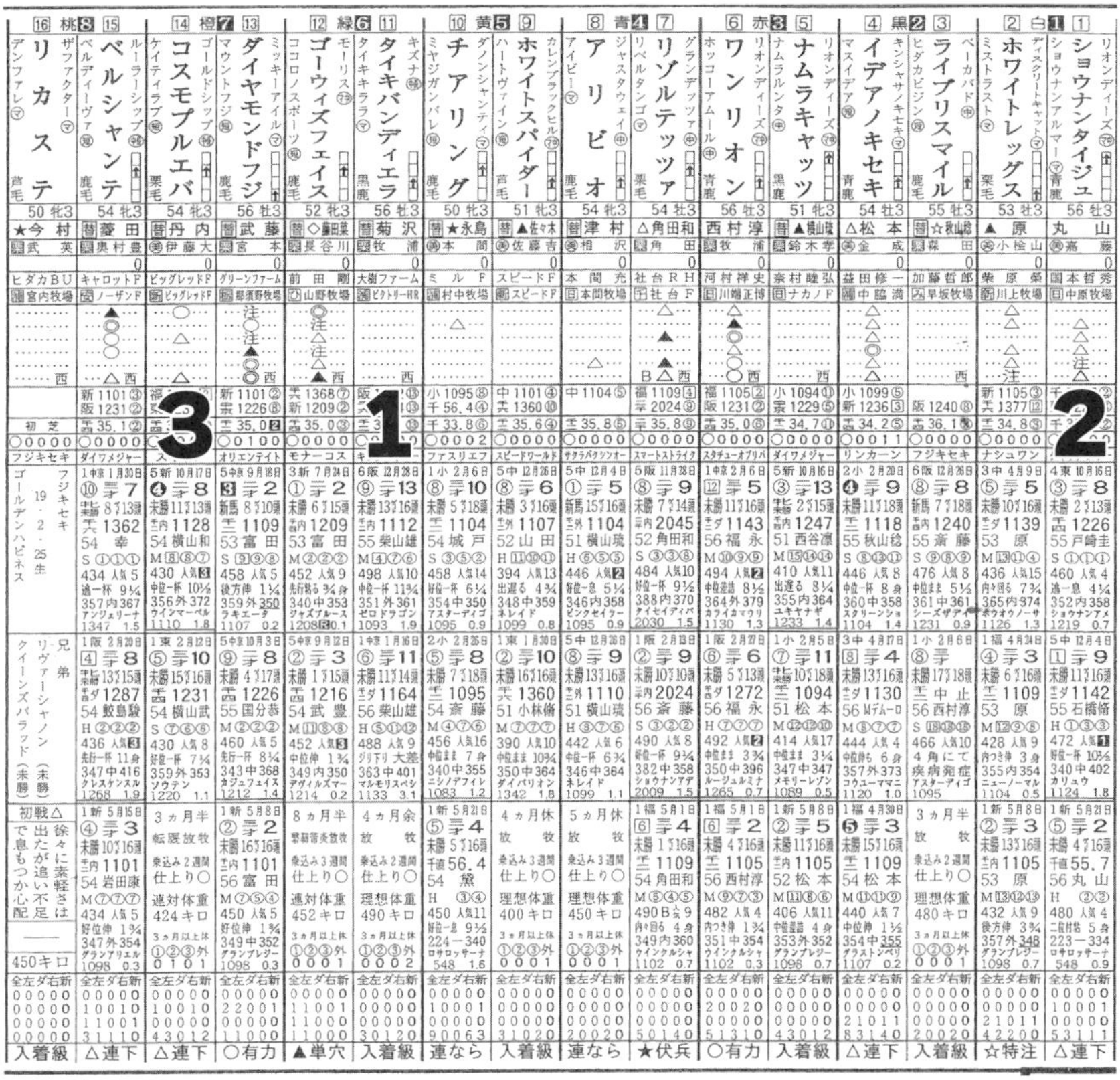

馬番	馬名	父	母	毛色	斤量・性齢	騎手	厩舎	馬主	生産者	評価
1	ショウナンタイジュ	リオンディーズ	ショウナンアルマー	青鹿	56 牡3	丸山	高藤	国本哲秀	中原牧場	△連下
2	ホワイトレッグス	ディスクリートキャット	ミストラスト	栗	53 牝3	▲原	小桧山	榮原榮	川上牧場	☆特注
3	ライブリスマイル	ベーカバド	ヒダカビジン	鹿毛	55 牡3	☆秋山稔	森田	加藤哲郎	早坂牧場	入着級
4	イデアノキセキ	キンシャサノキセキ	マスイデア	青鹿	54 牡3	△松本	金成	益田修一	中脇満	△連下
5	ナムラキャッツ	リオンディーズ	ナムラルンタ	黒鹿	51 牡3	▲横山琉	鈴木孝	奈村睦弘	ナカノF	入着級
6	ワンリオン	リオンディーズ	ホッコーアムール	青鹿	56 牡3	西村淳	牧浦	河村祥史	川端正博	○有力
7	リゾルテッツァ	グランデッツァ	リベルタンゴ	栗毛	54 牝3	△角田和	角田	社台RH	社台F	★伏兵
8	アリビオ	ジャスタウェイ	アイビー	鹿毛	54 牝3	津村	相沢	本間充	本間牧場	連なら
9	ホワイトスパイダー	カレンブラックヒル	ハートヴァイン	芦毛	51 牝3	▲佐々木	佐藤吉	スピードF	スピードF	入着級
10	チアリング	ダノンシャンティ	ミヤジガンバレ	鹿毛	50 牝3	★永島	本間	ミルF	村中牧場	連なら
11	タイキバンディエラ	キズナ	タイキキララ	黒鹿	56 牡3	菊沢	牧浦	大樹ファーム	ビクトリーHR	入着級
12	ゴーウィズフェイス	モーリス	ココロノスポーツ	鹿毛	52 牝3	◇鮫島	長谷川	前田剛	山野牧場	▲単穴
13	ダイヤモンドフジ	ミッキーアイル	マウントフジ	鹿毛	56 牡3	武藤	宮本	グリーンファーム	那須野牧場	○有力
14	コスモプルエバ	ゴールドシップ	ケイテイラブ	栗毛	54 牝3	丹内	伊藤大	ビッグレッドF	ビッグレッドF	△連下
15	ベルシャンテ	ルーラーシップ	ベルディーヴァ	鹿毛	54 牝3	菱田	奥村豊	キャロットF	ノーザンF	△連下
16	リカステ	ザファクター	デンファレ	芦毛	50 牝3	★今村	武英	ヒダカBU	宮内牧場	入着級

1着⑪タイキバンディエラ
（15番人気）
2着①ショウナンタイジュ
（5番人気）
3着⑭コスモプルエバ
（6番人気）

単⑪ 10990円
複⑪ 3440円　① 300円　⑭ 530円
馬連①－⑪ 51700円
馬単⑪→① 105170円
3連複①⑪⑭ 163960円
3連単⑪→①→⑭ 1147340円

コース攻略⑨小倉・芝1200m

●最も時計が速いコースは快速馬にはツライ!?

芝1200mのレースが組まれている競馬場の中で最も時計が速い……早い話が芝1200mのJRAレコード（22年7月3日テイエムスパーダ）を出している小倉コース。2歳馬限定の芝1200m戦でもJRAレコード（20年8月16日フリード）を記録しており、スピード能力が絶対必要な日本を代表する競馬場といっても過言ではないだろう。

よってイメージから、ビュンビュン飛ばしていく〝速い馬の天国〟と思われがちだが、スピードスターを調べてみると、多くの場が好成績を残している【〜33・7秒】のゾーンが儲からないという意外な事実に直面した。

実際、JRAレコードを記録した3歳時のテイエムスパーダ。CBC賞（中京競馬場改装工事のため小倉競馬場で施行）で、とんでもない時計で逃げ切ったこともあり、次走の北九州記念ではCBC賞と同じように逃げたにも関わらず、2番人気を裏切り7着に敗れた。

■22年・北九州記念7着＝テイエムスパーダの【スピードスター】

前走：小倉芝1200m　走破時計：65・8　上がり3ハロン：34・0

【前半3ハロン】65・8－34・0＝31・8

快速馬としてドンドン成長していったテイエムスパーダ。良馬場の場合は、基本的には【〜33・7秒】の時計を出し続けていたのだが、それが災いしてCBC賞後の小倉成績は次のようなものだった。

・22年8月21日　北九州記念7着
・23年8月20日　北九州記念13着
・24年6月30日　北九州記念18着

3歳春のCBC賞まで4戦3勝・2着1回という得意舞台の小倉で、まったく勝てなくなってしまった。

ところが、23年の北九州記念後にセントウルS（阪神芝1200mのページ参照）で大穴をあけたのだから、小倉では自然と【〜33・7秒】が出てしまう馬にとってはいかにも厳しいコースといえるだろう。

狙うは、その下の【33・8〜34・0秒】【34・1〜34・3秒】のゾーンだ。

前者は、意外や外の「6〜8枠」ならベタ買いの複勝回収値が117円を示し、大穴も見込める。しかも、単勝10倍未満と上位人気に推されている馬は勝率27・3％、複勝率50・9％、単勝回収値128円、複勝回収値106円とマストバイの存在だ。

後者は、前走で1秒以上の敗戦を喫している馬と叩き5戦目以降の使い詰めがNG。「前走1着か1秒未満の敗退」と「休み明け〜叩き4戦目」の双方を満たす馬なら単勝回収値は155円にまで上昇する。

表9●小倉芝1200mの【スピードスター】好走対象ゾーン

前走前半3F	勝率	連対率	複勝率	単回値	複回値	特記事項
〜33.7	8.1%	16.7%	24.0%	65	81	―
33.8〜34.0	8.6%	16.2%	29.0%	68	92	―
34.1〜34.3	10.5%	17.4%	24.3%	109	78	単適回値101.4
34.4〜34.6	5.1%	11.8%	19.4%	39	72	―
34.7〜34.9	5.0%	11.9%	17.0%	49	61	―
35.0〜35.2	5.8%	11.6%	19.7%	67	88	―
35.3〜35.5	3.7%	10.1%	14.7%	63	100	―
35.6〜35.8	4.3%	9.4%	18.0%	76	95	―
35.9〜36.1	3.2%	9.7%	14.0%	136	70	―
36.2〜36.4	7.4%	13.2%	16.2%	265	86	単適回値123.7
36.5〜	1.1%	4.5%	10.2%	7	88	―

そして大穴党にぜひ知っていてほしいのが、もうひとつの好走ゾーン【36・2〜36・4秒】の存在。スプリント戦の前半3ハロンタイムとしてはかなり遅い部類になり、当然のように前走で差し・追い込みの競馬をしていた馬になる。

このゾーンで好走した馬に、パンチの効いた2頭がいるので紹介しよう。

①22年8月21日・小倉11R（北九州記念、芝1200m、左に馬柱）

1着　ボンボヤージ

単勝1万6430円　複勝1570円　3連単49万3580円

②24年6月30日・小倉11R（北九州記念、芝1200m、P78〜79に馬柱）

3着　モズメイメイ

複勝2130円　3連単79万8750円

たまたま両方とも北九州記念になったのだが、オッズを見てもわかるように普通に予想すれば、とても手が出せる馬ではない。

①は前走11番人気13着、②は16番人気15着。スピードスター【36・2〜36・4秒】でこんな大穴を拾えるなら嬉しい限りだが、さらに条件を付けるなら、「かつ前走の上がりが1〜5位」。これは、かなりの激走条件となる。

波乱必至の多頭数レースが、小倉の芝1200m戦では組まれることが多く、ぜひ超絶穴馬を狙い撃ちして欲しい。

▼小倉芝 1200 mのポイント

・【〜 33.7 秒】は意外に儲からないゾーンなので、人気馬ならスルーも……

・一番信頼できる好走ゾーンは【33.8 〜 34.3 秒】

・【36.2 〜 36.4 秒】かつ前走の上がり5位以内の馬が激走条件

●2022年8月21日・小倉11R北九州記念（GⅢ、芝1200m）

馬番	枠	馬名	父	母	毛色・斤量・性齢	騎手	調教師	賞金	総賞金	馬主	生産者
1	白1	ボンボヤージ	ロードカナロア	ディープインアスク	鹿 51 牝5	川須	梅田智	2400	5453	廣崎利洋	ASK STUD
2	白1	アネゴハダ	キズナ	イニシャルダブル	青鹿 49 牝3	酒井	佐々木晶	1500	6440	岡浩二	サンデーヒルズ
3	黒2	タイセイビジョン	タートルボウル	ソムニア	栗 57 牡5	川田	西村	7800	20,900	田中成奉	ノーザンF
4	黒2	ティエムスパーダ	レッドスパーダ	トシザコジーン	芦 51 牝3	国分恭	五十嵐	3550	7980	竹園正繼	浦河小林牧場
5	赤3	レジェーロ	キズナ	ロックフェアレディ	黒鹿 54 牝5	西村淳	西村	2850	7730	山本剛士	新冠橋本牧場
6	赤3	ザイツィンガー	ドリームジャーニー	ザッハトルテ	芦 53 牡6	今村	牧田	2400	6350	永田和彦	森永牧場
7	青4	シンシティ	サウスヴィグラス	ジェネロシティー	黒鹿 53 牝5	富田	木原	3200	7733	安藤晋平	高昭牧場
8	青4	ビオグラフィー	ロードカナロア	チアズメッセージ	鹿 54 牝5	北村友	藤岡健	3600	7470	シルクR	ノーザンF
9	黄5	モントライゼ	ダイワメジャー	ムーングロウ	鹿 55 牡4	幸	松永幹	2900	7120	キャロットF	ノーザンF
10	黄5	カレンロマチェンコ	マクフィ	カレンステイシー	鹿 54 牡4	松若	高柳大	1900	3420	鈴木隆司	高柳隆男
11	緑6	チェアリングソング	マツリダゴッホ	チェアユーアップ	栗 54 牡5	団野	斉藤	2400	8354	ノルマンディーTR	岡田S
12	緑6	メイショウチタン	ロードカナロア	ラルティスタ	黒鹿 54 牡5	和田竜	本田	2400	7215	松本好雄	松田牧場
13	橙7	ファストフォース	ロードカナロア	ラッシュライフ	黒鹿 56 牡6	松山	西村	4050	9502	安原浩司	三嶋牧場
14	橙7	ディヴィナシオン	ヴィクトワールピサ	フギン	黒鹿 54 牡5	横山典	森	2400	9773	一村哲也	高山牧場
15	橙7	フレッチア	ダンシリ	ヴィアメディチ	青鹿 54 牡7	ホー	木村	2400	8504	橋口	ノーザンF
16	桃8	ナムラクレア	ミッキーアイル	サンクイーンII	青鹿 53 牝3	浜中	長谷川	5900	16,230	奈村睦弘	谷川牧場
17	桃8	ジャンダルム	キトゥンズジョイ	ビリーヴ	黒鹿 58 牡7	荻野極	池江寿	10,050	23,960	前田幸治	アメリカ
18	桃8	キャプテンドレイク	ロードカナロア	ハシッテホシーノ	鹿 55 牡5	藤岡康	今野	2090	5258	谷掛龍夫	社台F

1着①ボンボヤージ
（16番人気）
2着③タイセイビジョン
（3番人気）
3着⑯ナムラクレア
（1番人気）

単① 16430円
複① 1570円 ③ 170円 ⑯ 120円
馬連①－③ 46190円
馬単①→③ 113390円
3連複①③⑯ 31820円
3連単①→③→⑯ 493580円

コース攻略⑩東京・ダ1300m

●中山ダ1200mの臨戦で本当に狙うべきゾーン

次に挙げるのは、東京の近5年のダート戦（距離別）における平均単勝・複勝配当である。

1位　1300m　平均単勝配当1413円　複勝平均配当396円
2位　2100m　平均単勝配当1305円　複勝平均配当340円
3位　1400m　平均単勝配当1011円　複勝平均配当346円
4位　1600m　平均単勝配当994円　複勝平均配当371円

大方の予想通り、今回取り上げる1300mが最も単複とも配当が高く、荒れやすいレースとなっている。その理由は多くの読者も察していると思うが、1300mという距離がJRAの他場ではどこにも設定されておらず、大半の馬が距離短縮もしくは距離延長を強いられているからである。

ここ3年で東京ダ1300m戦に出走した延べ587頭の前走を調べてみると、次のようになった。

・中山ダ1200m…397頭
・新潟ダ1200m…91頭
・中京ダ1200m…29頭

第1章でもふれたように、出走馬の7割近くが中山ダ1200mから使ってくることがわかる。「中山ダ1200mで好走した馬が、次戦東京ダ1300mで人気になれば疑え！」は競馬ファンなら誰もが通る道だが、そこから先どういった馬を見つけ出せばいいのか。

スピードスターが選び出した好走ゾーンは【35・9～36・1秒】。勝率がトップで10・9％。複勝率も30・4％あり、単勝回収値はイマイチも複勝回収値は123円を示しており、人気馬は勝ち切り、伏兵馬も複勝圏で配当を上げてくれるという優良物件なのが見て取れる。

ここには前途した通り、中山、新潟、中京を前走使った馬が大半を占めているが、3場とも単適回収値は100円を超えており差はない。しかし複勝回収値は大きく異なる。

・中山ダ1200m→東京ダ1300m　複勝回収値62円
・新潟ダ1200m→東京ダ1300m　複勝回収値247円
・中京ダ1200m→東京ダ1300m　複勝回収値362円

よって【35・9～36・1秒】に関しては、先の格言は間違っており、中山ダ1200mからのローテーションで勝ち切った馬はすべて単勝一ケタ配当の馬たちだった。よって馬券攻略として狙うは、中京や新潟から使ってくる馬（人気問わず）ということになる。例えば、22年5月1日東京12R（ダ1300m）で16番人気3着の大穴をあけたソランは、前走中京ダ1200mで前半3ハロン35秒9（7着）のスピードスター馬だった（P125の馬柱）。

では、中山ダ1200mからのローテーションで、狙うべき好走ゾーンはどこなのか？

表10●東京ダ1300mの【スピードスター】好走対象ゾーン

前走前半3F	勝率	連対率	複勝率	単回値	複回値	特記事項
～33.7	0.0%	3.8%	7.7%	0	14	—
33.8～34.0	3.2%	12.9%	19.4%	6	50	—
34.1～34.3	7.3%	24.4%	34.1%	52	116	—
34.4～34.6	9.6%	19.2%	26.9%	84	127	—
34.7～34.9	6.7%	6.7%	13.3%	31	21	—
35.0～35.2	9.7%	16.7%	25.0%	78	138	単適回値112.3
35.3～35.5	4.1%	9.6%	15.1%	77	75	—
35.6～35.8	7.0%	9.3%	11.6%	135	43	単適回値110.4
35.9～36.1	10.9%	19.6%	30.4%	62	123	単適回値138.8
36.2～36.4	7.4%	22.2%	22.2%	20	45	—
36.5～	7.8%	13.7%	19.6%	408	154	単適回値200.5

過去3年の前半3ハロンを調べると、最も勝利数が多いのは【35・0～35・2秒】である。このゾーンに合致する馬は、ベタ買いで単勝回収値168円という極めて優秀な数字を示している（クラスは問わず）。

東京ダ1300mというと、前に行けばOKというようなイメージがあるものの、中山ダ1200mの前半3ハロンで【35・0～35・2秒】は決して速いものではない。このコース替わりにおいては、テンのスピードが速いだけの馬を評価するのは危険ということになる。

特に前走の前半3ハロンが【34・7～34・9秒】ゾーンは非常に危険で、単勝回収値はわずか17円と、ノータイムで消したくなる。

これを中山ダ1200m→東京ダ1400mというローテーションで同様に調べてみると、勝利数トップは【34・7～34・9秒】。勝率トップが【33・8～34・0秒】となり、35秒台の馬が活躍していた1300m戦と、まったく逆の傾向が見られるのだ。特に1300mで優秀だった【35・0～35・2秒】のゾーンは単勝回収値が27円しかなく、真逆の結果が出ている。

1300m戦が先行、1400m戦が差し追い込みというのが本来のセオリーだったことを考えると、実に意外な結果である。中山ダート1200mでスッと速い加速を見せていた馬が直線の長い東京にコース替わり、さらには1Fの距離延長で意識的に脚をためると差す競馬で急に輝く、という仮説が成り立った。

▼東京ダ 1300 mのポイント

・唯一の好走ゾーンは【35.9 ～ 36.1 秒】だが、前走中山は避けるべし

・中山ダ 1200 mからなら【35.0 ～ 35.2 秒】を狙え！

・東京ダ 1400 mのほうがスピードスターの速さを結果が比例する

●2022年5月1日・東京12R(4歳上2勝クラス、ダ1300m)

16 桃8	15	14 橙7	13	12 緑6	11	10 黄5	9
エイシンフラッシュ	メイショウボーラー	サウスヴィグラス	サウスヴィグラス	モーリス	ストロングリターン	ワールドエース	ヘニーヒューズ
バーンパッション	グーテンモルゲン	(地)アティード	レイテントロアー	プレフェリータ	グランドストローク	(地)タイセイブレイズ	ロコポルティ
ディパッション	セイントリーフ	ロックフォーティ	スイートマルセル	レジネッタ	アイランズギフト	ニシノヘレンド	サダムグランジュテ
黒鹿	鹿毛	栗毛	鹿毛	鹿毛	黒鹿	鹿毛	鹿毛
55 牡5	57 牡6	57 牡4	57 牡5	55 牝4	57 牡5	54 牡4	57 牡4
替△松本	替丸田	替横山武	替杉原	替津村	替レーン	替▲横山琉	替戸崎圭
中川	牧田	加藤士	嘉藤	萩原	水野	牧浦	西園正
900	900	750	900	900	900	860	900
1968	2171	1412	3011	1343	4131	2068	2547
岡田牧雄	薪浦亨	高瀬正志	矢野亨恵	GIレーシング	コスモヴューF	田中成奉	シルクR
真歌田中牧場	清水S	小林仁	シンボリ牧場	追分F	藤春修二	秋場牧場	白老F
………	…△…	…▲…	…△…	…△…	…◯…	………	…◎…
…△…	………	…◯…	…▲…	…△…	…△…	………	…◎…
………	………	…◎…	…▲…	………	…△…	…△…	…◯…
…△…	………	…▲…	………	………	…△…	…注…	…◯…
…▲…	………	…△…	…◎…	…△…	…△…	………	…◯…
…△…	……西	…△…	…◯…	………	…▲…	…△西	…◎西
中ダ1123⑮ 東ダ1185④ 東ダ1252④ 東芝1401⑫	京ダ1097❷ 東ダ1192① 阪ダ1255⑩ 中ダ1458❽	中ダ1113②	中ダ1110① 東ダ1180❽ 京ダ1255⑫	中ダ1126⑪ 中ダ1445❶ 東ダ1254⑤ 東ダ1551⑬	新ダ1102❷ 東ダ1201⑩ 中ダ1081❾ 東芝1371⑪	芝1090④ 芝1220⑦ ダ1247③ ダ1372❶	1 ⑤ ② ⑩ ⑤
ダ35.4⑥ 初騎乗	ダ35.3⑤ 初騎乗	ダ36.7② 初騎乗	ダ35.7④ 初騎乗	ダ36.5❶ 初騎乗	ダ36.1❷ 初騎乗	ダ36.9③ 初騎乗	[illegible] 0 1 0 0
0 0 0 7 1 0 0 5	0 0 0 9 0 0 0 1	0 1 0 0 初コース	0 2 0 6 0 0 0 2	0 0 0 2 初コース	0 1 0 5 0 0 0 2	0 0 0 0 初コース	0 2 0 0 0 1 0 0
◎1 0 1 2	○1 1 0 6	○0 0 0 0	○1 0 0 1	◎2 0 0 0	○0 2 2 5	○0 0 0 0	○0 0 0 1
ダイワメジャー	タヤスツヨシ	ロックオブジブラルタル	ワイルドラッシュ	フレンチデピュティ	キングカメハメハ	オアシスドリーム	キングカメハメハ
ジューンピンクマン	ペイシャジャン	バトルカグヤ	初仔	アルトリウス	ゴールドビーム	シェナオーロラ	サルトアトランテ
千六 千四 千三 千二	千六 千四 千三 千二	千六 千四 千三 千二	千六 千四 千三 千二	千六 千四 千三 千二	千六 千四 千三 千二	千六 千四 千三 千二	千六 千四 千三 千二
0 0 1 1 0 0 0 0 0 0 0 1 1 6 5 7	0 1 0 1 0 0 0 3 0 0 0 0 1 4 1 13	0 0 0 0 0 0 0 1 0 0 0 0 0 0 0 0	0 0 0 2 0 0 0 3 0 0 0 1 0 1 2 4	0 1 0 0 0 0 0 0 0 0 0 0 2 2 0 1	0 0 0 2 0 0 0 3 0 0 0 3 1 1 2 17	0 1 0 0 0 0 0 0 1 1 0 3 0 3 0 2	0 0 0 2 0 0 1 1 0 1 0 1 0 1 0 3
5東 11月27日 ⑦ 三才上 6 2勝 11ト16頭 ダ1257 57 田辺 S ⑬⑬⑭ 484 人気9 後方差詰 3¾ 378中354 イディオム 1251 0.6	5新 10月10日 ② [illegible] 10 2勝 12ト15頭 ダ1113 54 富田 H ⑭⑭⑭ 522 人気5 S後不利 6身 348中365 ララクリュサオ 1103 1.0	大井 12月27日 ② 三才上 5 B3 2ト8頭 ダ1143 56 笹川翼 M ⑤⑦⑥ 521 人気2 伸一息 2身 367内376 キョウエイソフ 1140 0.3	1中 1月5日 ① 四才上 11 2勝 2ト16頭 ダ1121 57 三浦 H ⑭⑭⑭ 488 人気7 発馬悪く 8¾ 354中367 ハコダテブショ 1106 1.5	4中 9月25日 ⑥ 三才上 13 牝2勝 15ト16頭 ダ1551 49 永野 S ①①① 474 人気2 逃一杯 11½ 368内405 スノームーン 1531 2.0	2中 2月26日 ① 四才上 4 2勝 8ト16頭 ダ1121 57 石川 H ⑬⑬⑫ 474 人気5 S後不利 2¼ 356外365 ジェットエンブ 1117 0.4	川崎 11月9日 ❷ 三才上 1 B3 4ト14頭 ダ1372 56 町田直 S ①①① 469 人気1 逃切る 1½ 386内392 ブリリアントリ 1375 0.3	1中京 1月8日 ② 四才上 1 1勝 11ト16頭 ダ1119 56 Cデムーロ M ④④⑤ 526 人気3 好位差切 ½身 356外363 エヴァジョーネ 1120 0.1
1東 1月30日 ② 四才上 14 2勝 16ト16頭 ダ1263 57 大野 S ⑯⑯⑮ 492 人気10 後方まま 10¾ 385内357 レモンポップ 1246 1.7	5中 12月4日 ① [illegible] 15 2勝 11ト16頭 ダ1127 57 松岡 M ⑭⑬⑯ 522 人気8 出脚鈍い 11½ 355外372 ステラータ 1108 1.9	大井 1月27日 ④ 四才上 1 B3 13ト16頭 ダ1135 56 矢野貴 H ⑨⑧⑤ 520 人気2 中位抜出 1½ 361中374 レディグレイ 1138 0.3	1東 2月6日 ④ 四才上 4 2勝 12ト16頭 ダ1185 57 菅原明 M ⑫⑫⑫ 484 人気8 後方追上 1¾ 372中357 ニシノライトニ 1182 0.3	5中 12月25日 ⑧ [illegible] 11 2勝 1ト16頭 ダ1126 54 横山武 H ⑮⑮⑬ 480 人気5 出遅る 6½ 351外375 リンカーンテソ 1115 1.1	2中 3月20日 ❼ 四才上 2 2勝 4ト13頭 ダ1110 57 武藤 H ⑨⑥⑥ 474 人気4 中位伸 ½身 347内363 ジャスパーゴー 1109 0.1	1中京 1月22日 ⑦ 四才上 3 1勝 8ト13頭 ダ1247 56 武豊 M ②②② 474 人気6 先行粘る 1½ 356中369 キタノエクスプ 1245 0.2	1東 2月6日 ④ 四才上 2 2勝 9ト16頭 ダ1184 57 戸崎圭 M ⑪⑨⑨ 532 人気3 中位伸 1¼ 367中361 ニシノライトニ 1182 0.2
1阪 2月13日 ② 四才上 12 2勝 2ト16頭 ダ1263 57 池添 H ⑫⑯⑮ 486 人気11 後方まま 9¾ 362中377 ワンダーイチョ 1247 1.6	1東 2月6日 ④ 四才上 11 2勝 3ト16頭 ダ1192 57 松岡 M ④⑦⑦ 522 人気15 好位一杯 5½ 362中372 ニシノライトニ 1182 1.0	3中 4月3日 ④ 四才上 2 2勝 16ト14頭 ダ1113 57 田辺 M ⑩⑤④ 516 人気12 漸進伸 クビ 346中367 ライフレッスン 1112 0.1	2中 2月26日 ① 四才上 5 2勝 5ト16頭 ダ1121 57 菅原明 H ⑭⑭⑭ 484 人気3 出遅る 2½ 357内364 ジェットエンブ 1117 0.4	3中 4月16日 ❼ 四才上 牝2勝 4ト15頭 ダ除外 53 永野 478 両後肢挫創 のため マーチリリー 1103	1福 4月17日 ② ラジオ福島 4 2勝 2ト16頭 1088 57 武藤 M ⑯⑭⑬ 470 人気1 出遅る クビ 355外362 プラチナムレイ 1087 0.1	1中京 2月5日 ⑪ 四才上 1 1勝 2ト16頭 ダ1260 57 岩田望 H ⑪⑪⑪ 468 人気1 中位一気 クビ 356外381 メイショウマン 1261 0.1	1阪 3月6日 ⑧ 四才上 2 2勝 1ト16頭 ダ1120 57 幸 M ⑨⑨⑧ 522 人気2 中位伸 クビ 352外368 スズカキンシャ 1119 0.1

8 青4	7	6 赤3	5	4 黒2	3	2 白1	1
ノヴェリスト	アドマイヤムーン	ミッキーアイル	キンシャサノキセキ	アーネストリー	ダンカーク	ゴールドアリュール	カレンブラックヒル
サツキマス	ソラン	ブルースコード	ホウオウモントレー	クロッチ	カネコメアサヒ	エリモグリッター	ロードミッドナイト
ウォンビーロング	フローラルジュノー	タイキグラミー	モントレゾール	クロエチャン	クニコチャン	コーンドリー	コンフォータブル
鹿毛	黒鹿	黒鹿	芦毛	黒鹿	栗毛	鹿毛	黒鹿
55 牝5	57 牡5	55 牡4	55 牝6	57 騸5	57 牡6	57 騸5	57 牡4
替野中	替吉田豊	替△永野	替菅原明	替木幡初	替石川	替Mデムーロ	替木幡巧
田島俊	西田	伊藤圭	矢野英	杉浦	中尾秀	中野栄	田中博
900	900	900	900	900	900	900	900
2863	1990	2172	2792	2090	3072	2703	2070
越村哲男	鈴木康弘	ビクトリーHR	小笹芳央	リトルブルーF	高岡義雄	山本三津子	ロードHC
坂東牧場	本桐牧場	ビクトリーHR	市川牧場	リトルブルーF	アサヒ牧場	社台F	樋渡志尚
………	………	…△…	………	………	………	…注…	…△…
………	………	………	………	………	…△…	………	…注…
………	………	………	………	………	…△…	…△…	…注…
…△…	………	…△…	………	………	………	…◎…	………
………	…△…	…△…	………	………	………	………	…注…
B……	B……	…△…	………	………	B注西	………	…△…
中ダ1111❹ 東ダ1200⑨ 東ダ1270⑯ 中ダ1110⑫	3	2	新ダ1110❺ 東ダ1177❻ 東ダ1246⑫ 東ダ1395②	中ダ1117① 芝1227⑱ 東ダ1247⑦ 東ダ1390⑨	新ダ1106② 千ダ1011⑪ 阪ダ1247⑧ 芝1303⑦	阪ダ1116① 東ダ1181① 東ダ1247⑤ 東ダ1387③	中ダ1113④ 東ダ1192⑥ 東ダ1247❷ 大ダ1595⑧
ダ34.8❸ 初騎乗	[illegible] 1 1 1 9	[illegible] 0 0 0 2	ダ35.5❻ 初騎乗	ダ36.2③ 0 0 0 1	ダ35.3⑥ 初騎乗	ダ35.9② 初騎乗	ダ36.2❷ 初騎乗
0 0 0 4 0 1 0 1	0 0 0 7 1 0 0 1	0 1 0 4 初コース	0 0 0 1 1 0 0 2	0 0 1 5 初コース	0 2 0 11 初コース	0 1 0 3 1 1 0 0	0 1 0 0 0 0 0 1
○0 1 0 4	○0 1 0 3	○0 0 0 0	○0 0 0 5	○0 0 0 1	○0 0 0 2	○0 0 0 2	○0 1 0 1
ストラヴィンスキー	タイキシャトル	フレンチデピュティ	カドージェネルー	スパイキュール	ゴールドアリュール	インディアンチャー	ザール
レッドアネラ	ハッピーメモリーズ	スウィートナー	マイネルキャドー	ミックベンハー	カネコメノボル	セイウンリリシイ	リネンファイト
千六 千四 千三 千二	千六 千四 千三 千二	千六 千四 千三 千二	千六 千四 千三 千二	千六 千四 千三 千二	千六 千四 千三 千二	千六 千四 千三 千二	千六 千四 千三 千二
0 0 0 1 0 0 1 1 0 0 0 4 0 2 1 8	0 1 1 0 0 0 0 1 0 0 0 1 2 2 1 10	0 1 0 0 0 0 0 1 0 1 0 0 0 3 0 4	0 1 1 0 1 1 0 0 0 0 0 3 0 7 2 3	0 0 0 2 0 1 0 0 1 1 0 0 1 5 0 5	0 0 0 2 0 0 0 3 0 0 0 1 0 7 0 13	0 0 1 1 0 0 1 1 1 0 0 0 0 3 0 3	0 1 0 1 0 1 0 1 0 0 0 0 0 2 1 5
5東 11月27日 ⑦ 三才上 16 2勝 9ト16頭 ダ1270 52 永野 S ⑨⑨⑨ 448 人気15 中位一杯 11½ 373外372 イディオム 1251 1.9	3東 6月26日 ⑦ [illegible] 8 2勝 12ト16頭 ダ1250 57 柴田善 M ⑧⑧⑦ 532B 人気15 S後接触 4¼ 360中370 フジノタカネ 1242 0.8	1中 1月23日 ⑧ 四才上 2 2勝 14ト16頭 ダ1114 53 小林脩 H ①①① 490 人気10 逃粘る ハナ 341内373 シゲルヒラトリ 1114 0.0	4東 10月16日 ③ 三才上 1 1勝 10ト15頭 ダ1183 55 岩田望 H ⑦⑦⑦ 516 人気2 中位差切 クビ 357中367 ネオトゥルー 1183 0.0	5東 11月6日 ① 神奈川新聞 18 2勝 16ト18頭 芝1227 54 田辺 S ⑫⑪⑪ 452 人気12 中位一杯 12身 361外354 バルトリ 1208 1.9	1中京 1月9日 ③ 四才上 11 2勝 5ト16頭 ダ1132 57 川又 M ⑦⑦⑨ 448B 人気9 中位一杯 8¼ 358中374 レッド・スズカ 1118 1.4	4東 10月10日 ② 三才上 10 2勝 2ト16頭 ダ1252 54 永野 M ⑤⑥⑤ 476 人気11 S後置く 7¾ 356中379 ケイアイターコ 1239 1.3	5中 12月28日 ⑨ 三才上 4 1勝 15ト16頭 ダ1113 56 三浦 H ③③② 532 人気6 好位一息 1¾ 339中374 シゲルヒラトリ 1110 0.3
1阪 2月19日 ③ 四才上 10 牝2勝 7ト16頭 ダ1135 51 古川奈 M ⑦⑥⑥ 442B 人気12 好位一杯 5½ 356中379 ミラーウォーカ 1125 1.0	4中 9月12日 ② 三才上 7 2勝 6ト16頭 ダ1124 57 丹内 H ⑮⑭⑬ 522B 人気13 S後置く 7¾ 355中369 カイアワセ 1110 1.4	2中 3月6日 ④ 四才上 5 2勝 4ト16頭 ダ1128 54 小林脩 H ⑥⑦⑦ 488 人気2 中位差詰 4¾ 343中385 スリーピート 1120 0.8	5東 11月7日 ② 三才上 8 2勝 3ト14頭 ダ1190 55 岩田康 M ⑬⑬⑭ 516 人気8 出遅る 4½ 367中362 ジュリオ 1183 0.7	5中 12月28日 ⑨ ベストウ 14 2勝 3ト16頭 ダ1123 57 岩田望 H ⑥⑦⑦ 454 人気9 中位一杯 6½ 348内375 ミエノワールド 1112 1.1	1中京 1月23日 ⑧ 四才上 2 2勝 8ト16頭 ダ1127 57 川又 M ⑩⑩⑩ 446B 人気8 中位伸 アタマ 362中365 ジオラマ 1127 0.0	5中 12月26日 ⑧ [illegible] 2 2勝 8ト16頭 ダ1116 57 内田博 H ⑪⑪⑩ 480 人気12 鼻出血 ¾身 348中368 リンカーンテソ 1115 0.1	1中 1月16日 ⑥ 四才上 1 1勝 7ト16頭 ダ1124 56 三浦 M ②②② 534 人気1 先行抜出 クビ 348中376 エコロブラスト 1125 0.1
3中 4月16日 ❼ 四才上 4 牝2勝 5ト15頭 ダ1111 55 木幡巧 H ⑩⑩⑩ 454B 人気15 S後置く 4¾ 339中372 マーチリリー 1103 0.8	2中京 3月12日 ① [illegible] 7 2勝 8ト16頭 ダ1127 57 柴山雄 M ⑦⑩⑩ 522B 人気16 中位差詰 6¼ 359内368 イバル 1117 1.0	3中 4月3日 ④ 四才上 5 2勝 7ト14頭 ダ1115 54 小林脩 M ④③④ 490 人気4 好位一息 1½ 343内372 ライフレッスン 1112 0.3	5ヵ月半 骨折放牧 乗込み3週間 仕上り○ 連対体重 484～516 3ヵ月以上休 ①②③外 0 1 2 2	1東 2月20日 ❽ [illegible] 12 2勝 4ト16頭 ダ1249 57 野中 S ②⑤④ 452 人気14 先行バテ 7¼ 362中363 ノーリス 1237 1.2	1中京 2月5日 ⑪ 四才上 6 2勝 5ト16頭 ダ1133 57 武豊 M ⑧⑧⑨ 446B 人気8 中位差詰 2¼ 361中372 クインズレモン 1130 0.3	4ヵ月余 鼻出血放牧 乗込み3週間 仕上り○ 連対体重 448～480 3ヵ月以上休 ①②③外 0 0 0 3	3中 4月10日 ⑥ 四才上 2 2勝 4ト16頭 ダ1119 57 内田博 H ⑧⑦⑥ 530 人気7 中位伸 クビ 347中372 リワードマレン 1119 0.0

1着⑨ロコポルティ
（1番人気）
2着⑥ブルースコード
（5番人気）
3着⑦ソラン
（16番人気）

単⑨ 230円
複⑨ 140円 ⑥ 330円 ⑦ 2050円
馬連⑥－⑨ 1280円
馬単⑨→⑥ 2130円
3連複⑥⑦⑨ 43320円
3連単⑨→⑥→⑦ 142610円

コース攻略⑪中山・ダ1200m

●好走ゾーン＋馬番で高配当を狙い撃つ！

【〜33・7秒】よりも、勝率、連対率、複勝率、単勝回収値、複勝回収値とすべての数字で上回っている【33・8〜34・0秒】が唯一の好走ゾーン。もともと中山コース自体が前半3ハロンは速くなる傾向があり、このゾーンの馬たちの大半が前走中山ダ1200mを使っている。

それでは【33・8〜34・0秒】について、細かく見ていこう。まずは今走の馬場状態だ。

・良　勝率15・6％　連対率29・9％　複勝率38・1％
・稍重　勝率14・8％　連対率24・6％　複勝率37・7％
・重　勝率16・0％　連対率24・0％　複勝率32・0％
・不良　勝率13・3％　連対率30・3％　複勝率40・0％

不良馬場の複勝率が少し目立つが全体に差はないといえるだろう。ところが単勝回収値になると、良馬場とそれ以外とでは倍近くの差が生じることがわかる。

・良　単勝回収値151円　複勝回収値119円　単勝平均配当966円
・稍重　単勝回収値79円　複勝回収値92円　単勝平均配当538円
・重　単勝回収値72円　複勝回収値74円　単勝平均配当450円
・不良　単勝回収値60円　複勝回収値92円　単勝平均配当455円

単勝平均配当を見ても良馬場が抜けており、【33・8〜34・0秒】の馬を購入したときに、的中頻度は高くなくても回収値は大きく変わってくるのだ。

期待値という概念では当然、逆張り。自然と良馬場のほうが人気は落ちていくのだろうが、スピードスターの統計を見ると「良でも不良でも中山ダートは中山ダート」、あまり天候や馬場状態に左右されず、このゾーンを買い続けることをオススメする。

次に馬番別のデータについて見ていこう。先に〝死に番号〟を紹介すると、10頭走って一度も複勝圏に入っていない②番はノールックで消したい。あと単勝回収値、奇数が194円あるのに対して偶数が47円しかないのは気持ち悪いところ。現状、オカルトでしかかたづけられないが、該当馬が248頭おりサンプルが少ないということもない。ここまで歴然とした差がある限り、偶数馬を1着欄に塗るのは点数の無駄使いといってもいいのではないか。

細かく見ると、最も勝率が高いのは13頭出走して6頭が1着に輝いている⑮番枠。6頭中3頭が1番人気だが、22年の外房S（P129の馬柱）で6番人気のベイビーボス（単勝1030円、3連単10万1870円）もおり、馬券戦術として【33・8～34・0秒】＋⑮番枠→無条件で買い！というのも十分にアリだろう。次に勝率26・7％と高いのが⑦番枠。複勝回収率も53・3％、単勝回収率125円、複勝回収率142円と超優秀。人気に比例して信頼度が増すのが⑦番だ。


表11●中山ダ1200mの【スピードスター】好走対象ゾーン

前走前半3F	勝率	連対率	複勝率	単回値	複回値	特記事項
～33.7	9.8%	19.1%	24.0%	50	66	—
33.8～34.0	14.9%	27.7%	37.0%	120	106	単適回値108.6
34.1～34.3	9.7%	20.3%	26.3%	41	57	—
34.4～34.6	7.7%	15.6%	24.0%	74	68	—
34.7～34.9	7.8%	15.1%	23.1%	84	67	—
35.0～35.2	7.2%	15.3%	23.4%	38	68	—
35.3～35.5	5.7%	12.4%	20.2%	40	64	—
35.6～35.8	6.1%	12.9%	19.6%	44	54	—
35.9～36.1	3.6%	10.4%	14.7%	24	60	—
36.2～36.4	3.5%	7.6%	14.6%	109	134	—
36.5～	2.5%	4.6%	10.0%	21	40	—

対して一発穴目の馬を狙いたいのなら⑬番枠。……このように、気持ち悪いほどに奇数枠が続く(笑)。該当馬14頭中6頭が馬券圏内に入り、複勝率が42・9%と優秀だが、その中には22年2月26日の4R未勝利戦を単勝5780円で勝利したヤマトコウセイや、複勝780円(単勝オッズは50・0倍)ついた23年1月22日1Rの未勝利戦3着のオコジュなどが含まれる。

最後に中山ダート1200mといえば、重賞カペラSが12月に行なわれる。

●23年カペラS

1着テイエムトッキュウ　スピードスター34・9秒(京都ダート)

2着チェイスザドリーム　スピードスター35・0秒(京都ダート)

3着メタマックス　前走1400m戦

●22年カペラS

1着リメイク　前走1400m戦

2着リュウノユキナ　スピードスター34・9秒(大井)

3着ジャスティン　スピードスター33・3秒(京都ダート)

割愛した21年も含め、近3年においては【33・8〜34・0秒】は出ていない。しかし、前走1200m戦を使った馬は【〜33・7秒】と【34・7〜35・2秒】に集結。年に一度だけしかデータが取れないので、これから変わっていくかもしれないが、カペラSだけのスピードスターと割り切ることも大事である。

▼中山ダ 1200 mのポイント

・【33.8 ~ 34.0 秒】の好走ゾーンで高配当を狙うなら良馬場
・【33.8 ~ 34.0 秒】で 1 着固定の馬を選ぶときは奇数番推奨
・カペラSは通常のレースと違い【~ 33.7 秒】と【34.7 ~ 35.2 秒】を狙う

●2022年10月2日・中山12R外房S（3歳上3勝クラス、ダ1200m）

馬番	枠	馬名	父	母（成績）	毛色・斤量・性齢	騎手	調教師	賞金	総賞金	馬主	生産者	印	持ち時計	上がり	騎手成績	コース成績	重成績	母父	兄弟	距離別成績	前走3	前走2	前走	着
15	桃8	ベイビーボス	キンシャサノキセキ	クリスチャンバール 未勝	鹿 55 牡5	菅原明	(美)矢野英	1500	4403	酒井喜生	(日)習志野牧場	△△△注△△	[illegible]	千芝36.2⑤	0102	0106 3304	○0004	シンボリクリスエス	ローズプリンスダム	0030 0030 0000 0251	1福 4月16日 ❶やまびこ 7 3勝 7ト16頭 1083 55丸山 M⑨⑨⑤ 478 B 人気8 中位差詰 3¾ 347中365 ミラーウォーカ 1076 0.7	3新 8月13日 ❶[illegible] 10 3勝 15ト18頭 千直57.2 55菅原明 H ⑬⑪ 478 人気8 中位まま 5¾ 233―339 トミケンルーア 563 0.9	4中 9月17日 ③[illegible] 4 3勝 5ト16頭 ダ1112 57菅原明 M①②② 480 人気5 先行一息 5¾ 340中372 アティード 1103 0.9	1
14	桃8	(外)リンカーンテソーロ	カーペディエム	サンタヴィンディ 米	栗 54 牡4	替鮫島駿	(美)加藤士	1500	3920	了徳寺健二HD	アメリカ	・注・・△△	[illegible]	千芝35.3⑩	0100	0004 3123	○0002	ヴィンディケイション	フレキシビリティ	0030 0010 0030 0251	2中京 3月12日 ①中京スポ 14 3勝 8ト16頭 ダ1251 54亀田 H②②② 464 B 人気11 先行一杯 7½ 339中396 プリマジア 1237 1.4	1新 5月21日 ⑤[illegible] 10 3勝 2ト15頭 ダ1119 57秋山稔 H⑮⑮⑮ 464 B 人気11 後方まま 5身 366内353 スワーヴシャル 1110 0.9	2福 7月23日 ❼[illegible] 7 3勝 8ト15頭 1075 54江田照 M⑩⑩⑩ 466 人気12 中位差詰 5¼ 350内355 クインズメリッ 1066 0.9	2
13	橙7	(地)チェリーブリーズ	スマートファルコン	オンマイマインド 未勝	鹿 50 牝5	替西村太	(美)堀内	1130	1611	木村牧場	(日)木村牧場	・・・・・・	小ダ58.4⑨ 大ダ1134④ 大ダ1275❷ 大ダ1455①	千ダ35.2❾	初騎乗	0007 初コース	○0001	ティンバーカントリ	ウインドオブホープ	0000 0000 0000 0133	3小 7月23日 ⑦[illegible] 9 3勝 7ト9頭 芝1087 51今村 M②③④ 476 人気9 好位一杯 9¼ 334中353 ディヴィナシオ 1071 1.6	4小 8月20日 ③[illegible] 12 3勝 2ト12頭 芝1083 55松本 S⑩⑪⑫ 476 人気12 後方まま 5½ 343内340 ハリーバローズ 1073 1.0	4小 8月27日 ⑤[illegible] 13 3勝 5ト14頭 千ダ1000 55大庭 H⑬⑭⑭ 484 人気13 後方まま 11身 363内356 ボンボンショコ 582 1.8	
12	橙7	メイショウヒューマ	ディストーティドヒューマー	ラヴアンドフェイス 米	鹿 55 牡4	替横山武	(栗)藤岡健	1500	4460	松本好雄	(浦)三嶋牧場	◎△▲△注△西	1084⑨ 中京ダ1105④ 阪ダ1255⑫	千ダ36.2①	初騎乗	0014 0001	○0002	コリンシアン	スーパーサーモン	0030 0110 0110 0140	1福 4月16日 ❶やまびこ 9 3勝 4ト16頭 1084 55斎藤 M③①② 482 人気5 先行一杯 4身 341中372 ミラーウォーカ 1076 0.8	4中京 6月11日 ③濃州 4 3勝 9ト16頭 ダ1105 55藤岡康 M④③② 486 人気4 好位一息 3¾ 342中363 サイモンハロル 1099 0.6	3ヵ月半 放牧 乗込み4週間 仕上り○ 連対体重 474～494 3ヵ月以上休 ①②③外 1010	
11	緑6	メイショウハナモリ	メイショウボーラー	ホワイトデイズ 未勝	黒鹿 53 牡6	荻野極	(栗)本田	1500	3790	松本好雄	(安)橋本牧場	・・・・・B…西	1087⑭ 中京ダ1101❸ 京ダ1226❶ 大ダ1525❺	千ダ36.5❸	0002	0 0 1 12 0003	○3024	クロフネ	メイショウゴウキ	0300 0000 0020 0 7 11 0	1函 7月2日 7 TVh杯 15 3勝 1ト16頭 芝1114 54松田 H⑤③③ 518 B 人気16 好位一杯 7½ 340内374 ヴィズサクセス 1102 1.2	2新 8月6日 ③[illegible] 18 3勝 18ト18頭 芝内1221 53荻野極 M①①① 518 B 人気17 離逃げ 14¾ 328内380 フェルミスフィ 1197 2.4	4小 9月3日 ❼テレQ杯 14 3勝 7ト18頭 芝1087 53荻野極 M①①① 520 B 人気18 逃一杯 6¼ 329中358 セルフィー 1077 1.0	
10	緑6	チェイスザドリーム	ロードカナロア	ゴールドチェイス 1勝	鹿 52 牝3	古川奈	(栗)矢作	1500	2700	ヒダカBU	(新)グランド牧場	注○・◎△注西	函ダ58.0① 阪ダ1132① 阪ダ1248②	千ダ35.4①	3100	0000 初コース	○0000	アドマイヤムーン	レコードチェイサー	0012 0100 0000 0000	2阪 4月24日 ⑩[illegible] 2 1勝 12ト15頭 ダ1248 50古川奈 M①②② 468 人気3 一旦先頭 1¼ 348中377 テーオーステル 1246 0.2	1函 6月11日 ①三才上 1 牝1勝 4ト12頭 千ダ58.2 49古川奈 H②①① 474 人気3 逃切る 2½ 344内355 カルネアサーダ 586 0.4	1函 7月10日 ⑩三才上 1 2勝 2ト12頭 千ダ58.0 49古川奈 H①①① 464 人気1 逃切る 3身 344内354 ダンスウィズジ 585 0.5	
9	黄5	(外)スーパーウーパー	オーヴァーアナライズ	スポークン 米	芦 51 牝4	松岡	(栗)森	1500	3210	キーファーズ	アメリカ	・・△・・西	新芝55.8⑨ 阪ダ1137⑥ 1080① 阪芝1357⑧	千ダ37.8⑥	0001	0007 初コース	○0000	アンブライドルズソ	――	0030 0000 0010 1 0 10 3	1新 5月8日 ②[illegible] 9 3勝 15ト16頭 千直55.8 55松本 H ③③ 476 人気4 好位一杯 3¾ 221―337 トキメキ 551 0.7	1函 7月2日 7 TVh杯 14 3勝 14ト16頭 芝1113 52浜中 H③③② 480 人気14 先行バテ 7身 340中373 ヴィズサクセス 1102 1.1	3新 8月13日 ❶[illegible] 11 3勝 14ト18頭 千直57.2 51松岡 H ②⑤ 476 人気11 先行一杯 5¾ 224―348 トミケンルーア 563 0.9	
8	黄5	ヴァガボンド	ディスクリートキャット	カプリースレディー 1勝	栗 55 牡4	替福永	(栗)清水久	1500	3017	カナヤマHD	(新)杵臼斉藤牧場	▲▲・▲○△西	阪ダ1111⑦ 京ダ1235❹	千ダ35.7①	初騎乗	0000 初コース	○0101	ジャングルポケット	ウイングクレバー	0030 0100 0010 0130	5阪 11月6日 ①三才上 3 2勝 14ト16頭 ダ1125 56岩田望 M①①① 472 人気1 逃粘る 2½ 355内370 アーマーバロー 1121 0.4	5阪 11月20日 ⑤三才上 6 2勝 13ト16頭 ダ1126 56岩田望 M③④④ 468 人気1 好位一息 9¾ 348中378 エイシンバッカ 1111 1.5	2新 7月31日 ②三才上 1 2勝 4ト15頭 ダ1112 57岩田望 M②②② 490 人気2 先行抜出 3身 344中368 サウスジェラー 1117 0.5	
7	青4	(外)ジャスパーゴールド	コザン	グレイシャスレイディ 米	栗 55 牡4	松本	(栗)森	1500	4137	加藤和夫	アメリカ	△△○△▲B○西	[illegible]	千ダ35.1③	2026	0022 1001	◎2001	プットイットバック	初仔	0120 0020 0011 0291	4中京 6月11日 ③濃州 12 3勝 14ト16頭 ダ1113 54福永 M⑤③④ 454 B 人気8 好位一杯 8¾ 342外371 サイモンハロル 1099 1.4	4小 8月27日 ⑤[illegible] 3 3勝 1ト14頭 千ダ58.8 57松本 H⑦⑨⑨ 470 B 人気11 中位伸 3½ 352外351 ボンボンショコ 582 0.6	5中京 9月11日 2 [illegible] 3 3勝 11ト16頭 ダ1106 54松本 H⑨⑨⑦ 456 B 人気13 中位伸 2¼ 345中361 クロジシジョー 1102 0.4	3
6	青4	エリモグリッター	ゴールドアリュール	コーンドリー 1勝	鹿 54 騸5	内田博	(美)中野栄	1500	4813	山本三津子	(千)社台F	・・△△・△	1091② 中ダ1105❶ 東ダ1241⑨ 東ダ1387③	千ダ35.9②	3401	0000 1101	○1003	インディアンチャー	セイウンリリシイ	0020 0020 1000 0430	2東 5月28日 11 [illegible] 9 2勝 9ト16頭 ダ1241 57野中 M⑥⑥⑤ 476 人気13 好位一杯 4¼ 357中366 ラインオブフェ 1234 0.7	3新 8月27日 5 [illegible] 2 2勝 13ト15頭 ダ1114 57内田博 M⑨⑨⑦ 474 人気7 中位伸 1¼ 350中364 メズメライザー 1112 0.2	4中 9月18日 ❹[illegible] 1 2勝 14ト15頭 ダ1105 57内田博 M⑥⑦⑦ 480 人気4 好位抜出 1身 343中362 キタノブレイド 1107 0.2	
5	赤3	ペコリーノロマーノ	ロードカナロア	ヴィラ 未勝	鹿 52 牝5	替西村淳	(美)久保田	1500	3630	平田修	ノーザンF	・・△・・・	新芝55.8⑨ 中芝1084⑥ 東芝1200⑥ 中芝1358⑭	初ダート	1000	0005 初コース	○0000	ディープインパクト	ルークズネスト	0300 0000 0100 1711	2中 3月12日 ⑤アクアマ 6 3勝 15ト15頭 芝外1084 52吉田豊 M⑩⑧⑧ 440 人気11 中位差詰 2½ 336中348 チュアリングソ 1079 0.5	2東 4月23日 ①[illegible] 9 3勝 2ト18頭 1207 52吉田豊 S⑦⑦⑦ 440 人気12 好位一杯 4身 350内340 ビューティフル 1200 0.7	5ヵ月余 放牧 乗込み3週間 仕上り○ 連対体重 436～438 3ヵ月以上休 ①②③外 1013	
4	赤3	ホッコーアカツキ	ロードカナロア	ホッコーマスタング 1勝	鹿 53 牡5	野中	(栗)畑端	1500	3426	北幸商事	(日)川端正博	・・・・△西	札ダ1430❶ 新ダ1114❾ 中京ダ1247⑦ 大ダ1504❷	大ダ36.1❷	0001	0008 初コース	○2102	アグネスフライト	ホッコーシェルビー	0000 0000 0000 0420	1阪 2月19日 ③[illegible] 14 3勝 7ト16頭 ダ1254 54国分優 M⑪⑪⑩ 510 人気8 中位一杯 8¾ 354中378 アドマイヤルプ 1238 1.6	2東 5月15日 8 BSイレ 14 3勝 11ト16頭 ダ1251 53鮫島駿 M③③③ 498 人気9 好位一杯 12¼ 353中379 エイシンギアア 1229 2.2	3新 8月20日 ❸[illegible] 9 3勝 2ト15頭 ダ1114 57野中 H①②② 510 人気12 先行一杯 7½ 340内374 カワキタアジン 1101 1.3	
3	黒2	ビップエレナ	ヴァンセンヌ	ミュージー 米	芦 52 牝4	小林脩	(美)田島俊	1500	3250	鈴木邦英	(浦)宮内牧場	△・・・・・	1084⑫ 新ダ1106① 中京ダ1260⑩ 中芝1390⑯	千芝35.9⑫	1015	0002 0005	○0012	エルプラド	ジュブリーユ	0020 0000 0010 1170	1新 5月22日 ⑥[illegible] 1 2勝 13ト15頭 ダ1119 55松本 H②②② 466 人気10 先行抜出 クビ 340中379 ヴァリアント 1119 0.0	4中京 6月11日 ③濃州 6 3勝 2ト16頭 ダ1106 52松本 M②⑤④ 464 人気14 先行一息 4½ 343内363 サイモンハロル 1099 0.7	2福 7月23日 ❼[illegible] 12 3勝 9ト15頭 1084 52小林脩 M⑬⑬⑫ 470 人気9 出遅る 10¾ 357中359 クインズメリッ 1066 1.8	
2	黒2	ペプチドヤマト	ドレフォン	ペプチドルビー 4勝	栗 54 牡3	替松山	(栗)武英	1500	3380	沼川一彦	(新)杵臼牧場	△注◎△◎B▲西	小ダ58.0❻ 中京ダ1108① 中京ダ1247❷ 札ダ1468❼	千ダ35.1❻	1000	0002 初コース	○0102	コロナドズクエスト	ペプチドアルマ	0030 0100 0100 0111	4中京 6月12日 ④[illegible] 1 2勝 11ト16頭 ダ1108 54松若 M③③③ 472 B 人気5 好位抜出 2身 342中366 メズメライザー 1111 0.3	3小 7月9日 ❸マレーシ 6 3勝 10ト11頭 千ダ58.0 54松若 H②③3 476 B 人気1 直線不利 2身 343中351 ジャスパーウィ 577 0.3	5中京 9月11日 2 [illegible] 12 3勝 1ト16頭 ダ1115 54松田 H①④④ 472 B 人気2 好位一杯 7¼ 337内378 クロジシジョー 1102 1.3	
1	白1	(地)ワルツフォーラン	ワイルドワンダー	スイートパッセ 未勝	青鹿 54 牝5	替田辺	(美)小西	1140	4956	松尾正	フジカワ牧場	○◎・○・B◎	函ダ58.2① 中ダ1106② 中京ダ1245④ 函ダ1419④	千ダ34.9②	0001	0203 0101	○0001	テイエムオペラオー	ケイジータイタン	0002 0011 0000 0120	1福 4月16日 ❶やまびこ 4 3勝 14ト16頭 1080 54丹内 M⑦④⑤ 474 B 人気1 伸一息 2¼ 343中365 ミラーウォーカ 1076 0.4	3中京 5月22日 ⑥[illegible] 4 3勝 1ト16頭 ダ1245 55藤岡佑 H3④④ 472 B 人気3 好位一息 3¼ 340内388 イバル 1239 0.6	4ヵ月余 脚部不安放牧 乗込み4週間 仕上り○ 連対体重 460～472 3ヵ月以上休 ①②③外 1102	

1着⑮ベイビーボス
（6番人気）
2着⑭リンカーンテソーロ
（8番人気）
3着⑦ジャスパーゴールド
（9番人気）

単⑮ 1030円
複⑮ 310円　⑭ 410円　⑦ 410円
馬連⑭―⑮ 4800円
馬単⑮→⑭ 8930円
3連複⑦⑭⑮ 19930円
3連単⑮→⑭→⑦ 101870円

コース攻略⑫京都・ダ1200m

●これは厳しい！デンジャラス・ゾーン発見

まず真っ先に取り扱わないといけないのが【34・1～34・3秒】なのだが、その前に【33・8～34・0秒】の低調ぶりから言及しようと思う（左の表12）。サンプル数が前者の39件に対して、17件と少ないのも影響しているが、一度も連対を果たしたことがなく複勝回収値も29円なら、とてもではないが手を出せない。

・24年4月21日12R
ディアサクセサー　2番人気3着
・24年1月21日10R羅生門S
ドンアミティエ　1番人気（1・8倍）3着
・23年11月12日10R室町S
アームズレイン　1番人気（2・7倍）15着

このように、上位人気に支持された直近の該当馬たちがポコポコ負けている。ちなみに全17頭のうち人気を着順が上回ったのは

5頭のみ。どれが走る、どれが走らないではなく、【33・8〜34・0秒】はパフォーマンスを落としてくると割り切りたいところだ。

続いて【34・1〜34・3秒】の分析だが、勝ち馬の単勝配当は190〜3740円まで散らばっており、人気に関係なく勝負になることがわかる。前走コース別の成績を見ると、まさに〝スピードスターの聖地〟中山ダ1200m経由のローテーションが、39頭中半数を超える20頭で該当している。

その20頭の内訳は勝率15・0%、連対率25・0%だが、回収値が単勝303円、複勝96円で、単適回収値215・5円となっている。単勝平均配当は2023円という数字を残しており、1着になった3頭は4、8、12番人気だった。

ここで、1番人気アームズレインが15着に吹っ飛んだ室町S（P133に馬柱）のに話を戻すと……その1着は12番人気、単勝37・4倍のアイスリアンだった。

同馬の前走前半3ハロンは【34・1〜34・3秒】で、アームズレインは前述したパフォーマンス落ちの【33・8〜34・0秒】であることを考えると、人気薄とはいえアイスリアンを拾っておく手もあっただろう（同馬の単勝3740円が、今のところ【34・1〜34・3秒】の最大単勝配当）。

表12●京都ダ1200mの【スピードスター】好走対象ゾーン

前走前半3F	勝率	連対率	複勝率	単回値	複回値	特記事項
〜33.7	9.5%	19.0%	28.6%	33	209	—
33.8〜34.0	0.0%	0.0%	17.6%	0	29	—
34.1〜34.3	16.1%	25.8%	25.8%	216	91	単適回値151.9
34.4〜34.6	12.8%	20.5%	30.8%	56	81	単適回値105.6
34.7〜34.9	10.8%	16.2%	18.9%	41	86	—
35.0〜35.2	5.5%	14.5%	25.5%	18	104	—
35.3〜35.5	6.5%	17.7%	25.8%	70	71	—
35.6〜35.8	13.3%	22.2%	33.3%	46	104	単適回値107.4
35.9〜36.1	3.4%	13.8%	24.1%	8	43	—
36.2〜36.4	4.3%	12.8%	19.1%	8	59	—
36.5〜	2.7%	9.3%	16.0%	35	82	—

複勝率33・3%をマークしたのが、トップの【35・6~35・8秒】ゾーン。【35・0秒~】からサンプル頭数が80頭を超えるため、好走ゾーンの中でも京都ダート1200mでは一番信用できるスピードスターといえる。

まず注目は、単勝平均配当がさほど高くないという点。ネガティヴに捉えることもできるが、逆にいえば人気馬だけを狙い撃ちすれば、無駄打ちせず的確に馬券を組み立てられる。

そのボーダーは勝ち馬に関しては単勝7・1倍以下が狙い。単勝最高配当の700円を出した馬は4番人気だったが、それ以外の勝ち馬はすべて3番人気以内。単勝3倍以内の馬に限ると【5・3・1・1/10】と抜群の安定感を誇っており、【35・6~35・8秒】の人気馬には逆らわず、むしろ活用すべし。

このゾーンの騎手別の成績を見ると、とにかく川田騎手は抜群の好成績。5頭騎乗して2勝・2着3回と、パーフェクトな結果を残している。松山騎手も3戦してすべて複勝圏内に持ってきており、この2人の人気ジョッキーは常に意識したいところだ。

そんな堅い傾向の【35・6~35・8秒】だが、範囲を3着までに広げると、24年1月8日・京都1R(未勝利戦)で2着の15番人気ミルトコルサ(複勝970円)のような穴馬も飛び出す。

このゾーンの馬を見つけたら、人気上位馬を1着欄、下位人気馬は2、3着にマークする馬券構成がオススメだ。

▼京都ダ 1200 mのポイント

・【33.8 ~ 34.0 秒】は人気関係なくパフォーマンス低下
・【34.1 ~ 34.3 秒】は頭数が多いかもしれないが、前走中山コースの馬を狙え
・【35.6 ~ 35.8 秒】の川田騎手は連対率100%と盤石

●2023年11月12日・京都10R室町S（OP、ダ1200m）

枠・馬番	桃8 ⑯	桃8 ⑮	橙7 ⑭	橙7 ⑬	緑6 ⑫	緑6 ⑪	黄5 ⑩	黄5 ⑨	青4 ⑧	青4 ⑦	赤3 ⑥	赤3 ⑤	黒2 ④	黒2 ③	白1 ②	白1 ①
父	キンシャサノキセキ	ロードカナロア	キズナ	ロードカナロア	キズナ	セントラルバンカー	ロードカナロア	アイルハヴアナザー	コパノリッキー	フリオーソ	シニスターミニスター	サウスヴィグラス	ミッキーアイル	サウスヴィグラス	パイロ	ディスクリートキャット
馬名	ファーンヒル	テイエムトッキュウ	アイスリアン	チェイスザドリーム	オーヴァーネクサス	ピアシック	サイクロトロン	オメガレインボー	アームズレイン	クロジシジョー	スマートフォルス	ミスズグランドオー	デュアリスト	アティード	ファイアランス	ヴァガボンド
母	ラブディラン	アグネスナチュラル	アイスメアー	ゴールドチェイス	オーヴァーアンダー	アワミスジョーンズ	キャレモンショコラ	ワイキューブ	アームズトウショウ	サイレンスラヴ	スマートレグルス	スズカシャンティー	デュアルストーリー	ロックフォーティ	ギフトオブソング	カプリースレディー
毛色・斤量・性齢	鹿毛 56 牝4	鹿 57 牡5	黒鹿 53 牝5	鹿 55 牝4	鹿 57.5 牡6	鹿 55 牡7	鹿 57 牡6	栗 58.5 牡7	鹿 56 牡3	青鹿 56 牡4	鹿 56 牡3	栗 55 牡5	栗 59 牡5	栗 57 牡5	鹿 54 牝6	栗 55 牡5
騎手	ルメール	北村友	西村淳	坂井	藤岡康	戸崎圭	Mデムーロ	川田	松山	浜中	マーカンド	幸	ムーア	鮫島駿	角田河	岩田望
調教師	清水久	木原	高柳大	矢作	松下	森秀	音無	安田翔	上村	岡田	吉村	伊藤圭	安田隆	加藤士	野中	清水久
賞金	2400	3800	2400	3600	3600	2400	2800	5500	2400	2400	1900	2400	5750	3450	2400	2400
総賞金	8310	8750	7964	8430	9830	8904	9715	20,275	6020	8568	5120	8290	13,130	7422	8344	5407
馬主	カナヤマHD	竹園正繼	村上憲政	ヒダカBU	ヒダカBU	キーファーズ	金子真人HD	原禮子	杉山忠国	河内孝夫	大川徹	永井啓弐	サンデーR	高瀬正志	ゴドルフィン	カナヤマHD
生産者	谷岡牧場	高昭牧場	岡田牧場	グランド牧場	須崎牧場	アメリカ	ノーザンF	岡田S	明治牧場	増尾牧場	スマート	グランド牧場	ノーザンF	小林仁	ダーレージャパン	村田牧場

1着⑭アイスリアン
（12番人気）
2着⑥スマートフォルス
（2番人気）
3着④デュアリスト
（7番人気）
15着⑧アームズレイン
（1番人気）

単⑭ 3740円
複⑭ 670円 ⑥ 210円 ④ 490円
馬連⑥－⑭ 8060円
馬単⑭→⑥ 21110円
3連複④⑥⑭ 34680円
3連単⑭→⑥→④ 264370円

コース攻略⑬阪神・ダ1200m

●アタマでは買いにくいが、2、3着ならもってこいのゾーン

阪神芝1200mの項で「スピードスターは好走ゾーンが、広い範囲に散らばっており、ロジックを組み立てて解説するには無理がある」と書き始めたのだが、阪神ダ1200mも芝と同じように、非常に狙いを絞りにくい結果が出てしまった（左の表13）。

いや、むしろ単勝回収値で100円を超えているゾーンが1カ所もなく、さらに均等に好走ゾーンがバラついてしまっている。理由はわからないのだが、統計を取り出してからまだ3年。これからサンプル数が増えていけば、数字に偏りが出ると信じて、現時点の好走ゾーンを掘り下げていこうと思う。

まずは複勝回収値が100円を超えている唯一のゾーン【34・7～34・9秒】。単勝回収値が27円と極めて低く、他のゾーン以上にアタマでは購入してはいけないことを示している。

実際、馬券圏内に入った全41頭のうち、1着はたったの7回。2着と3着がそれぞれ17回ずつと、いかにこのゾーンの馬たちが勝負弱いかがわかるだろう。

さらに【34・7～34・9秒】でアタマから買ってはいけないのは牝馬。複勝圏に入っている全41頭のうち牝馬は11頭しかおらず、もともと牡馬のほうが好走の比率は高いが、その成績は1着0回・2着6回・3着5回と幾度となく勝つチャンスを逃している。

全体でも【34・7～34・9秒】は牝馬だけになると複勝率が19・2%まで低下してしまうことから、「牡馬＞牝馬」は間違いないので覚えておいてほしい。

ただ、ネガティヴなデータが噴出しているが、このゾーンの複勝率が高いのは事実。もうひとつ絞る材料を提供するならば、前走コースによって、成績に差が出ている。

●【34・7～34・9秒】の前走コース別成績

・阪神ダ1200m→阪神ダ1200m
勝率4・9%　連対率19・5%　複勝率39・0%

・中京ダ1200m→阪神ダ1200m
勝率10・0%　連対率22・5%　複勝率35・0%

複勝率はさほど変わらないが、勝率が倍近く違うことから、中京ダートからの転戦組で人気馬なら1着付けも一考したいところ。だが、阪神ダ1200mを続けて走ってくる場合のアタマは疑ってかかるべきだろう。

続いては、勝率が一番高いゾーンの【35・3～35・5秒】を分析する。

●【35・3～35・5秒】の前走コース別成績

・阪神ダ1200m→阪神ダ1200m
勝率13・6%　連対率24・5%　複勝率34・5%

・中京ダ1200m→阪神ダ1200m
勝率9・9%　連対率18・4%　複勝率23・5%

表13●阪神ダ1200mの【スピードスター】好走対象ゾーン

前走前半3F	勝率	連対率	複勝率	単回値	複回値	特記事項
～33.7	9.4%	16.0%	21.7%	45	67	—
33.8～34.0	5.7%	12.9%	17.1%	20	53	—
34.1～34.3	2.9%	13.7%	24.5%	16	66	—
34.4～34.6	6.0%	12.8%	18.8%	69	79	—
34.7～34.9	5.3%	16.7%	28.7%	27	103	—
35.0～35.2	10.0%	15.8%	24.9%	63	87	—
35.3～35.5	12.3%	21.8%	29.6%	65	98	—
35.6～35.8	7.0%	15.5%	21.6%	74	75	—
35.9～36.1	8.9%	15.0%	22.0%	65	55	単適回値102.3
36.2～36.4	7.7%	13.3%	21.9%	65	59	—
36.5～	6.2%	11.8%	17.6%	76	66	単適回値100.0

ここでは阪神ダ1200mを走り続けてきた馬のほうが成績はよい。また配当妙味も含めると、前走僅差で負けた馬より勝ち馬から「1・0〜1・9秒」離された馬に旨味があり、単適回収値が107円を示している。

このゾーンの激走馬、22年6月26日阪神12Rリボン賞（左の馬柱）を14番人気で2着したロードサージュを取り上げよう。

■22年・リボン賞2着＝ロードサージュの【スピードスター】

前走：阪神ダ1200m　走破時計：72・9　上がり3ハロン：37・4

【前半3ハロン】72・9－37・4＝35・5

同馬の前走は14番人気で13着。勝ち馬から1・7秒離され、リボン賞では単勝83・7倍の人気薄となったのも当然だった。しかし、フタを開けてみると大番狂わせの連対を果たした。この【35・3〜35・5秒】で、阪神コースからのローテなら、前走の着差は関係なくバンバン人気を落とした馬を穴として考えたい。

最後に【35・9〜36・1秒】についてだが、こちらのポイントはひとつ。「単勝オッズ10倍台前半の馬」に絞って勝負してほしい。

というのも、このゾーンで1着になったのは25頭いるが、そのうち7頭が10・0〜14・9倍に集中している。また複勝率も54・5％と極めて高く、オッズに集中して選別すれば効率よく当たり馬券を手にすることができるだろう。

▼阪神ダ 1200 mのポイント

・【34.7 〜 34.9 秒】は1着にはなりにくく、馬券は2、3着付けで臨みたい

・【35.3 〜 35.5 秒】は前走阪神コースで「1.0 〜 1.9 秒」負けた馬に注目

・【35.9 〜 36.1 秒】は単勝オッズ10倍台前半の馬を狙い撃つ！

●2022年6月26日・阪神12Rリボン賞（3歳上2勝クラス、ダ1200m）

馬番	枠	馬名	父 / 母	毛色	斤量・性齢	騎手	調教師	賞金	総賞金	馬主	生産者	印	持ち時計	上がり / 騎手成績	コース成績	○	母父 / 兄姉	距離別成績	前走	2走前	3走前
16	桃8	ハクサンライラック	シルポート / メンブランツァ	栗毛	55 牝6	替 柴田未	飯田雄	900	2658	河崎五市	鮫川啓一	…… …… …… …△… …… ……	ダ1472② 中京ダ1253① ダ1518⓭	ダ37.3② 0 0 0 1	0 0 0 0 初コース	○0 1 1 1	タイキシャトル ハクサンパール	0 2 0 0 0 3 0 0 0 0 0 0 0 3 0 0	2福 11月6日 ①三才上7 牝1勝 7ト15頭 ダ1482 55 勝浦 M⑩⑬⑪ 498 人気11 出遅る 12¾ 374中397 ベイシャオウス 1462 2.0	6中京 12月4日 ①三才上1 牝1勝 3ト16頭 ダ1253 55 西村淳 M②②② 500 人気9 先行抜出 ½身 354中378 ハートウォーミ 1254 0.1	6ヵ月半 放牧 乗込み5週間 仕上り○ 連対体重 482～506 3ヵ月以上休 ①②③外 0 1 0 3
15	桃8	(地)エスケーアタランタ	サムライハート / ハナムケ	黒鹿	55 牝6	替 池添	木原	630	2600	齋藤孝雄	笹川大晃牧場	…… …… …△… …… …… ……	**3** [illegible]	ダ3[illegible]② 初騎乗	0 0 0 6 1 1 0 5	○0 0 0 0 2	ボストンハーバー ヤマイチヒカリ	0 0 1 0 0 1 2 0 0 1 0 0 0 10 8 0	5阪 11月6日 ①三才上4 2勝 12ト16頭 ダ1125 55 酒井 M⑥⑤③ 466 人気14 中位差詰 2½ 360中365 アーマーバロー 1121 0.4	6中京 12月5日 ②鳴海11 2勝 9ト16頭 ダ1258 55 柴山雄 H④⑥⑤ 468 人気7 好位一杯 7身 352中388 ハリーバローズ 1245 1.3	2阪 4月9日 ⑤四才上9 2勝 5ト16頭 ダ1133 55 酒井 M③③③ 468 人気13 先行一杯 4¼ 356中377 エイユーストロ 1125 0.8
14	橙7	ロードサージュ	ダイワメジャー / リラコサージュ	栗毛	57 牡4	川須	庄野	900	1626	ロードHC	ケイアイF	…… …… …… …… …△… ……	**2** 阪ダ1[illegible]③ [illegible]	ダ3[illegible] 1 0 0 3	0 0 0 1 2 1 0 6	○0 1 0 1	ブライアンズタイム 初仔	0 0 2 0 0 0 1 0 0 1 0 0 1 1 7 0	1阪 3月6日 ⑧四才上6 1勝 7ト16頭 ダ1131 57 川須 M⑮⑬⑬ 454 人気11 出遅る 2¾ 363中368 メイショウミズ 1126 0.5	2阪 4月2日 ③四才上1 1勝 5ト14頭 ダ1129 57 川須 S⑥⑥⑥ 456 人気9 中位差切 アタマ 368外361 ナムラボス 1129 0.0	2阪 4月24日 ⑩四才上13 2勝 14ト16頭 ダ1129 57 川須 M⑪⑩⑩ 458 人気13 出遅る 10½ 355内374 コパシーナ 1112 1.7
13	橙7	(地)コーリンバニラ	サウスヴィグラス / コーリンスピカ	芦毛	55 牝5	小沢	加藤和	510	582	伊藤恵介	前谷武志	…… …… …… …… …… ……東	中ダ1127[13] 中京ダ1253⓬	ダ37.7⑥ 0 0 0 1	0 0 0 4 初コース	○0 0 0 1	トーセンダンス 初仔	0 0 0 0 0 0 0 0 0 0 0 0 0 1 3 0	1中京 1月23日 ⑧四才上6 2勝 7ト16頭 ダ1132 51 古川奈 M④③③ 516 人気15 好位一息 2¾ 355中377 ジオラマ 1127 0.5	2中 2月26日 ①四才上11 2勝 6ト16頭 ダ1134 53 山田 H⑨⑦⑨ 504 人気16 もまれる 11身 351内383 ジェットエンブ 1117 1.7	2中京 3月27日 ❻[illegible]12 2勝 11ト16頭 ダ1253 55 小沢 H③③③ 510 人気16 好位一杯 11身 345内386 ラフストリーム 1235 1.8
12	緑6	(地)エムオータイショウ	スウェプトオーヴァーボード / エムオーミラクル	鹿毛	57 牡6	替 竹之下	千田	980	2050	大浅貢	門別牧場	…… …… …… …… …… ……	芝1096[10] 中京ダ1107② 中京ダ1244④ 川ダ1448⓼	ダ36.1② 初騎乗	0 1 0 12 0 0 0 2	○0 0 0 0 0	タヤスツヨシ エムオービーナス	0 0 0 0 0 0 1 0 0 0 0 0 0 1 10 0	3中京 21年5月 [1]四才上4 2勝 14ト16頭 ダ1116 57 藤岡康 H②②② 502 人気9 先行一息 1¼ 340中376 ラホーヤノキセ 1114 0.2	1中京 1月9日 ③四才上14 2勝 6ト16頭 ダ1136 57 団野 M②③③ 514 人気10 先行一杯 10½ 351中385 レッド・スズカ 1118 1.8	1福 4月17日 [2]ラジオ福島10 2勝 5ト16頭 芝1096 57 鷲頭 M⑧⑩⑪ 516 人気12 後方まま 5¼ 351中373 プラチナムレイ 1087 0.9
11	緑6	ポケットロケット	スマートファルコン / マザーズウィッシュ	栗毛	55 牝4	替 石橋脩	中尾秀	900	1547	野田政義	中村弘昭	…… …… …… …… …▲… ……	小ダ58.3❾ 阪ダ1112❶ 阪ダ1278⑩ ダ1589⓭	千ダ36.0❾ 初騎乗	0 0 0 3 2 1 0 4	◎1 0 0 2	タイキシャトル ステラルージュ	0 0 2 0 0 0 1 0 0 0 0 0 0 2 6 1	4阪 10月23日 ⑤三才上11 2勝 4ト16頭 ダ1130 53 川須 S③③④ 492 人気5 好位一杯 5身 359内371 スナークダヴィ 1121 0.9	1阪 2月19日 ③四才上16 牝2勝 2ト16頭 ダ1147 55 川須 M③⑦⑨ 492 人気7 中位一杯 12身 360内387 ミラーウォーカ 1125 2.2	2阪 4月24日 ⑩四才上14 2勝 15ト16頭 ダ1129 51 今村 M③③② 496 人気5 好位一杯 10½ 347中382 コパシーナ 1112 1.7
10	黄5	ジューンクエスト	エスポワールシチー / ジュエリーストーム	栗毛	57 牡4	替 西村淳	今野	900	1786	吉川潤	山田政宏	…… …… …… …… …△… ……	中京ダ1116❼ 中京ダ1252⑤	ダ36.4❼ 初騎乗	0 0 0 2 0 0 1 1	○0 0 0 1 1	ストーミングホーム 初仔	0 0 2 0 0 0 0 0 0 0 1 0 0 1 4 0	5中京 9月26日 ❼三才上7 2勝 8ト15頭 ダ1116 55 藤岡康 M⑪⑪⑩ 458 人気8 後方差詰 5¼ 352外364 オースミムテキ 1107 0.9	2中 2月26日 ①四才上13 2勝 14ト16頭 ダ1138 57 戸崎圭 H⑦⑦⑨ 464 人気6 中位一杯 13¼ 351中387 ジェットエンブ 1117 2.1	4ヵ月休 筋肉痛放牧 乗込み2週間 仕上り○ 連対体重 442～458 3ヵ月以上休 ①②③外 2 0 0 2
9	黄5	エナジーロッソ	ホッコータルマエ / エナジーハート	鹿毛	55 牝4	替 ルメール	高柳大	900	3298	キャピタルS	宮内牧場	…○… …注… …注… …◎… …○… B注…	芝1381⑤ 中京ダ1107③ 東芝1241[3] ダ1452❾	ダ36.1③ 1 0 0 1	0 1 0 2 2 1 2 2	○0 1 0 2	サクラバクシンオー エナジーピエトラ	0 0 2 0 0 0 3 0 0 1 3 0 1 0 4 0	1阪 2月19日 ③四才上6 牝2勝 5ト16頭 ダ1131 55 ルメール M⑨⑪⑫ 486B 人気1 もまれる 3½ 364中367 ミラーウォーカ 1125 0.6	1阪 3月19日 ⓫四才上8 2勝 13ト16頭 ダ1118 55 川田 M④⑤⑦ 482B 人気1 好位一杯 2½ 356中362 タマモヒメギミ 1114 0.4	3ヵ月余 放牧 乗込み3週間 仕上り○ 連対体重 474～482 3ヵ月以上休 ①②③外 0 0 1 1
8	青4	クリノイコライザー	プリサイスエンド / ドナメジャー	栗毛	57 騸5	替 国分恭	中尾秀	900	1356	栗本博晴	日西牧場	…… …◎… …▲… …△… …… …▲…	ダ1448❹ 中ダ1115⑦ 阪ダ1258⓫ ダ1537[1]	ダ36.7④ 初騎乗	0 0 0 5 0 0 0 3	○0 1 0 3	ダイワメジャー クリノハーベスト	0 1 0 0 0 1 0 0 0 0 0 0 0 4 5 0	1中 1月10日 ④四才上7 2勝 10ト16頭 ダ1115 57 斎藤 M④③③ 448 人気10 好位一杯 ¾身 345中370 キミワテル 1114 0.1	1阪 3月6日 ⑧四才上5 2勝 6ト16頭 ダ1121 57 菱田 M④③④ 442 人気6 好位一息 ¾身 348内373 スズカキンシャ 1119 0.2	2阪 3月27日 [2]四才上12 2勝 6ト15頭 ダ1132 57 川須 M②④⑥ 444 人気4 好位一杯 7½ 352内380 レディオマジッ 1119 1.3
7	青4	ミッキーマインド	ディープインパクト / マイグッドネス	鹿毛	57 牡7	替 和田竜	音無	900	2883	野田みづき	三嶋牧場	…△… …… …△… …… …… …△…	芝1096⑧ 京ダ1115④ 京ダ1253[8] 京芝1351⑦	ダ35.4[6] 0 0 0 2	0 0 0 17 1 0 0 2	○0 0 0 1	ストームキャット ダノンキングリー	1 0 1 0 0 1 0 0 0 0 1 0 2 12 12 0	1中京 1月9日 ③四才上5 2勝 4ト16頭 ダ1121 57 和田竜 M⑮⑮⑮ 484 人気15 出遅る 2身 367外354 レッド・スズカ 1118 0.3	1中京 2月5日 ⑪四才上10 2勝 10ト16頭 ダ1137 57 和田竜 M⑯⑯⑮ 486 人気11 流れ不利 4½ 370中367 クインズレモン 1130 0.7	2阪 4月9日 ⑤四才上6 2勝 4ト16頭 ダ1129 57 浜中 M⑯⑯⑮ 478 人気10 後方差詰 2¼ 368中361 エイユーストロ 1125 0.4
6	赤3	ダイシンウィット	サウスヴィグラス / クイーンオブライフ	栗毛	57 牡5	替 横山武	小笠	900	3196	大八木信行	隆栄牧場	…注… …▲… …◎… …△… …… B○東	中ダ1116⑥ 東ダ1260⓫ ダ1199③	ダ37.1❶ 0 0 0 1	0 1 1 6 0 0 0 1	○1 0 0 3	タイキシャトル キングオブライフ	0 0 2 0 0 0 3 0 0 1 1 0 0 2 10 0	2中 3月6日 ④四才上11 2勝 9ト16頭 ダ1138 56 秋山稔 H⑪⑪⑪ 508B 人気11 不利有 10¾ 347中391 スリーピート 1120 1.8	2阪 3月27日 [2]四才上4 2勝 10ト15頭 ダ1124 57 吉田隼 M②③④ 504B 人気10 好位一息 2½ 350中374 レディオマジッ 1119 0.5	3中 4月10日 ⑥四才上3 2勝 16ト16頭 ダ1120 57 岩田康 H⑤④④ 504B 人気5 一旦先頭 ¾身 345中375 リワードマレン 1119 0.1
5	赤3	アッティーヴォ	フリオーソ / シックスポケット	栗毛	57 牡8	替 松山	大根田	950	6245	奥裕嗣	大典牧場	…△… …△… …△… …▲… …… …△…	**1** 小ダ5[illegible]① 京[illegible]❹ 阪ダ1[illegible]⑨ 芝1[illegible]	千ダ[illegible] 初騎乗	0 1 8 19 1 0 5 4	○0 1 2 3	カリズマティック コスモナインボール	0 0 1 2 0 0 1 1 0 0 8 0 0 3 16 2	2小 2月20日 ❹[illegible]2 2勝 8ト14頭 千ダ58.4 57 古川吉 H⑩⑨⑦ 460 人気12 中位伸 クビ 347外352 エルズリー 583 0.1	2中京 3月12日 ①[illegible]3 2勝 9ト16頭 ダ1124 57 古川吉 M⑦⑦⑥ 458 人気9 中位伸 4¼ 357内367 イバル 1117 0.7	2阪 4月9日 ⑤四才上3 2勝 14ト16頭 ダ1128 54 角田和 M⑩⑩⑩ 458 人気5 中位伸 1½ 362中366 エイユーストロ 1125 0.3
4	黒2	シホノディレット	アジアエクスプレス / メジロコウミョウ	鹿毛	54 牡3	松本	杉山佳	900	1450	村瀬寛紀	レイクヴィラF	…▲… …○… …○… …注… …◎… B◎	小ダ1007① 阪ダ1112[1] 中京ダ1252⑥ 芝1242⑥	ダ36.0[1] 1 0 0 0	0 0 0 0 1 0 0 2	○0 0 0 0 0	キングカメハメハ コウソクスピード	0 0 1 1 0 0 0 0 0 0 0 0 0 3 2 0	6阪 12月12日 ④二才6 1勝 6ト14頭 ダ1138 55 松山 H⑫⑪⑩ 526B 人気6 直線だけ 8身 358中380 ファーンヒル 1124 1.4	1阪 2月26日 ⑤三才11 1勝 12ト16頭 ダ1143 56 和田竜 M⑬⑮⑮ 544B 人気14 3角不利 9身 365中378 バトルクライ 1128 1.5	2阪 3月27日 [2]三才1 1勝 7ト11頭 ダ1112 53 松本 M②②② 530B 人気10 先行抜出 3½ 352中360 クロジシジョー 1118 0.6
3	黒2	ノボベルサイユ	リオンディーズ / ノボプレシャス	青鹿	55 牝4	横山和	小野次	900	2170	矢野琢也	高昭牧場	…◎… …△… …△… …… …注… …△東	芝1098⑪ 中京ダ1115❹ 東ダ1263②	36.6⑪ 0 0 0 4	0 0 0 1 初コース	○0 0 0 1	ゴールドアリュール ノボシュンシュン	0 0 2 0 0 1 1 0 0 0 0 0 0 0 4 0	1中 1月9日 ③四才上4 1勝 7ト16頭 ダ1122 54 横山和 M④④④ 482 人気3 伸一息 1¾ 349中373 ロレンツォ 1119 0.3	1中 1月23日 ⑧四才上1 1勝 12ト16頭 ダ1119 54 石川 M④⑤③ 476 人気2 好位抜出 2½ 348中371 ニシノミズカゼ 1123 0.4	3中京 5月28日 [7]四才上4 2勝 12ト16頭 ダ1115 55 横山和 M④④⑤ 482 人気12 好位一息 2¼ 349中366 アシタバ 1111 0.4
2	白1	オンリーワンスター	スタチューオブリバティ / ローランシノワーズ	鹿毛	55 牝9	替 藤懸	渡辺	700	5125	宮内牧場	宮内牧場	…△… …… …… …△… …… …△…	小ダ58.5❺ 阪ダ1096[3] 京ダ1251[13] 芝1087[6]	ダ35.0[3] 初騎乗	0 1 3 28 2 3 2 13	○0 1 0 3	トニービン トップシノワーズ	0 0 2 0 0 0 4 0 0 0 3 1 0 2 31 2	1阪 2月19日 ③四才上4 牝2勝 14ト16頭 ダ1128 55 岩田望 M⑨⑧⑦ 458 人気6 中位伸も 1½ 359内369 ミラーウォーカ 1125 0.3	1阪 3月6日 ⑧四才上6 2勝 9ト16頭 ダ1122 51 今村 M⑨⑨⑩ 456 人気10 中位差詰 1½ 354中368 スズカキンシャ 1119 0.3	3中 4月16日 ❼四才上8 牝2勝 6ト15頭 ダ1112 55 吉田豊 H⑨⑩⑩ 458 人気9 中位差詰 5½ 339中373 マーチリリー 1103 0.9
1	白1	ヨッシーフェイス	サウスヴィグラス / ホワイトカーニバル	芦毛	57 牡4	替 今村	寺島	900	1700	STレーシング	グランド牧場	…△… …△… …… …○… …△… …△…	阪ダ1113[1]	ダ36.4[1] 初騎乗	0 0 0 0 1 1 1 0	○0 1 0 0	ミシル サンビスタ	0 0 2 0 0 0 1 0 0 0 1 0 0 0 1 0	5中 20年12月 ⑧二才8 1勝 13ト16頭 ダ1124 55 石橋脩 H⑥⑥⑧ 470 人気2 好位一杯 4身 343外381 プロパーティオ 1117 0.7	1中京 21年1月 [7]三才1 1勝 5ト11頭 ダ1121 56 川須 M②②② 470 人気1 先行抜出 1½ 350中371 ジェットエンブ 1123 0.2	17ヵ月休 骨折放牧 乗込み3週間 仕上り○ 連対体重 468～470 3ヵ月以上休 ①②③外 0 1 1 0

1着⑤アッティーヴォ（6番人気）
2着⑭ロードサージュ（14番人気）
3着⑮エスケーアタランタ（9番人気）

単⑤ 990円
複⑤ 290円　⑭ 1520円　⑮ 660円
馬連⑤－⑭ 34170円
馬単⑤→⑭ 52400円
3連複⑤⑭⑮ 137920円
3連単⑤→⑭→⑮ 1016060円

※なお、阪神競馬場はスタンドの改修工事中で、再開は2025年春の見込み。

コース攻略⑭新潟・ダ1200m

●【33・8〜34・0秒】の1勝クラス戦がアツい！

圧倒的に先行有利なコースにファンの中ではイメージ区分されている、新潟ダ1200m戦。まず好走ゾーンを探っていく前に、意外と数字が伸びなかった最速ゾーン【〜33・7秒】を見ていこう（左の表14）。

この前半3ハロンが出るのは、大半が前走中山ダ1200mか、同じ新潟ダ1200mを使った馬の2パターンに区分される。しかし、どちらも結果が似たようなものでパッとしない。

特に前走逃げて負けた馬は、信用度が低くなる。「直線で坂のある中山コースから、直線平坦の新潟に変わって残り目がある」と人気になるが、もともと中山も先行有利なコースで、そのロジックでのプラスアルファはゼロに近い。

新潟連戦組も、前走逃げて交わされ惜敗した馬が巻き返す可能性は低く、どちらのローテにしても配当妙味が薄れる。先行馬である優位さ以上に、オッズの安さに苦しめられることから、今後も【〜33・7秒】を過剰に評価しないほうがよいだろう。

その点、好調なのは【33・8〜34・0秒】のゾーンだ。頭数が揃っているのにも関わらず、単勝回収値がトップの83円を示している。特に1勝クラスだけに絞ると、単適回収値は142円に上がる。

では1勝クラスで、どんな馬が馬券に飛び込んでくるのか？　それは前走の通過順が重要だ。

●【33・8〜34・0秒】の馬の前走4コーナー通過順別単勝回収値

・1番手【1・0・1・5／7】単勝回収値27円
・2番手【2・1・1・7／11】単勝回収値80円
・3番手【2・0・0・5／7】単勝回収値508円

このようになっており、速い時計であるものの、逃げた馬には旨味がない。狙うとしたら、3番手あたりを追走できそうな馬に注目しよう。

21年以降で、【33・8〜34・0秒】で最も人気薄で勝ち切ったのが、21年5月8日・新潟9R（1勝クラス、馬柱はP141）のジャックオレンジ（11番人気、単勝31・1倍）。同馬はJRAで1勝もできずに、門別→南関東と渡り歩いて中央再転入し6戦目でJRA初勝利を挙げた。

昇級後は二ケタ着順のオンパレード。戦歴を改めて見直しても、なぜ急に勝ち切れたのは不思議な馬で、【33・8〜34・0秒】（同馬は33・8秒だった）と、3番手を追走できたというくらいしか、好走の説明がつかない。

位置取りは今走のため、最後は自力の予想になってしまうが、そこを当てれば思わぬビックプレゼントが待っている。

続いては【34・4〜34・6秒】の好走ゾーン。単適回収値が100円を超えており、単勝回収値もトップ。ここはアタマで狙える馬を探すのがセオリーだ。

表14●新潟ダ1200mの【スピードスター】好走対象ゾーン

前走前半3F	勝率	連対率	複勝率	単回値	複回値	特記事項
〜33.7	8.3%	17.6%	21.3%	39	44	—
33.8〜34.0	13.2%	17.6%	25.0%	83	56	単適回値104.3
34.1〜34.3	10.5%	20.4%	27.6%	40	64	—
34.4〜34.6	15.5%	20.8%	29.8%	70	57	単適回値106.4
34.7〜34.9	8.6%	16.0%	24.6%	80	92	—
35.0〜35.2	7.4%	19.3%	27.3%	55	70	—
35.3〜35.5	7.5%	15.5%	24.1%	75	89	—
35.6〜35.8	7.9%	13.9%	20.5%	53	58	単適回値110.5
35.9〜36.1	5.8%	11.7%	19.4%	74	58	—
36.2〜36.4	3.7%	9.8%	15.9%	33	86	—
36.5〜	3.8%	6.9%	12.3%	51	51	—

●【34・4〜34・6秒】の馬の今走馬場別勝率
良：13・3％　稍重：13・8％　重：15・0％　不良：25・0％

このように馬場が悪化するに比例して、勝率を上げていっている。

最後にめったにないのだが、21、22年はNST賞、23、24年は越後Sと年に一度、ダ1200mのOP特別が施行される。NST賞は2年連続で前走芝1000mと芝1400mといったスピードスターが使えない馬が勝利したが、越後Sは2年連続で【35・3〜35・6秒】の馬が勝利をつかんでいる。

■23年・越後S1着＝スワーヴシャルルの【スピードスター】
前走：中京ダ1200m　走破時計72・4　上がり3ハロン：37・0
【禅僧3ハロン】72・4－37・0＝35・4

■24年・越後S1着＝ナムラフランクの【スピードスター】
前走：京都ダ1200m　走破時計：71・7　上がり3ハロン：36・3
【前半3ハロン】71・7－36・3＝35・4

平場では数値が悪く好走ゾーンにならなかった【35・3〜35・6秒】だが、前述した通り、めったに設定されないOPクラスのレースでは、2年連続【35・4秒】の馬が勝利した。4、8番人気という伏兵馬の勝利だけに、OPクラスのレースが今後あれば、血眼になって「前半3ハロン35・4秒」の馬を探してほしい。

▼新潟ダ 1200 mのポイント

・【33.8 〜 34.0 秒】は好走ゾーンも、逃げタイプの馬には逆らいたい
・道悪の競馬になったときは【34.4 〜 34.6 秒】の信頼度は増す
・１年に一度？　のＯＰ特別では前半３ハロン 35.4 秒の馬が大活躍

●2021年5月8日・新潟9R（4歳上1勝クラス、ダ1200m）

馬番	枠	馬名	父	母	毛色	斤量・性齢	騎手	調教師	賞金	総賞金	馬主	生産者
1	白1	㊞ヒメノジャッカル	ワールドエース	キミーズキッド	鹿毛	57 牡4	吉田隼	庄野	250	541	橋場勇二	庄野牧場
2	黒2	ツインシップ	ゴールドシップ	ウッドシップ	芦毛	57 牡4	丸田	石栗	400	739	小林英一HD	出口牧場
3	黒2	㊞トミケンプロズバ	クロフネ	ビッグフライト	栗毛	56 牡5	☆斎藤	古賀史	170	206	杉山元洋	大滝康晴
4	赤3	テイエムメロディー	アドマイヤムーン	フミノオリヒメ	鹿毛	51 牝5	★永島	木原	400	1540	竹園正繼	多田善弘
5	赤3	ティートラップ	シニスターミニスター	マンボビーン	鹿毛	57 牡4	秋山真	五十嵐	400	1666	深見富朗	岡田牧場
6	青4	㊞ディープブルーム	ディープブリランテ	タヤスブルーム	鹿毛	53 牝4	◇藤田菜	岩戸	40	628	横瀬寛子	メイプルF
7	青4	㊞ジャックオレンジ	ノボジャック	デルマオコマ	栗毛	57 騸4	藤井勘	武井	200	572	YGGホースC	サンバマウンテンF
8	黄5	タイニーベイビー	タニノギムレット	ルンバブギー	鹿毛	57 牡4	津村	松山将	400	1269	山口裕介	藤本F
9	黄5	㊞ナタンドラ	ジャングルポケット	マルカアイチャン	鹿毛	55 牝4	菊沢	浅野	110	153	清川信弘	社台F
10	緑6	クイーンズテイスト	キングカメハメハ	セコンドピアット	黒鹿	52 牝5	▲秋山稔	辻	400	900	社台RH	社台F
11	緑6	ユキノヴェルデ	タイキシャトル	ユキノレイコ	鹿毛	54 牡5	▲小林凌大	和田郎	400	855	井上基之	服部牧場
12	橙7	ケイアイメープル	カレンブラックヒル	ケイアイエーデル	鹿毛	56 牡4	☆菅原明	小島茂	400	810	ケイアイS	佐竹学
13	橙7	ワンモアエフォート	カレンブラックヒル	ワンモアミイチュー	栗毛	57 牡4	横山和	勢司	400	1110	内藤好江	中館牧場
14	桃8	ミヤコシスター	フェノーメノ	クレバービルエット	鹿毛	55 牝4	鮫島駿	浅見	400	1754	若草クラブ	真壁信一
15	桃8	ミッキーチャイルド	ダノンシャンティ	ミッキーレモン	鹿毛	54 牡6	▲小林脩	久保田	400	2667	野田みづき	追分F

1着⑦ジャックオレンジ　（11番人気）
2着⑫ケイアイメープル　（1番人気）
3着④テイエムメロディー　（9番人気）

単⑦ 3110円
複⑦ 720円　⑫ 210円　④ 630円
馬連⑦−⑫ 8250円
馬単⑦→⑫ 22580円
3連複④⑦⑫ 37050円
3連単⑦→⑫→④ 370770円

コース攻略⑮福島・ダ1150m

●【34・4～34・6秒】＋稍重＋減量騎手⇒超配当！

福島ダ1150mの好走ゾーンでは、複勝率は高いものの複勝回収値がそこまで高くないと、逆に勝率は高くないものの単勝回収値が高い【34・1～34・3秒】まず【34・4～34・6秒】を比較して話を進めよう（左の表15）。【34・1～34・3秒】についてだが、前記のような結果から導かれる答えは「人気馬の信頼度の高さ」を示している。実際、統計を取ったところ、このゾーンの人気別成績は次のようになった。

1番人気…【4・4・0・2／10】勝率40・0％　複勝率80・0％
2番人気…【2・1・4・5／12】勝率16・7％　複勝率58・3％
3番人気…【0・0・1・4／5】勝率　0％　複勝率20・0％
4番人気…【0・1・0・3／4】勝率　0％　複勝率58・3％

分母の数を見てもわかるように、【34・1～34・3秒】は比較的人気になりやすい傾向があり、そもそも馬券妙味は薄いのだが、勝率が40％あり単勝回収値も151円あるのだから、馬券戦略としては十分に機能している。

1番人気では、10頭のうち2頭だけ着外となっているのだが、ともに22年の4月開催で鞍上・横山琉人騎手という共通点が出てくる。

同騎手では、やはり4月（16日）に1勝クラスで、単勝1・9倍で2着に敗れているアルバミノルもいて、「横山琉騎手」という存在がポイントになりそうなのだが……。彼は21年デビューで、22年時点ではまだまだ技量的に足りない部分もあった。現在では軽量の恩恵もあるが、結構、高配当馬券をファンに提供しており、「鞍上による無条件切りは危険」と判断したい。

逆にいえば、これで【34・1〜34・3秒】にウィークポイントはなくなったともいえる。人気でも逆らわずにグイグイと馬券に取り込みたい。

次に単勝回収値が高い【34・4〜34・6秒】。自然と伏兵馬が勝ち切り、高配当を呼んでいるのが想像できる。このゾーンを掘り下げると、馬場状態による差が面白い。

馬場別に単勝回収値を調べると「良↓93円・稍重↓499円・重↓104円」と抜けて稍重の成績が高いのだ（不良は分母が少なすぎるのでカット）。

稍重で勝利した全3頭をピックアップすると……。

・①21年7月3日・福島12R（1勝クラス）
1着　ココラ　単勝76・7倍（13番人気）　鞍上：菅原明良☆

②21年11月13日・福島4R（1勝クラス）
1着　ステラータ　単勝7・9倍（4番人気）　鞍上：松本大輝▲

表15●福島ダ1150mの【スピードスター】好走対象ゾーン

前走前半3F	勝率	連対率	複勝率	単回値	複回値	特記事項
〜33.7	10.6%	16.7%	22.7%	145	110	—
33.8〜34.0	3.8%	9.4%	26.4%	10	60	—
34.1〜34.3	9.7%	20.8%	33.3%	56	90	—
34.4〜34.6	9.7%	21.2%	30.1%	180	119	—
34.7〜34.9	4.5%	13.5%	21.6%	19	59	—
35.0〜35.2	5.0%	15.8%	20.0%	62	83	—
35.3〜35.5	8.9%	14.4%	21.1%	75	72	単適回値130.9
35.6〜35.8	5.5%	11.0%	16.5%	32	57	—
35.9〜36.1	4.9%	6.6%	9.8%	28	30	
36.2〜36.4	0.0%	0.0%	3.0%	0	26	—
36.5〜	0.0%	3.6%	5.5%	0	18	—

③23年4月16日・福島12R（1勝クラス、左に馬柱）
1着　サノノヒーロー　単勝30・3倍（9番人気）　鞍上：土田真翔▲
①は3連単70万6620円、③も3連単55万6830円と、バカ荒れのレースが続いている。

結果的に高配当を生んでいる要因となっているのが、人気ベテラン騎手ではなくトレンド入りする前の減量騎手（レース時）。稍重だと【34・4〜34・6秒】の馬が活躍しやすく、かつ勝ち馬すべてに減量騎手が騎乗しているという、珍しい結果を抽出することに成功した。

●【34・4〜34・6】に騎乗したときの騎手キャリア別成績
1年目…………勝率7・1%　複勝率7・1%　単回値56円　複回値17円
2年目…………勝率27・3%　複勝率72・7%　単回値410円　複回値243円
3年目…………勝率16・7%　複勝率25・0%　単回値696円　複回値177円
4〜10年目……勝率8・1%　複勝率27・0%　単回値69円　複回値71円
11年目〜………勝率4・8%　複勝率26・2%　単回値100円　複回値133円

これは稍重にこだわらず、馬場不問でデータを取った結果。驚いたことに2、3年目の若手騎手の活躍が非常に目立っている。【34・4〜34・6秒】にこの条件に付けるだけで、かなりの回収率が見込めるだろう。

▼福島ダ1150mのポイント
・【34.1〜34.3秒】は人気こそ正義！ 1番人気にこだわって狙え!!
・【34.4〜34.6秒】は稍重のほうが良馬場時よりも好成績になりやすい。さらに2〜3年目の騎手を配してきたら、ドカンと高配当！

●2023年4月16日・福島12R（4歳上1勝クラス、ダ1150m稍重）

	16 桃8	15 桃8	14 橙7	13 橙7	12 緑6	11 緑6	10 黄5	9 黄5	8 青4	7 青4	6 赤3	5 赤3	4 黒2	3 黒2	2 白1	1 白1
父	リオンディーズ	ロードカナロア	イスラボニータ	ディスクリートキャット	ザファクター	トゥザグローリー	ダイワメジャー	マクフィ	ヘニーハウンド	キズナ	トゥザワールド	キングカメハメハ	エピファネイア	スクリーンヒーロー	コパノリッキー	ストロングリターン
馬名	リオンラファール	フロスティクォーツ	シルバーキングダム	グランデ	サンダビューク	(地)ドラゴンゴクウ	ヴァーチュアス	(地)チョコレートミルク	サンマルセレッソ	ドリアード	キリシマタウン	(地)アスクドンキバック	グラティトゥー	サノノヒーロー	ブルーノート	ダレモトメラレナイ
母	ソラコマチ1勝	カレンシエリーメイ1勝	プリティウイッチ1勝	ムーンダスト未勝	エミリア5勝	トーセンウーノ1勝	ブリリアントクラン未勝	アイハヴアジョイ未出	トウカイセレッソ未勝	ナイアード5勝	チェリースマイル未出	マルトク5勝	ペブルガーデン未勝	ホウヨウターゲット公	ハニードント4勝	ネーラベルレ1勝
毛色 斤量 性齢	鹿 58 騸4	黒鹿 55 牝5	黒鹿 58 牡4	栗 58 牡4	黒鹿 56 牡4	黒鹿 56 牡4	栗 58 牡4	鹿 56 牝4	鹿 52 牝5	青鹿 53 牝5	栗 54 牝4	栗 56 牡5	黒鹿 57 牡5	青 55 騸5	栗 54 牝4	鹿 56 牝4
騎手	替菊沢	▲水沼	勝浦	替斎藤	△小林凌大	◇藤田菜	替菱田	替△小林脩	替★古川奈	替▲佐々木	替★小林美	替△原	替☆泉谷	▲土田	替★永島	丹内
調教師	(美)矢野英	(美)加藤和	(美)西田	(栗)吉田	(美)蛯名利	(美)根本	(栗)渡辺	(美)粕谷	(美)中野栄	(栗)佐々木晶	(美)天間	(栗)梅田智	(栗)小栗	(美)尾形和	(栗)梅田智	(美)竹内
賞金	400	400	400	400	400	370	400	70	400	400	400	360	400	400	400	400
総賞金	1190	1080	1300	1920	1187	1221	803	104	713	1474	1655	829	1500	2041	1010	1909
馬主	ノルマンディーTR	ライオンRH	平賀久枝	グランデオーナーズ	加藤信之	福本次雄	カナヤマHD	村田滋	相馬勇	ヒダカBU	西村新一郎	廣崎智子	ライオンRH	佐野信幸	新浦州平	GETNEXT
生産者	村上牧場	高昭牧場	鎌田正嗣	諏訪牧場	村下清志	福本次雄	矢野牧場	JRA日高育成	びらとり牧場	日進牧場	田原橋本牧場	清水牧場	[illegible]牧場	豊洋牧場	松浦牧場	須崎牧場
予想	△ ▲ … △ △ △	△ … … … △ △	◎ 注 ▲ ○ △ ○	… … △ … … 西	注 ◎ 注 △ ○ △	▲ △ … ▲ △ ▲	… △ △ △ … △ 西	… … … … … …	初 B … … 連闘	△ … △ … ▲ △ 西	… … … … 連闘	△ … … … … 西	… … … … … 西	B … … … … …	… △ ◎ 注 注 注 西	○ ○ ○ ◎ ◎ ◎
持ち時計	ダ1200③ 中ダ1114❹ 京ダ1273⑨	芝55.9⑧ ダ1096⑪ 小芝1083② 京ダ1244❺	京ダ1110❷ 芝1359⑦	函ダ59.8⑥ 芝1092⑦ 京ダ1128⑫ 京ダ1292⑩	小ダ58.7③ ダ1101⑦ 中ダ1114③ ダ1209⑭	門ダ1021② ダ1081① 中ダ1117❾ 東ダ1263⑧	芝1107⑬ 芝1360③ 阪ダ1125① 阪ダ1282⑥	小ダ1017① ダ1371① 中ダ1136⑨ 東ダ1252⓮	札ダ59.8⑦ ダ1099⑪ 新ダ1120⑫ 東ダ1266⑭	芝1080⑤ 芝1300⑥ 京ダ1120⓯ 京芝1205③	小ダ[illegible]❺ [illegible]	小ダ1000⑨ ダ1089❽ 新ダ1121④ 阪ダ1254⑤	芝1347⑩ 芝1473⑦ 芝2006② 芝2241⓭	札ダ59.[illegible]② [illegible]❷ 中ダ[illegible]⑧ 京ダ[illegible]❸	小ダ59.0❼ ダ1179⑪ 阪ダ1114❺ 京ダ1269②	ダ1[illegible]② [illegible]
上がり/騎手成績	ダ36.7③ 初騎乗	36.2⑪ 0003	ダ36.1❷ 0100	ダ36.2⑥ 初騎乗	ダ34.7③ 0013	ダ36.8② 0102	ダ37.5⑤ 初騎乗	ダ36.9① 0001	ダ35.7⑦ 0001	ダ37.2⓯ 初騎乗	[illegible] 初騎乗	ダ35.2⑧ 0005	初ダート 初騎乗	[illegible] 0206	ダ35.2❼ 初騎乗	[illegible] 0111
距離/コース成績	0104 初コース	0 1 0 12 0001	0113 初コース	0006 初コース	0 0 2 10 0001	0 1 0 14 初コース	0003 初コース	0005 初コース	0 0 0 14 0002	0 1 1 12 初コース	0106 0002	0009 0001	0205 初コース	0 3 1 13 0101	0006 初コース	0212 1000
重成績	○0001	○0001	○0110	○0001	○0001	○0001	○0001	○0001	○0001	○0001	○0004	○0002	○0000	○0113	○0004	◎1001
母父	サクラバクシンオー	ディープインパクト	クロフネ	デュランダル	サンデーサイレンス	シンボリクリスエス	ロックオブジブラル	アイルハヴアナザー	キングカメハメハ	ワイルドラッシュ	サクラバクシンオー	マーベラスサンデー	ディープインパクト	ジョリーズヘイロー	クロフネ	キングカメハメハ
兄弟	ジェネティクス	コウガンカレン	ユカリプレリュード	シゲルハヅウマサイ	カフジバンガード	トーセンアーリー	クラウンアゲン	クワスタッキー	フォルトゥーレ	マーニ	モンテモナコ	レッツゴードンキ	ミサキシャンティ	トミケンシャルゴー	初仔	リアライズ
成績	0100 0100 0000 1500	1000 0100 0000 4511	0100 0100 0300 0500	0100 0200 0200 1701	0100 0000 0101 1710	0000 0100 0000 2 10 0 0	0100 0000 0000 1600	0000 0000 0000 3401	0100 0000 0000 3921	1000 1000 1000 6300	0001 0102 0001 0824	0000 0000 0000 4512	0000 0000 0000 0000	0000 1011 1000 3412	0100 1000 0100 0701	0010 0200 0100 1300
前3走	1中 1月7日 ②四才上 8 1勝 2ト16頭 ダ1121 56 小林凌大 H⑬⑧⑧ 530 人気❸ 中位差詰 3¾ 344中377 カイタロー 1115 0.6	3福 11月20日 ⑥三才上 11 1勝 15ト16頭 芝ダ1096 54 水沼 M⑯⑯⑭ 476 人気10 出遅る 5身 367外362 サイモンルピナ 1088 0.8	1中 1月14日 ⑤四才上 3 1勝 16ト16頭 ダ1125 58 吉田豊 M③②② 492 人気4 先行粘る 4¼ 347中378 アジアノジュン 1118 0.7	2札 9月4日 ⑧三才上 10 1勝 13ト16頭 1104 55 松田 M⑩⑫⑫ 476 人気13 後方まま 6身 352中352 モリノドリーム 1094 1.0	1東 2月5日 ④四才上 14 1勝 14ト16頭 ダ1209 58 横山武 M③①① 464 人気8 逃一杯 12½ 355中394 タイセイジャス 1188 2.1	2小 2月25日 5四才上 11 1勝 12ト18頭 1099 58 野中 M⑮⑭⑬ 472 人気15 後方差詰 3¾ 352外347 ハピネスアゲン 1093 0.6	4新 10月15日 ①三才上 13 1勝 1ト13頭 ダ1145 55 西村淳 M⑦⑥④ 476 人気7 中位バテ 大差 348中397 ダイチヴィヴァ 1112 3.3	1中 1月9日 ④四才上 16 1勝 11ト16頭 ダ2007 55 小林脩 M⑥⑩⑯ 470 人気16 ジリ下り 大差 380内443 デルマタモン 1546 6.1	4中 10月2日 ⑨三才上 9 1勝 2ト16頭 ダ1123 53 藤田菜 H④⑧⑧ 442 人気15 好位一杯 4¾ 348中375 クールライズ 1116 0.7	5阪 11月19日 ⑤三才上 4 1勝 6ト18頭 芝外1359 53 角田河 S④④⑥ 480 人気5 好位伸も 1½ 377内330 レベレンシア 1357 0.2	1小 1月28日 ❺四才上 6 1勝 5ト14頭 ダ58.8 55 水沼 H⑥⑧⑦ 460 人気10 中位差詰 4身 352中354 ゲンパチレオニ 581 0.7	5阪 11月12日 ③三才上 5 1勝 2ト15頭 ダ1254 57 浜中 H⑨⑪⑫ 466 人気12 後方差詰 8¼ 358中376 テイエムランウ 1240 1.4	4小 8月27日 ⑤三才上 7 1勝 5ト8頭 芝1473 57 鮫島駿 S④④③ 466 人気5 中位一杯 4身 372中346 ハッピーオーサ 1467 0.6	3福 11月6日 ②三才上 7 1勝 2ト15頭 芝ダ1091 54 土田 M⑬⑧⑥ 474 人気7 中位まま 2¾ 349内371 ナサ 1085 0.6	2小 2月19日 ❹四才上 7 1勝 12ト14頭 ダ59.0 58 松若 H⑧⑧⑧ 496 人気9 中位差詰 2½ 355外352 テイエムヒマラ 586 0.4	3福 11月20日 ⑥三才上 2 1勝 5ト16頭 1097 50 永島 M②①① 488 人気5 3角先頭 ½身 341中356 エナジーグラン 1096 0.1
前2走	1中京 2月4日 ⑪四才上 12 1勝 11ト16頭 ダ1138 58 Mデムーロ M⑤⑥⑥ 520 人気❷ 中位一杯 5身 355中383 オステリア 1129 0.9	6中京 12月18日 ⑥三才上 4 1勝 7ト16頭 ダ1272 54 水沼 H⑨⑪⑧ 474 人気14 中位差詰 8¾ 360内392 トランキリテ 1259 1.3	2中 3月12日 ⑥四才上 6 1勝 14ト15頭 ダ1126 58 吉田豊 M③②② 494 人気❷ 好位一息 3¾ 348中378 アメトリーチェ 1119 0.7	5中京 9月18日 ④三才上 12 1勝 4ト15頭 ダ1128 55 松田 M④⑧⑦ 476 人気9 もまれる 6¾ 354内374 サンライズホー 1117 1.1	2小 2月25日 5四才上 3 1勝 6ト14頭 ダ58.7 56 小林凌大 H⑭⑬⑪ 464 人気8 後方伸 2¾ 358中347 ナツイロノオト 582 0.5	2中 3月12日 ⑥四才上 2 1勝 3ト15頭 ダ1122 56 藤田菜 M⑧⑦⑦ 466 人気10 内つき伸 2身 354内368 アメトリーチェ 1119 0.3	6中京 12月17日 ⑤三才上 6 1勝 16ト16頭 ダ1136 56 西村淳 M④⑤⑤ 484 人気15 出脚鈍い 6身 357中379 セイウンシデン 1126 1.0	2中京 3月12日 ②四才上 15 1勝 11ト16頭 ダ1281 55 水沼 M①①① 480 人気16 逃バテ 大差 355内406 コンクエスト 1248 3.3	6中京 12月11日 ④三才上 9 牝1勝 11ト15頭 ダ1141 51 古川奈 M⑩⑪⑩ 420 人気14 中位一杯 5¼ 359外382 アタカンテ 1132 0.9	6中京 12月17日 ⑤三才上 1勝 16ト16頭 取消 51 永島 右後肢跛行のため コズミックフロ 1214	2小 2月11日 ❶四才上 10 1勝 10ト14頭 ダ59.0 55 水沼 H③⑥⑧ 462 人気9 中位一杯 10¾ 344外360 デルマカミーラ 572 1.8	6中京 12月3日 ①三才上 10 1勝 14ト15頭 ダ1266 57 浜中 M⑧⑦⑧ 470 人気10 中位一杯 4¾ 369外377 メイショウキッ 1257 0.9	5中京 9月24日 ⑥三才上 10 1勝 16ト16頭 芝1347 57 鮫島駿 S⑭⑫⑬ 466 人気9 後直だけ 8¾ 368中341 ルージュスティ 1333 1.4	5阪 11月26日 7三才上 9 1勝 4ト15頭 ダ1129 53 永島 M②③③ 466 人気9 先行一杯 5¾ 355中374 クレド 1119 1.0	2中京 3月12日 ②四才上 9 1勝 15ト15頭 ダ1130 58 松若 M⑥⑥⑥ 492 人気6 中位まま 2½ 359中371 エリザベスミノ 1126 0.4	1小 1月15日 2四才上 3 1勝 2ト16頭 1091 56 丹内 M①①① 480 人気❶ 逃粘る ½身 336内355 ヒノクニ 1090 0.1
前走	3中 4月1日 ③四才上 7 1勝 15ト16頭 ダ1120 58 Mデムーロ H⑧⑦⑧ 528 人気5 中位まま 4¼ 347外373 ヒロノゴウカイ 1113 0.7	2中京 3月18日 ❸四才上 5 1勝 5ト16頭 ダ1244 55 水沼 M③④④ 480 人気11 好位粘る 4¾ 350内376 ダンディジャッ 1236 0.8	2中京 3月25日 ❺四才上 2 1勝 10ト16頭 ダ1110 58 勝浦 M④④④ 494 人気8 好位伸 1¾ 349内361 ニシノラーナ 1107 0.3	7ヵ月休 爪不安放牧 乗込み4週間 仕上り○ 連対体重 474～476 3ヵ月以上休 ①②③外 0011	2中 3月19日 ❽四才上 4 1勝 3ト16頭 ダ1115 56 小林凌大 M⑧⑦⑦ 468 人気4 中位伸も 2½ 355中360 ヴァンデリオン 1110 0.5	3中 3月25日 ❶四才上 9 1勝 2ト16頭 ダ1117 56 藤田菜 H⑧⑧⑨ 466 人気9 脚余す 2¾ 349中368 フレーゲル 1112 0.5	4ヵ月休 放牧 乗込み2週間 仕上り○ 連対体重 472キロ 3ヵ月以上休 ①②③外 0012	2中京 3月19日 4四才上 14 1勝 6ト16頭 ダ1145 55 水沼 M①①② 472 人気16 先争退く 18身 346中399 クリーンジーニ 1115 3.0	1福 4月8日 ①四才上 10 1勝 1ト16頭 芝ダ1100 54 小林凌大 H⑨⑨⑨ 428 人気9 出遅る 10身 349内382 キングクー 1082 1.8	2中京 3月18日 ❸四才上 10 1勝 4ト18頭 1242 52 永島 S⑯⑬⑬ 476 人気❸ 出遅る 10¾ 360中362 メイショウソラ 1224 1.8	1福 4月8日 ①四才上 12 1勝 10ト16頭 芝ダ1103 55 水沼 H⑤⑦⑨ 442 人気13 中位一杯 11¼ 348中386 キングクー 1082 2.1	2中京 3月19日 4四才上 8 1勝 16ト16頭 ダ1125 58 横山典 M⑯⑯⑯ 476 人気8 後直だけ 6¾ 373外352 クリーンジーニ 1115 1.0	2阪 3月26日 ❷四才上 13 1勝 4ト14頭 芝外1390 58 中井 S⑥⑤⑤ 476 人気11 中位バテ 大差 362中381 ミツルハピネス 1355 3.5	3中 4月1日 ③四才上 8 1勝 2ト16頭 ダ1120 55 土田 H⑤⑦⑥ 470B 人気14 中位一杯 4½ 346中374 ヒロノゴウカイ 1113 0.7	2中京 3月25日 ❺四才上 5 1勝 4ト16頭 ダ1114 58 松若 M⑨⑪⑪ 488 人気6 後方追上 4½ 359内355 ニシノラーナ 1107 0.7	1小 1月22日 ④牝四才上 2 1勝 11ト12頭 1090 56 丹内 M②②② 476 人気❶ 先行伸 1¼ 335中355 ピップシュプリ 1088 0.2

3　1　2

1着③サノノヒーロー
（9番人気）
2着①ダレモトメラレナイ
（1番人気）
3着⑥キリシマタウン
（15番人気）

単③ 3030円
複③ 640円　① 140円　⑥ 2740円
馬連①ー③ 3290円
馬単③→① 10800円
3連複①③⑥ 79410円
3連単③→①→⑥ 556830円

コース攻略⑯中京・ダ1200m

●【34・4〜34・6秒】で超ド級の配当を生んだ2頭を分析すると……

中京ダ1200mの唯一の好走ゾーン【35・6〜35・8秒】（左の表16）。単勝回収値も200円を超えており、かなり優秀な数字なのだが、読者の皆さんにインパクトを残すため、理屈を説明する前に、このゾーンに入って激走した2頭の馬を紹介しよう。

■22年3月19日・中京12R　1勝クラス1着＝セイレーンの【スピードスター】
前走：阪神ダ1200m　走破時計：76・1　上がり3ハロン：40・3
【前半3ハロン】76・1－40・3＝35・8

■23年7月22日・中京3R　未勝利2着＝ホッコーアリスの【スピードスター】
前走：阪神ダ1200m　走破時計：73・3　上がり3ハロン：37・5
【前半3ハロン】73・3－37・5＝35・8

セイレーンは単勝249・5倍、複勝29・1倍での勝利。3連単は175万馬券だった（P149の馬柱）。一方、2着のホッコーアリスは複勝4710円（単勝オッズ269・5倍）、3連単258万馬券という、とにかくドデカい配当が飛び出しているのである。

この2頭の前走時計を見てもわかるように、〝まともな競馬ファン〟が手を出せる馬ではなく、スピードスターのような特殊な馬券術しか拾えない馬券だったといえるだろう。

さて、この2頭には単勝200倍以上という他に、共通点があることに気づいた人も多いのではないだろうか？

それは前走で阪神ダ1200mを使っていることだ。

●【35・6～35・8秒】の前走コース別成績
・中京ダ1200m→中京ダ1200m　勝率12・3%　単勝回収値52円
・阪神ダ1200m→中京ダ1200m　勝率11・3%　単勝回収値467円
・京都ダ1200m→中京ダ1200m　勝率20・0%　単勝回収値326円

中京ダ1200mを続けて使っている馬も勝率はそこまで変わらないのだが、前走大敗した馬が巻き返すということが少なく（馬券圏内に入った14頭のうち、前走掲示板外から走った馬は4頭のみ）、セイレーンやホッコーアリスといったビッグな配当に出会うことは、まずないと断言していいだろう。

やはり、突然変異の大激走はコース替わりのタイミングが大前提。セイレーンはその後13連敗して引退、ホッコーアリスもこの後JRAで4戦するも馬券圏内に入ることなく、門別に移籍し今も未勝利である。

続いて高い勝率、複勝率を誇る【33・8～34・0秒】のゾーンについても見ていこう。


表16●中京ダ1200mの【スピードスター】好走対象ゾーン

前走前半3F	勝率	連対率	複勝率	単回値	複回値	特記事項
～33.7	3.1%	9.2%	26.2%	27	101	—
33.8～34.0	10.4%	22.9%	33.3%	35	57	—
34.1～34.3	7.6%	8.9%	19.0%	27	75	—
34.4～34.6	9.3%	12.0%	17.6%	56	37	—
34.7～34.9	7.1%	15.1%	23.0%	113	113	—
35.0～35.2	8.7%	18.5%	24.3%	95	80	—
35.3～35.5	6.6%	17.4%	24.6%	61	75	—
35.6～35.8	9.9%	19.3%	26.1%	215	111	—
35.9～36.1	7.8%	16.2%	20.4%	192	64	—
36.2～36.4	5.9%	9.6%	21.3%	31	63	—
36.5～	4.0%	8.5%	15.5%	29	69	—

単勝回収率が伸びていないこともあり、人気馬を中心に馬券を狙うことになるのだが、ひとつのボーダーラインとして単勝5・0倍を覚えておいてほしい。

●【33・8～34・0秒】の単勝人気別成績

・～4・9倍【5・6・3・4／18】勝率27・7％ 連対率61・1％ 複勝率77・7％

・5・0倍～【0・0・2・27／29】勝率0％ 連対率0％ 複勝率6・9％

このように単勝5倍以上になると、圧倒的な差が生まれる。仮に5倍以上の馬を無視して絞って購入すれば、それだけで複勝回収値111円になるため、本命党にとって【33・8～34・0秒】は重要な好走ゾーンとなるだろう。

最後に勝率は高くないものの、単勝、複勝回収値がともに100円を超えて安定している【34・7～34・9秒】について。ここで狙いたいのは2勝クラス。1勝クラスも悪くはないが、未勝利戦では人気馬も少ないが結果が出ておらず、ここは無視してもよさそう。

2勝クラスの中で、狙い馬を絞るとすれば【35・6～35・8秒】のときとは違い、前走中京ダートを使っていたことが絶対条件。他場のダートコースからのローテーションで勝利した馬は1頭もおらず連対率、複勝率ともに極めて低い。

むしろ、それだったら芝から使ってきた馬だ。過去3年で2頭しかいないのだが、1着1回・2着1回とパーフェクト連対。サンプル数が少なく、いまだオカルトの領域は出ないが登場するなら流れに乗ってみるのも一興かも。

▼中京ダ 1200 mのポイント

・【35.6 ~ 35.8 秒】は大穴馬でも躊躇なく狙いたい。さらに、コース替わりの馬のほうが好走率は高い

・【33.8 ~ 34.0 秒】では単勝 4.9 倍以内が条件

●2022年3月19日・中京12R(4歳上1勝クラス、ダ1200m稍重)

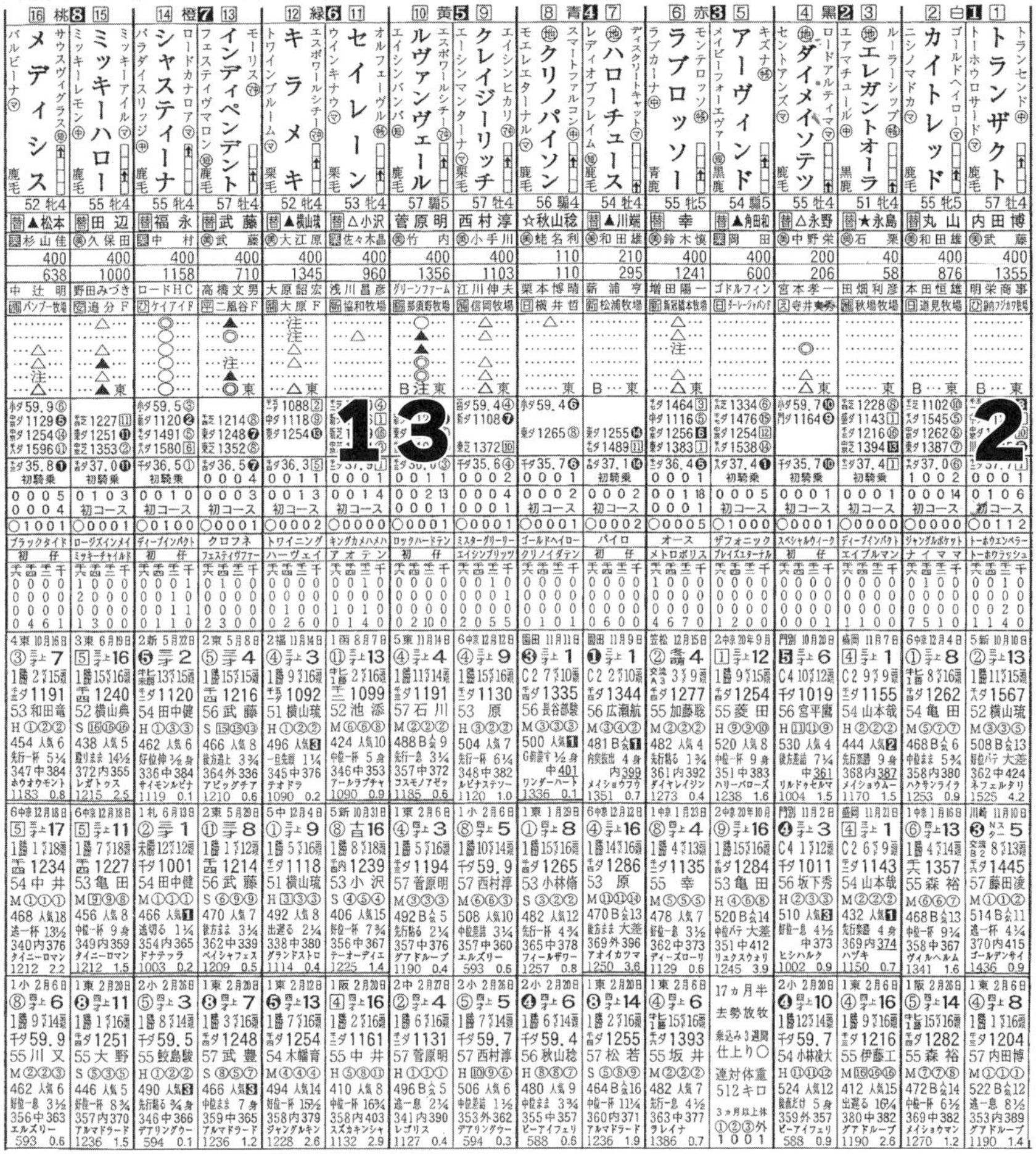

馬番	馬名	斤量・性齢	騎手	厩舎
1	トランザクト	57 牡4	内田博	美武藤
2	カイトレッド	55 牡5	替丸山	美和田雄
3	エレガントオーラ	51 牡4	替★永島	栗石栗
4	ダイメイソテツ	55 牡4	替△永野	栗中野栄
5	アーヴィンド	54 騸5	替▲角田和	栗岡田
6	ラブロッソー	55 牝5	替幸	美鈴木慎
7	ハローチュース	54 牝4	替▲川端	栗和田雄
8	クリノパイソン	56 騸4	☆秋山稔	美蛯名利
9	クレイジーリッチ	57 牡4	西村淳	美小手川
10	ルヴァンヴェール	57 騸5	菅原明	美竹内
11	セイレーン	53 牝4	替△小沢	栗佐々木晶
12	キラメキ	52 牝4	替▲横山琉	美大江原
13	インディペンデント	57 牡4	替武藤	美武藤
14	シャスティーナ	55 牝4	替福永	栗中村
15	ミッキーハロー	55 牝4	替田辺	美久保田
16	メディシス	52 牝4	替▲松本	栗杉山佳

1着⑪セイレーン（14番人気）	単⑪ 24950円
2着①トランザクト（5番人気）	複⑪ 2910円 ① 410円 ⑩ 190円
3着⑩ルヴァンヴェール（2番人気）	馬連①－⑪ 62560円
	馬単⑪→① 202340円
	3連複①⑩⑪ 123870円
	3連単⑪→①→⑩ 1757660円

コース攻略⑰小倉・ダ1000m

●【35・6～35・8秒】の波乱の主役は減量騎手

左の表17を見てもらうとわかるように、勝率、連対率、複勝率、単勝回収値、複勝回収値の1位がバラバラで、好走ゾーンを決める脳内会議でも侃々諤々（けんけんがくがく）……なかなかゾーンを決めることができなかった難しいコース、それが小倉ダ1000mだ。

まずは好走ゾーンに入れなかった【36・5～】についてふれておくと、100円を超えている単複の回収値となっているのは、次の超激走馬がいたから。

・22年1月30日・小倉3R（未勝利・ダ1000m）
1着　キョウエイゾロ　単勝73・4倍（11番人気）
・21年1月24日・小倉3R（1勝クラス・ダ1000m）
2着　ミューティー　複勝33・5倍（単勝オッズ138・9倍・14番人気）

こういった馬たちが、1頭で回収値をグンと上げているため好走ゾーンとはいえない。

ただ統計を取ると、好走馬の大半が第1回、第2回といった冬場の開催に集中している。予測されるのは、これだけ遅いスピードスターだけに、冬場の乾き切った時計のかかる馬場で生まれており（前走コースは年末の阪神が多い）、引き続き小倉コースもパワーを要する馬場で持ち味が活きたと見るべきか。

乾いた冬場だからこそ登場する【36・5～】だけに、自然と年明けに好走馬が生まれると判断できる。

続いては、こちらも単勝回収値が高い好走ゾーンの【35・6～35・8秒】。【36・5～】と同じような数字は残しているが、勝率がさすがに後者は低すぎる。

このゾーンでの好走馬の条件は、馬番④～⑦に好走馬が集中していることである。では内目がいいかと思いきや、①、②番はまったく結果が出ておらず、差し馬（【35・6～35・8秒】だと、クラスは関係なく1000m戦では逃げることはまず不可能）として、最悪の枠順を引いた……と考えて差し支えないだろう。ただ、コーナーの外目を回ってもこの条件だと苦しくなり、馬群を捌いて進出すればチャンスが生まれる〝やや内目の中枠〟に結果が集中しているのであろう。

もうひとつ【35・6～35・8秒】で絞る材料があるとすれば、減量騎手である。馬券圏内に入った20頭のうち7割方が減量騎手なのだが、その中にはパンチ力十分の穴馬が混じっている。

・24年1月14日・小倉3R（1勝クラス・ダ1000m）
3着　クリノヴァニラ　複勝20・2倍（単勝オッズ101・5倍・12番人気）
・24年7月6日・小倉3R（未勝利・ダ1000m、馬柱はP153）
1着　ヨシノヤッタルデー　単勝47・3倍（9番人気）

こちらは両方とも、永島まなみ騎手（▲→◇）が鞍上。後者については、

表17●小倉ダ1000mの【スピードスター】好走対象ゾーン

前走前半3F	勝率	連対率	複勝率	単回値	複回値	特記事項
～33.7	7.6%	15.2%	25.8%	78	87	—
33.8～34.0	4.8%	16.7%	21.4%	10	51	—
34.1～34.3	11.1%	13.0%	22.2%	93	65	単適回値113.1
34.4～34.6	10.4%	19.5%	26.0%	38	55	—
34.7～34.9	2.6%	11.7%	19.5%	10	98	—
35.0～35.2	10.5%	22.1%	26.7%	68	72	—
35.3～35.5	6.9%	17.2%	27.6%	114	118	—
35.6～35.8	6.9%	14.9%	23.0%	142	83	—
35.9～36.1	5.6%	7.4%	18.5%	39	74	—
36.2～36.4	2.1%	8.5%	12.8%	3	38	—
36.5～	1.6%	4.8%	15.9%	116	129	—

3着に入ったブライトルピナスも【35・6〜35・8秒】の減量騎手（▲吉村誠之助騎手）に該当し、3連単は66万馬券という高配当となった。

このレースは、後ほど紹介するもうひとつの好走ゾーン【34・0〜34・3秒】にも該当馬はおらず、【35・6〜35・8秒】の2頭が1、3着。そのワイドでも39倍ついており、スピードスターだけを使って高額馬券をゲットできたのだ。

では最後に【34・1〜34・3秒】について紹介しよう。このゾーンの好走馬は2、3着よりも接戦になると勝ち切る馬が多く、単勝や3連単のアタマで購入することがオススメ。どんな馬が勝っているのか。実は単勝5倍以下の人気馬が意外に不調なのだ。

小倉ダ1000mという条件から、絶対王者みたいな馬が誕生することはない。【34・1〜34・3秒】というのは、推論にはなってしまうが、逃げ先行馬としては足りない馬たちという判断をすることができる。

かといって、このクラスで留まっているのだから、差し馬としても中途半端。全体のイメージとしては、ほどほどの馬が好位につけて、逃げ馬が止まるのを待つという戦術が関の山の馬ばかり。

ゆえに、単勝5・0倍以下という、他馬との比較で浮かび上がらざるを得なかった人気馬よりも、「色気がないからこそ勝ててしまって、意外と単勝がついた」というパターンが多いのかもしれない。狙いは単勝5・1〜15倍あたりの馬だ。

▼小倉ダ 1000 mのポイント

・冬場の開催限定なら【36.5 秒〜】の大穴狙いも成立する
・【35.6 〜 35.8 秒】は減量騎手を狙え！
・【34.1 〜 34.3 秒】の単勝 5.0 倍以下の馬は危険

●2024年7月6日・小倉3R(3歳未勝利、ダ1000m稍重)

	桃8 14	桃8 13	橙7 12	橙7 11	緑6 10	緑6 9	黄5 8	黄5 7	青4 6	青4 5	赤3 4	赤3 3	黒2 2	白1 1
父	ビッグアーサー(短)	アポロケンタッキー(幹)	バゴ(帆)	パイロ(ア)	ミッキーアイル(マ)	マクフィ(マ)	エピカリス(ア)	サンダースノー(中)	モーニン(マ)	サンダースノー(中)	ファインニードル(短)	レインボーライン(ス)	タリスマニック(ス)	ファインニードル(短)
馬名	エクセレンアーサー	フレアビート	ブラックリバー	シュムック	ゲーベル	メイショウヴァイゼ	ルミリオン	ブライトルピナス	ポートカルタヘナ	シノノメ	ヨシノヤッタルデー	ヴェストラン	ビーコング	タマハガネ
母	カモンビューティー 未勝(マ)	ビートフォルテ 未勝(短)	トモノヘイヘイ 未勝(マ)	スウィートラヴァー 未勝(マ)	ハイノリッジ 未勝(短)	ジオパークルビー 公(マ)	クラシカルレディ 未勝(短)	テンシンランマン 2勝(中)	ロスカティオス 未勝(マ)	ハウリング 1勝(マ)	ナムラバイオレット 2勝(中)	アテナブルー 1勝(中)	タマモベンライト 未勝(短)	フレッチャブランカ 未出(マ)
毛色・斤量・性齢	鹿 57 牡3	黒鹿 55 牝3	青鹿 54 牝3	黒鹿 57 牡3	鹿 57 牡3	鹿 56 牡3	黒鹿 53 牡3	黒鹿 52 牝3	栗 54 牝3	栗 55 牝3	鹿 55 牡3	栗 57 牡3	黒鹿 56 牡3	芦 57 牡3
騎手	坂井	長岡	☆秋山稔	酒井	団野	替☆田口	替★河原田	替▲吉村	替☆西塚	替松山	替◇永島	幸	☆松本	替城戸
厩舎	栗武英	栗小栗	栗杉山佳	栗千田	栗渡辺	栗安達	栗坂口智	栗杉山晴	栗畑端	栗大久保龍	栗中竹	栗大根田	栗新谷	栗荒川
賞金	0		0	0	0	0	0	0	0	0	0	0	0	0
総賞金	220		83	83	288	430	0	330	140	280	0	60	1050	7
馬主	中野秀樹	ノルマンディーTR	共田義夫	平山靖	カナヤマHD	松本好雄	村木慎吾	CHEVALATTACHE	中村祐子	ゴドルフィン	清水義徳	中西宏彰	馬場祥晃	松田真由美
生産者	奥山牧場	坂本秀樹	北洋牧場	坂東牧場	鮫川啓一	辻牧場	幌村牧場	岡田牧場	ハーモニーストックF	ダーレージャパンF	川向高橋育成	サンブリッジバレー	岡田牧場	富塚F
予想印	○ ○ ○ 注 ○ ◎		△ … △ … … …	△ △ △ ◎ △ △	◎B ▲ ◎ ○ ▲ △	注 注 注 ▲ ◎ ▲	… … △ … … …	△ △ … △ 注 注	… △ … … … …	△ △ △ △ … ○	… … … △ … …	… … … … △ …	▲ ◎ ▲ △ 遠△ 闘△	
持ち時計	京ダ1139② 芝1107⑩		1121⑫ 京ダ1258❹	阪ダ1133❻ 阪ダ1270④	京ダ1259❺	京ダ1128②	1118⑩ 新ダ1160⑨	阪ダ [illegible]② 阪ダ [illegible] **3**	阪ダ [illegible]❸ 阪ダ [illegible]❻ **2**	阪ダ1259③	[illegible]⑧ 京ダ [illegible]⑨ 京ダ [illegible]⑥ **1**	京ダ1134⑧ 京ダ1273⑧ 芝2051⑪	小ダ58.3❸ 京ダ1129⑤ 阪ダ1271⑦ ダ1469❻	芝1127⑯ 京ダ1153⑮ ダ1298❹
上がり・騎乗成績	ダ38.1② 0001	初ダート 初騎乗	37.9⑫ 0001	ダ37.0❻ 0002	ダ38.2④ 0001	ダ36.8② 初騎乗	39.6⑩ 初騎乗	ダ37.3② 初騎乗	ダ37.5❸ 初騎乗	ダ37.4③ 初騎乗	ダ37.2⑦ 初騎乗	ダ36.7⑧ 0002	ダ35.5❸ 0210	ダ38.5❹ 0003
距離・コース	0102 初コース	0000 初コース	0002 初コース	0002 初コース	0013 初コース	0110 初コース	0002 初コース	0103 初コース	0013 初コース	0021 初コース	0007 初コース	0104 初コース	0326 0210	0004 初コース
○	○0000	○0000	○0001	○0001	○0012	○0000	○0000	○0000	○0011	○0000	○0000	○0000	○0111	○0001
母父	ダンカーク	ゴールドアリュール	ハーツクライ	ルーラーシップ	マンハッタンカフェ	フレンチデピュティ	キングズベスト	ハーツクライ	ティンバーカントリ	ハードスパン	チーフベアハート	ジャングルポケット	ブラックタイド	クロフネ
兄姉	カモンザファースト	ボルドーヴィエンヌ	初仔	初仔	セイウンハーデス	ノットインザアイ	キョウエイカンフ	エーティーマクフィ	アクセルギア	初仔	ルーラルハピネス	ケンビション	ビーチャンス	レイズミーアップ
成績	0000 0010 0000 0020	0000 0000 0000 0000	0000 0000 0000 0100	0000 0000 0000 0110	0000 0000 0100 0300	0000 0010 0010 0000	0000 0000 0000 0010	0000 0010 0000 0120	0000 0000 0010 0110	0000 0000 0200 0100	0000 0000 0000 0160	0000 0100 0000 0120	0000 0012 0001 0220	0000 0000 0000 0130
前走3	1福 4月7日 ②芋10 未勝9ト16頭 千二芝1107 57富田 M⑦⑨⑦ 492 人気5 好位一杯 10½ 346内361 シアター 1091 1.6	近親 ゼットヒューマー オールドパサデナ	近親 トランペットメジャー ザブラックアルバム	1阪 3月3日 ④芋4 未勝16ト16頭 千四ダ1270 57酒井 M⑥⑥⑥ 516 人気12 中位伸る 9¼ 358中388 マイティマイテ 1255 1.5	1阪 3月2日 ❸芋3 未勝13ト15頭 千四ダ1263 57松山 H①②② 510 人気❶ 一旦先頭 ¾身 349中390 レッドリベルタ 1262 0.1	3京 11月25日 ⑦芋2 新馬7ト12頭 千二ダ1128 56城戸 M④④④ 508 人気9 好位伸 アタマ 360中368 メイショウヤー 1128 0.0	近親 グランドシチー ストロングパワー	2阪 4月7日 ⑥芋2 未勝7ト16頭 千二ダ1130 55松若 H②③③ 468 人気5 好位伸 ¾身 357中373 リリーエクスプ 1129 0.1	1阪 3月2日 ❸芋6 未勝10ト15頭 千四ダ1275 55松若 H①①① 478 人気14 逃一杯 8身 348内404 レッドリベルタ 1262 1.3	1阪 2月24日 ①芋3 牝未勝5ト16頭 千四ダ1259 54角田和 M⑧⑦⑥ 444 人気8 中位伸 クビ 360中374 ボマール 1259 0.0	2阪 3月30日 ③芋6 未勝1ト16頭 千二ダ1143 54柴田裕 M⑭⑬⑮ 456 人気6 出遅る 5¼ 371中372 カレンマウラー 1134 0.9	園田 3月28日 ③2 交流条件2ト9頭 千四ダ1321 54小沢 M③③② 443 人気❶ 直線競負 アタマ 402内392 マイラッキーデ 1321 0.0	3京 5月4日 ⑤芋5 未勝10ト16頭 千二ダ1133 57西村淳 M⑪⑨⑨ 488 人気❶ 中位差詰 2¼ 363外370 ゴールデンチッ 1129 0.4	笠松 2月21日 ❸4 交流条件7ト8頭 千四ダ1298 56城戸 S⑤⑤④ 398 人気5 中位まま 5¾ 379内385 クリノスピネル 1287 1.1
前走2	3京 4月27日 ③芋2 未勝14ト16頭 千二ダ1139 57岩田望 M③③② 480 人気5 一旦先頭 クビ 358中381 メイショウヨシ 1138 0.1	父＝米国産・鹿毛 砂専門。中距離型は少数派で多くはスピード型	1福 4月7日 ②芋12 未勝3ト15頭 ダ1121 55長岡 M⑬⑬⑬ 426 人気11 出遅る 14½ 375内379 アイスリンディ 1096 2.5	2阪 3月24日 ❷芋6 未勝10ト16頭 千二ダ1133 57酒井 M⑪⑦⑥ 508 人気❶ 出遅る 1½ 363外370 アナレクタ 1130 0.3	2阪 3月24日 ❷芋12 未勝12ト16頭 千四ダ1275 57藤岡康 M⑧⑤⑤ 504 人気❶ 出遅る 15½ 357中394 ペンダバール 1249 2.6	5阪 12月9日 ③芋3 未勝7ト13頭 千二ダ1136 56城戸 M②③③ 506 人気❶ 先行粘る 1¾ 360中376 ペプチドシュチ 1133 0.3	2新 7月29日 ①芋9 新馬12ト12頭 千二ダ1160 52永島 M②③② 444 人気4 先行一杯 大差 351中409 ウエスタンシー 1127 3.3	3京 4月27日 ③芋5 未勝13ト16頭 千二ダ1144 55松若 M②②② 466 人気❶ 先行一息 3¾ 357中387 メイショウヨシ 1138 0.6	2阪 3月23日 ❶芋3 牝未勝6ト16頭 千二ダ1127 55松若 M②②② 478 人気4 先行粘る 3½ 352中375 プリンセスカレ 1122 0.5	1阪 3月16日 ⑦芋3 牝未勝1ト16頭 千四ダ1268 55岩田望 M④④④ 438 人気❶ 好位伸 1½ 363内381 ランゲル 1265 0.3	1新 4月27日 ①芋9 未勝9ト15頭 千二ダ1138 54柴田裕 H⑪⑩⑪ 454 人気8 出遅る 14½ 360中378 アメリカンチケ 1114 2.4	2阪 4月13日 ⑦芋6 未勝14ト16頭 千二ダ1142 57幸 M⑦⑧⑥ 444 人気10 中位差詰 5¼ 369外373 ハリウッドブル 1134 0.8	4京 6月1日 ①芋5 未勝9ト16頭 千二ダ1129 57西村淳 M⑦⑤⑤ 488 人気❶ 中位差詰 3¼ 355中374 イエデゴロゴロ 1123 0.6	1中京 3月10日 ②芋12 未勝6ト16頭 千二ダ1164 54川端 M⑫⑬⑫ 392 人気16 後方まま 16½ 377中387 ミッキードラマ 1137 2.7
前走	3京 5月18日 ⑨芋10 未勝7ト16頭 千二ダ1154 57坂井 M⑬⑭⑫ 476 人気❷ 後方差詰 16¼ 370中384 アメリカンマー 1126 2.8	初戦△ 併せ馬での遅れが目立つ。動き気配共に平凡。 九州1歳 330万円 520キロ	4京 6月23日 ❽芋4 牝未勝4ト16頭 千四ダ1258 54秋山稔 H⑥⑦⑤ 420 人気14 S後不利 5身 357中380 フォルテローザ 1249 0.9	3ヵ月余 放牧 乗込み4週間 仕上り○ 理想体重 500キロ 3ヵ月以上休 ①②③外 0001	4京 6月22日 ❼芋5 未勝6ト16頭 千四ダ1259 57団野 H①①① 514B 人気6 逃一息 2¾ 347内392 ブーヤカ 1254 0.5	7ヵ月休 骨折放牧 乗込み6週間 仕上り○ 連対体重 508キロ 3ヵ月以上休 ①②③外 0100	1福 4月7日 ②芋10 未勝14ト15頭 ダ1118 55永島 M③③⑥ 438 人気4 好位一杯 12¾ 352外396 アイスリンディ 1096 2.2	1新 5月11日 ⑤芋5 牝未勝12ト15頭 千二ダ1135 55亀田 M④⑤⑤ 456 人気❸ 好位一息 5½ 354中381 エンジェルスノ 1126 0.9	2阪 4月14日 ⑧芋9 牝未勝5ト16頭 千二ダ1145 55松若 H⑥⑩⑪ 478 人気7 中位一杯 6¼ 364中381 エブライト 1134 1.1	2阪 4月7日 ⑥芋11 牝未勝6ト16頭 千四ダ1279 55岩田望 H①②② 434 人気❷ 先行一杯 8½ 352中401 ジョウゲンノフ 1265 1.4	4京 6月1日 ①芋9 未勝4ト16頭 千二ダ1135 56角田河 M⑦⑤⑤ 452 人気10 中位一杯 7身 355中380 イエデゴロゴロ 1123 1.2	4京 6月1日 ①芋8 未勝10ト16頭 千二ダ1134 57幸 M⑯⑮⑮ 440 人気9 後直だけ 6½ 367中367 イエデゴロゴロ 1123 1.1	3小 6月29日 ❶芋3 未勝14ト14頭 千ダ58.3 56松本 H⑤④③ 480 人気❸ 好位伸 4½ 342中355 シャカシャカシ 575 0.8	4ヵ月休 放牧 乗込み2週間 仕上り○ 理想体重 400キロ 3ヵ月以上休 ①②③外 0001

1着④ヨシノヤッタルデー
（9番人気）
2着⑥ポートカルタヘナ
（7番人気）
3着⑦ブライトルピナス
（4番人気）

単④ 4730円
複④ 1080円　⑥ 490円　⑦ 310円
馬連④－⑥ 24920円
馬単④→⑥ 63620円
3連複④⑥⑦ 65860円
3連単④→⑥→⑦ 663900円

コース攻略⑱函館・ダ1000m

●新潟ダ1200mからのローテで数値が格段にアップ！

まず過去3年、どのコースから函館ダ1000mに駒を進めた馬が活躍しているのかを見てみよう（勝率順、最少レース機会数10）。

1位　函館ダ1000m→函館ダ1000m　勝率12・1％
2位　新潟ダ1200m→函館ダ1000m　勝率11・1％
3位　小倉ダ1000m→函館ダ1000m　勝率9・1％
4位　東京ダ1300m→函館ダ1000m　勝率8・7％
5位　阪神ダ1200m→函館ダ1000m　勝率8・3％

このように1位は函館ダ1000mを続けて使ってきた馬になるのだが、もちろん前々走は他場を使っている場合が多く（3戦以上、函館ダ1000mを使いまくる馬もいるが）、事実上、新潟ダ1200mからの転戦が一番好結果を呼ぶと判断していいだろう。

ちなみに、1位の上に札幌ダ1000mからの転戦で勝率12・5％とあったのだが、21年の北海道開催は東京オリンピック開催の影響で変則的なスケジュールとなったため、データに出てきただけ。今後、このような札幌→函館といった開催日程は組まれないものとして割愛した。

では、下の表18を見てみよう。函館ダ1000mで唯一好走ゾーンに選んだのが【34・1〜34・3秒】。勝率17・9％はトップの数字で複勝率も高く、馬券の軸としても信頼度は高い。

このゾーンでも、前走成績を調べてみたのだが、新潟ダ１２００ｍ組の勝率は37・５％と、全体の数字と比較するとジャンプアップ。さらに買い材料が増えることとなった。

少し話が逸れるが、前項の小倉ダ１０００ｍでも好走ゾーンから漏れた【34・１～34・３秒】は、実は単適回収値が高く好走率が比較的高いゾーン。新潟ダ１２００ｍでこのゾーンをマークした馬は、小倉でも函館でもダ１０００ｍで、ある程度の結果を出すということがわかる。

話を戻して、【34・１～34・３秒】かつ前走新潟ダ１２００ｍ組の取捨のポイントを教えよう。それは前走の競馬内容にある。まず、前走逃げた馬２頭を取り上げる。

・22年６月19日・函館３Ｒ（未勝利、ダ１０００ｍ）
２着　キュートヘスティア　単勝１・８倍（１番人気）

・23年６月17日・函館３Ｒ（未勝利、ダ１０００ｍ）
５着　ブーバー　単勝４・５倍（３番人気）

このように前走逃げた馬は、そろって人気より下の着順に負けている。

・22年６月12日・函館３Ｒ（未勝利、ダ１０００ｍ）
１着　エバニスタ　単勝２・５倍（２番人気）
前走通過順④→②→３着

表18●函館ダ1000mの【スピードスター】好走対象ゾーン

前走前半3F	勝率	連対率	複勝率	単回値	複回値	特記事項
～33.7	5.7%	11.4%	28.6%	68	91	—
33.8～34.0	15.0%	25.0%	35.0%	45	59	—
34.1～34.3	17.9%	25.6%	33.3%	97	61	単適回値110.8
34.4～34.6	3.6%	10.7%	17.9%	18	40	—
34.7～34.9	6.1%	12.1%	24.2%	27	56	—
35.0～35.2	3.2%	12.9%	19.4%	17	44	—
35.3～35.5	6.3%	12.5%	18.8%	21	68	—
35.6～35.8	0.0%	4.8%	28.6%	0	159	—
35.9～36.1	0.0%	14.3%	14.3%	0	160	—
36.2～36.4	10.0%	30.0%	30.0%	38	52	単適回値103.1
36.5～	0.0%	18.2%	18.2%	0	43	—

・23年7月9日・函館9R（噴火湾特別、ダ1000m、左に馬柱）
1着　クローリスノキセキ　単勝9・9倍（6番人気）
前走通過順⑤→③→9着

この勝ち切った2頭は、前走3コーナーから4コーナーにかけて順位を上げた馬（最終的な着順は関係なし）という共通点があった。前走新潟ダ1200mを使ってきた8頭の中で、同様の脚を使った馬は1頭もおらず、この条件を満たすと100％勝ち切るというデータが出た。

続いて【34・1～34・3秒】で函館芝1200mから使ってきた馬を調べていこう。前半3ハロンとしては速い時計を使っており、芝からの転戦組が多いのは自然の流れ。このゾーンの中で最多のローテーションで、全16頭で最も多くのデータが残っている。その中で、どの馬を選ぶかといえば条件はひとつだけ。枠である。

芝からダートということで、砂を被ると競馬にならないという馬が多いのか、好成績は外枠に集中。1～4枠までは1頭も馬券に絡んでおらず、5、7、8枠は複勝率が50％を超えている。

シンプルに函館芝1200m＋【34・1～34・3秒】は、5枠から外だけ馬券に入れる、という手もありだ。

▼函館ダ 1000 mのポイント

・前走新潟ダ 1200 mを使ってきた馬が中心
・【34.1 ～ 34.3】で前走新潟ダ 1200 mの場合は通過順に注意！
・【34.1 ～34.3】で前走函館芝 1200 mの場合は5～8枠をメインに買え！

●2023年7月9日・函館9R噴火湾特別（3歳上2勝クラス、ダ1000m）

	白1 ①	黒2 ②	赤3 ③	青4 ④	黄5 ⑤	黄5 ⑥	緑6 ⑦	緑6 ⑧	橙7 ⑨	橙7 ⑩	桃8 ⑪	桃8 ⑫
父	キンシャサノキセキ㋮	キンシャサノキセキ㋮	ディーマジェスティ㊥	メイショウボーラー㋮	スクリーンヒーロー(長)	スペイツタウン(短)	ミッキーアイル㋮	コパノリッキー(ダ)	ロードカナロア㋮	シニスターミニスター(ダ)	ミッキーアイル㋮	コパノリッキー(ダ)
馬名	㊞クローリスノキセキ	㊞デルマシルフ	コパノバークレー	テイエムスイスイ	ファンタジッククラン	ニルカンタテソーロ	デルマカミーラ	コパノエルパソ	ゴッドクインビー	ユスティニアン	ナツイロノオトメ	アルムラトゥール
母	レディクローリス2勝㊥	ミルトス公(短)	マザイ愛㊥	ケイエスシンアカリ1勝(短)	ファンタジックアイ未勝(短)	ヴェイパー英㊥	ワンズガーホッド3勝(短)	タスクミストレス未勝㊥	バローマ未勝㋮	マイネホコモモラ1勝㋮	フェールクークー1勝㋮	チャーリーズ未出㊥
毛色・斤量・性齢	鹿 56 牝5	鹿 56 牝4	鹿 53 牝3	黒鹿 53 牝3	黒鹿 56 牝4	栗 58 牡6	芦 56 牝4	鹿 55 牡3	鹿 56 牝4	鹿 58 牡5	青鹿 56 牝4	黒鹿 55 牡3
騎手	替横山武	替古川吉	角田和	小林凌大	替北村友	丹内	替鷲頭	佐々木	替小沢	替吉田隼	替荻野琢	富田
調教師	美西田	栗畑端	栗渡辺	美石栗	栗飯田祐	美小手川	栗牧田	美上原博	栗角田	栗新谷	栗角田	栗川村
賞金	800	640	900	900	900	900	900	900	900	900	900	900
総賞金	2693	1996	1320	2479	1420	5053	1188	1788	1590	6066	2680	1390
馬主	嶋田賢	浅沼廣幸	小林祥晃	竹園正繼	社台RH	了德寺健二HD	浅沼廣幸	小林祥晃	中西憲治	岡田牧雄	岡浩二	崎川美枝子
生産者	ひ岡田牧場	日白井牧場	ひ服部牧場	新上井農場	千社台F	浦桑田牧場	新協和牧場	ひ北洋牧場	平二風谷F	ひ岡田S	浦高村牧場	新新冠タガノF
予想1	△	△	◎	△	…	注B	▲	…	…	△	…	○B
予想2	△	…	○	…	…	▲	…	△	…	◎	△	注
予想3	…	△	○	▲	…	…	…	△	…	△	◎	注
予想4	…	…	◎	注	…	…	△	△	…	△	▲	○
予想5	…	…	注	△	…	◎	…	▲	△	△	△	○
予想6	…	△西	◎西	注	…西	△	△西	△	…西	△西	▲西	○西
持ち時計1	札ダ[illegible]1[1]	小ダ[illegible]③	函ダ[illegible]❶	函ダ58.1❶	小ダ59.1⑬	函ダ58.7④	小ダ57.2❶	函ダ59.1[1]	小ダ58.4①	小ダ58.0❹	小ダ58.2❷	函ダ59.0①
持ち時計2	中ダ[illegible]2⑥	中京ダ[illegible]②	阪ダ[illegible]	中ダ1122③	阪ダ1140⑯	中ダ1109❷	中京ダ1123⑥	中ダ1112❷	阪ダ1134[13]	中ダ1109❽	中京ダ1116⑧	新ダ1142⑤
持ち時計3	千二ダ1[illegible][1]	函ダ[illegible][4]	中京ダ1[illegible]❻	東ダ1258❻	阪ダ1277⑨	東ダ1255⑤	千二芝1091④	東ダ1265⑬	中京ダ1262⑩	阪ダ1243❺	阪ダ1264[9]	
持ち時計4	函芝[illegible]③	[illegible]③		千二ダ1195❹	千八ダ1578⑥	東芝1363[9]		千七ダ1512[11]	千一五ダ1089④		千一五ダ1087⑥	
上がり	千ダ35.6[1]	千ダ35.6❸	千ダ35.0❶	千ダ35.5❶	千ダ35.7[1]	千ダ35.2③	千ダ34.8❶	千ダ35.3[1]	千ダ35.3❸	千ダ34.8❷	千ダ35.3❷	千ダ35.8①
騎手成績	1 0 0 2	初騎乗	1 0 0 0	1 0 0 1	初騎乗	0 1 0 0	初騎乗	1 0 0 0	初騎乗	0 2 0 0	初騎乗	1 0 0 0
距離成績	0 0 0 5	0 0 0 2	0 0 0 0	0 0 0 0	0 0 0 2	0 4 1 9	0 0 0 0	0 0 0 0	0 0 0 4	0 2 0 3	0 0 0 1	0 0 0 0
コース成績	初コース	初コース	1 0 0 0	2 0 0 0	0 0 1 0	0 0 0 1	初コース	1 0 0 0	初コース	0 3 2 1	初コース	1 0 0 0
成績	○0000	○0012	○1001	○2003	○0001	○0102	○1000	◎0100	○0001	○0133	○0101	○0000
母父	フォーティナイナー	サクラバクシンオー	ファスリエフ	クロフネ	ネオユニヴァース	ガリレオ	マイネルラヴ	キングカメハメハ	ディープインパクト	ロージズインメイ	アラムシャー	キングカメハメハ
母	デルマグレムリン	ミルメルシー	メジャータイフーン	テイエムダイアタリ	ビーオールアイズ	ブルーカノン	プルマブランカ	クロスザルビコン	フェアリーパローズ	ミーハディビーナ	ラインカリーナ	アルムブラーヴ
千六	0 0 0 1	0 0 0 1	0 0 1 1	0 0 0 2	0 0 0 2	0 0 1 1	0 0 1 1	0 0 1 1	0 0 0 1	0 0 0 2	0 0 1 1	0 0 0 2
千四	0 0 2 0	0 0 3 1	0 0 0 0	0 0 2 0	0 0 0 0	0 0 6 0	0 0 0 0	0 0 1 0	0 0 0 0	0 0 3 7	0 0 0 3	0 0 0 0
千二	0 0 2 0	0 0 0 1	0 0 0 0	0 0 1 0	0 0 0 1	0 0 0 1	0 0 1 0	0 0 1 0	0 0 0 0	0 0 1 4	0 0 0 0	0 0 0 0
千	0 1 12 0	0 0 2 3	0 3 0 0	0 1 4 0	0 1 3 1	1 2 14 3	0 0 6 1	0 1 2 0	0 1 4 1	0 3 5 3	1 2 5 1	0 0 1 0

前走	①	②	③	④	⑤	⑥	⑦	⑧	⑨	⑩	⑪	⑫
開催	5中 12月18日	1小 2月5日	1阪 3月12日	1新 5月21日	5阪 11月19日	2中 3月5日	1小 1月22日	3中 4月15日	6阪 12月18日	2小 2月19日	1小 2月5日	2新 7月30日
レース・着順	[6] 舞浜 8	⑧ 四才上 1	⑩ 三才 16	⑧ 三才 5	⑤ 三才上 16	④ 四才上 12	[4] 四才上 5	[7] 三才 1	⑥ 高砂 14	❹ 伊万 4	⑧ 四才上 2	① 三才 5
クラス・頭数	2勝 13ト16頭	1勝 14ト13頭	1勝 4ト16頭	牝未勝 1ト15頭	2勝 12ト16頭	2勝 14ト16頭	1勝 14ト14頭	未勝 10ト16頭	2勝 15ト16頭	2勝 5ト14頭	1勝 9ト13頭	新馬 15ト15頭
距離・タイム	千二ダ1116	千ダ58.5	千四ダ1298	千二ダ1128	千二ダ1140	千二ダ1120	千ダ58.8	千二ダ1120	千二ダ1137	千ダ58.0	千ダ58.7	千二ダ1142
斤量・騎手	55岩田康	53鷲頭	50河原田	54菱田	51今村	56原	56浜中	56木幡巧	54角田河	58黛	52永島	54和田竜
ペース・通過順	H ⑮⑬⑬	H ①①①	H ①①④	H ③③③	M ⑬⑬⑪	M ⑪⑦⑧	H ③②②	H ⑩⑨⑦	M ②②②	H ⑨⑧⑥	H ②②②	M ③②②
馬体重・人気	450 人気6	466 人気5	460 人気13	512 人気3	446 人気10	452 B 人気4	474 人気6	514 人気1	442 人気8	442 人気1	482 人気1	488 人気4
寸評・着差	S後不利 3¾	逃切る 1½	競合う 大差	先行一息 5¼	後方まま 16身	中位一杯 6¼	先行一息 3¼	中位一気 1身	先行一杯 10身	中位伸も 2½	先行伸 1½	先行一息 5½
前半・上がり	345中371	337内360	345中427	345中383	362外378	351中369	339中362	351外369	351中386	341中349	340中360	355中387
1着馬	ナックドロップ	ナツイロノオト	モックモック	サラマックイー	イスラアネーロ	セイカフォルゴ	ララシャンドン	ユーカリプタス	ラヴケリー	アルバミノル	デルマシルフ	ニシキギミッチ
勝ちタイム・差	1109 0.7	587 0.2	1255 4.3	1120 0.8	1112 2.8	1108 1.2	583 0.5	1122 0.2	1120 1.7	576 0.4	585 0.2	1133 0.9

2走前	①	②	③	④	⑤	⑥	⑦	⑧	⑨	⑩	⑪	⑫
開催	2中 3月5日	2小 2月19日	1京 4月22日	1函 6月10日	2小 2月19日	3中 4月2日	2小 2月11日	2東 5月7日	1阪 2月26日	2中 3月18日	2小 2月25日	4小 8月28日
レース・着順	④ 四才上 6	❹ 伊万 14	① 三才 8	❶ 三才 1	❹ 伊万 13	④ 四才上 2	❶ 四才上 1	⑥ 三才 13	[6] 四才上 13	❼ 四才上 8	[5] 四才上 1	⑥ 三才 1
クラス・頭数	2勝 2ト16頭	2勝 9ト14頭	1勝 3ト16頭	未勝 8ト12頭	2勝 7ト14頭	2勝 16ト16頭	1勝 6ト14頭	1勝 2ト16頭	2勝 2ト16頭	2勝 1ト15頭	1勝 9ト14頭	未勝 4ト12頭
距離・タイム	千二ダ1115	千ダ59.1	千四ダ1268	千ダ58.1	千ダ59.1	千二ダ1111	千ダ57.2	千四ダ1265	千二ダ1134	千二ダ1109	千ダ58.2	千ダ59.6
斤量・騎手	56横山武	56鷲頭	53小沢	51水沼	56角田和	58丹内	56浜中	56木幡巧	56岩田康	58西村淳	52永島	54鮫島駿
ペース・通過順	M ④④⑤	H ①①②	H ⑨⑫⑩	H ②②②	H ③③③	M ⑥⑦⑦	H ①①①	H [11]⑬⑭	M ⑥⑨⑨	H [5]④④	H ①①①	M ①①①
馬体重・人気	454 人気11	470 人気3	460 人気14	498 人気2	446 人気14	448 B 人気4	472 人気1	516 人気6	442 人気9	438 人気7	482 人気1	494 B 人気2
寸評・着差	好位一息 4身	先争退く 8½	中位まま 12¾	先行抜出 ¾身	好位一杯 8¼	中位伸 アタマ	逃切る 4身	発馬躓く 8¾	中位一杯 10¾	好位一杯 3½	逃切る 2½	逃切る 3身
前半・上がり	346中369	335中368	349内395	341中355	339内364	350中361	334内348	366内375	360中374	337内372	342内354	352内365
1着馬	セイカフォルゴ	アルバミノル	ヘンリー	スノーヴァース	アルバミノル	ヴァンデリオン	エバニスタ	ハードワイヤー	クレア	ファイアーボー	エバニスタ	シャドウダッチ
勝ちタイム・差	1108 0.7	576 1.5	1247 2.1	583 0.2	576 1.5	1111 0.0	578 0.6	1250 1.5	1116 1.8	1103 0.6	586 0.4	1001 0.5

3走前	①	②	③	④	⑤	⑥	⑦	⑧	⑨	⑩	⑪	⑫
開催	1新 5月21日	1新 4月30日	1函 6月10日	1函 6月24日	4ヵ月半	3ヵ月余	5ヵ月休	1函 6月11日	4ヵ月余	1京 5月13日	1福 4月15日	1函 6月17日
レース・着順	⑧ [illegible] 9	❷ 驀進 6	❶ 三才上 1	❺ 三才上 1	放牧	放牧	放牧	[2] 三才上 1	放牧	⑦ 四才上 6	[3] ラジ福島 6	③ 三才上 1
クラス・頭数	2勝 1ト14頭	2勝 11ト15頭	牝1勝 1ト11頭	1勝 5ト12頭	乗込み2週間	乗込み2週間	乗込み3週間	1勝 11ト11頭	乗込み2週間	2勝 1ト15頭	2勝 7ト16頭	1勝 1ト12頭
距離・タイム	千二ダ1123	千直58.4	千ダ57.9	千ダ58.3	仕上り○	仕上り○	仕上り○	千ダ59.1	仕上り○	千二ダ1131	千一五ダ1087	千ダ59.0
斤量・騎手	56丸山	53鷲頭	52角田和	51小林凌大	連対体重	連対体重	連対体重	52佐々木	連対体重	57泉谷	56永島	55富田
ペース・通過順	H ⑥[5]③	H ①①	H ⑤⑤⑤	H ①①①	454～456	432～450	472～474	H [9]⑩⑨	438～440	S ②③③	H ①②②	H ①①①
馬体重・人気	450 人気8	470 人気7	446 人気4	502 人気1	3ヵ月以上休	3ヵ月以上休	3ヵ月以上休	512 人気3	3ヵ月以上休	438 人気6	486 人気5	500 B 人気5
寸評・着差	好位一杯 4½	逃一杯 4身	中位差切 ½身	逃切る クビ	①②③外	①②③外	①②③外	後方一気 クビ	①②③外	好位一杯 8身	先行一息 6½	逃切る 2身
前半・上がり	343内380	224―360	346内350	343内356	0 0 1 3	1 0 0 3	0 0 0 1	355外353	0 0 0 2	361内370	338中378	348内358
1着馬	メイシ・タイセ	クムシラコ	メイショウオト	グラサージュ				ミッキースピナ		スマートラプタ	マルモリスペシ	アカザ
勝ちタイム・差	1115 0.8	577 0.7	580 0.1	583 0.0				591 0.0		1118 1.3	1076 1.1	593 0.3

1着①クローリスノキセキ（6番人気）	単① 990円
2着③コパノバークレー（5番人気）	複① 340円 ③ 310円 ② 560円
3着②デルマシルフ（9番人気）	馬連①－③ 4530円
	馬単①→③ 8240円
	3連複①②③ 16290円
	3連単①→③→② 97020円

コース攻略⑲札幌・ダ1000m

●ダ1200mではなく、芝1200mからの転戦に分がある

スピードスターに出会う前の話。札幌ダ1000mは個人的に稼げる舞台だと感じて、バンバン馬券を買っていた。細かく回収率などデータを気にせず馬券を買うタイプ（ただ見るのが怖いだけ……）だけに、ぼんやりとしか伝えられないが、トータルすると勝っているだろう。

その礎となる考え方が「函館と札幌のダ1000m戦はリンクしない」という考え方。ハッキリした指標はないにしても、函館ダ1000m戦で好勝負をしてきた馬に逆らって、別タイプの穴馬を集中的に狙う読者も少なくないはずだ。

なぜ、こんなことを最初に書いたかというと、札幌ダ1000mでは、スピードスターの果たせる役割に限りがあるからだ。いうまでもなく札幌開催は函館開催の後に続いており、札幌ダ1000mの有力馬（人気馬）の大半が前走函館ダ1000mを使っている。

ゆえに、ひねった穴馬を見つけるという機能しかスピードスターは使えない。そこを理解してもらったうえで、読み進めてもらえたらと思う。

まず札幌ダート1000mの好走ゾーンで最初に目につくのが、単勝回収値がバカ高い【34・1〜34・3秒】。それに隣り合って成績もよい【33・8〜34・0秒】も合わせた【33・8〜34・3秒】で見てみよう（左の表19）。

前走1200m（芝・ダ）を使ってスピードスター対象馬となった全138頭のうち、34頭がこのゾーンに入っており、それでいて高い単勝回収値（合算すると218円）を出しているのだから非常に価値がある。

では、この34頭の前走コース別データを見てみよう。

●【33・8～34・3秒】の前走コース別成績

・中京芝1200m→札幌ダ1000m
【1・0・0・0／1】勝率100％　複勝率100％
単勝回収値4060円　複勝回収値1040円

・新潟芝1200m→札幌ダ1000m
【1・0・0・0／1】勝率100％　複勝率100％
単勝回収値270円　複勝回収値130円

・函館芝1200m→札幌ダ1000m
【1・0・1・8／10】勝率10・0％　複勝率20・0％
単勝回収値131円　複勝回収値57円

・新潟ダ1200m→札幌ダ1000m
【1・1・1・10／13】勝率7・7％　複勝率23・1％
単勝回収値36円　複勝回収値43円

・中山ダ1200m→札幌ダ1000m
【1・0・0・2／3】勝率33・3％　複勝率33・3％
単勝回収値440円　複勝回収値120円

表19●札幌ダ1000mの【スピードスター】好走対象ゾーン

前走前半3F	勝率	連対率	複勝率	単回値	複回値	特記事項
～33.7	6.3%	6.3%	18.8%	12	75	—
33.8～34.0	16.7%	25.0%	25.0%	132	59	単適回値118.0
34.1～34.3	12.0%	16.0%	28.0%	233	91	単適回値112.2
34.4～34.6	0.0%	0.0%	11.1%	0	38	—
34.7～34.9	10.0%	30.0%	43.3%	39	105	—
35.0～35.2	4.8%	14.3%	28.6%	14	73	—
35.3～35.5	12.5%	12.5%	25.0%	60	42	—
35.6～35.8	0.0%	0.0%	0.0%	0	0	—
35.9～36.1	9.1%	9.1%	18.2%	21	90	単適回値106.2
36.2～36.4	0.0%	0.0%	0.0%	0	0	—
36.5～	0.0%	0.0%	0.0%	0	0	—

※これ以外の１２００m戦を使ってきた勝ち馬の該当なし

テンの速さゆえに該当馬には芝レース経由の馬が多く、ダートで速さを示した馬たちよりも結果が出ることが多い。特に新潟ダートを使ってきて馬券圏外だった7頭は、4コーナー4番手以内のポジションで走れた馬が多いにも関わらず、直線伸びずに惨敗という馬が多く、ダート１２００mからのローテーションは全体的に厳しいといわざるを得ない。

そんな【33・8～34・3秒】で最もスピードスターの狙いがハマったのが、

■23年7月23日札幌7R・1勝クラス1着＝ルクスランページの【スピードスター】

前走：中京芝１２００m　走破時計69・7　上がり3ハロン：35・5

【前半3ハロン】69・7－35・5＝34・2

新潟千直2戦以外、デビュー以来15戦ダート（途中地方競馬移籍あり）を使って、近3走は芝。ダートに戻った初戦を勝ち切ったルクスランページ。前走は芝レースだったとはいえ、18頭中17着でいいところなし。人気がない（単勝40・6倍）のも当然の今走だったが、番手から逃げた馬をクビ差捕らえて勝利をもぎ取った（左の馬柱）。

もうひとつ【33・8～34・3秒】の好走パターンは、逃げるか、番手で競馬ができるかどうか。そのためには展開予想が必要だが、2番手までに付けられると見込めた馬がいたら、勝負の対象になる。

▼札幌ダ 1000 mのポイント

・好走ゾーン該当馬が少ないので、軸選びというよりは、ヒモで狙える穴馬を
・前走芝を使った【33.8 ～ 34.3 秒】の馬がオススメ
・番手までに位置が取れる【33.8 ～ 34.3 秒】が見つかれば勝負！

●2023年7月23日・札幌7R（3歳上1章クラス、ダ1000m）

桃8 12	桃8 11	橙7 10	橙7 9	緑6 8	緑6 7	黄5 6	黄5 5	青4	赤3	黒2	白1
クロフネ(マ神) ㊞ルクスランページ スマートアストリア未勝(短)	アドマイヤムーン(中) ヒメカミノイタダキ ファミリズム1勝(中)	ディスクリートキャット(マ) グランデ ムーンダスト未勝(短)	シニスターミニスター(神) ラージベル スマートレモラ1勝(マ)	ザファクター(マ) モウショウ クロンヌドール未勝(中)	コパノリッキー(マ神) ガレットジョーカー シーズガレット1勝(中)	キングズベスト(マ) ㊞サリーチャン クサナギノツルギ未勝(マ)	キンシャサノキセキ(マ) ジョーフェイス ブレイジング未勝(マ)	スクリーンヒーロー(長) スクリーンショット メジャーフォルム3勝(短)	ドレフォン(短) クルールデュヴァン ファンシーミューズ2勝(中)	リオンディーズ(マ神) リオンラファール ソラコマチ1勝(短)	ビッグアーサー(短) ㊞ハニーチャイル ティファニーケイス4勝(短)
栗 58 牝4	栗 58 牡4	栗 55 牝4	鹿 56 牝4	黒鹿 56 牝4	栗 53 牝4	黒鹿 54 牝4	青鹿 55 牝4	栗 56 牝4	鹿 56 牝4	鹿 58 騸4	鹿 52 牝4
替斎藤	柴山雄	替▲今村	山田	替△佐々木	替▲大久保	替△小林美	▲小林勝	替勝浦	替岩田康	替丹内	替★古川奈
栗村山	美武市	栗吉田	美松永康	美土田	栗宮	美石栗	栗小崎	美杉浦	美竹内	美矢野英	栗藤岡健
170	400	400	400	400	400	60	400	400	400	400	60
607	1378	1920	624	1195	678	625	513	2370	1000	1310	60
ルクス	國分純	グランデオーナーズ	リーヴァ	岡浩二	橋場勇二	栗山道郎	STレーシング	小林善一	吉田和美	ノルマンディーTR	ヒダカBU
いとう牧場	スマイルF	諏訪牧場	本間牧場	サンデーヒルズ	庄野牧場	トラストスリーF	チャンピオンズF	社台F	ノーザンF	村上牧場	辻牧場
B … … … … 西	△ 注 … ▲ 注 △	△ △ △ 注 … △西	… … △ … … …	○ △ ▲ △ ◎ △	… … △ … … 西	◎ … 注 △ △ ○	▲ ○ ◎ ○ ◎ ▲西	… △ … … △ 注	注 △ △ … △ △	△ ◎ … △ ▲ △	△ ▲ ○ ◎ △ ◎西
小ダ[illegible]5⑬ 中京[illegible]6❹ 京ダ[illegible]4⑥ [illegible]⑫	函ダ58.8❹ 中ダ1123❷ 中京ダ1264⑩ 大ダ1575③	函ダ[illegible]⑥ 京[illegible]③ 中京ダ[illegible]⑩ [illegible]②	小ダ58.6❼ 中京ダ1136⑭ 千五ダ1086❼	千二ダ1204① 京ダ1130⑫ 阪ダ1255⑩ 大ダ1573⑭	札ダ1000⑥ 中京ダ1115⑦ 中京ダ1278⑨ 大ダ2019⑬	札ダ59.5② 新ダ1127❿ 金ダ1309① 千五ダ1095⑬	函ダ59.6③ 京ダ1124❼ 阪ダ1273⑧ 中七ダ1523⑫	千二芝1089⑥ 新ダ1118② 新芝1235② 東芝1365⑧	中[illegible]⑨ 東ダ[illegible]② [illegible]②	千五ダ1091④ 中ダ1114❹ 中京ダ1273⑨ 千二ダ1200③	門ダ1018① 新ダ1128❾ 千二芝1091⑥
千二ダ37.3❹ 初騎乗	千ダ35.4❹ 0 0 0 2	千ダ36.2⑥ 初騎乗	千ダ35.8❼ 1 0 0 7	千二ダ36.7① 初騎乗	千ダ36.3⑤ 0 0 0 4	千ダ35.4② 0 0 0 1	千ダ35.8③ 0 0 1 0	千二ダ37.3② 初騎乗	千二ダ36.3② 0 0 0 1	千二ダ36.7③ 初騎乗	千ダ37.6① 初騎乗
0 0 0 4 初コース	0 0 0 8 初コース	0 0 0 9 初コース	0 0 0 9 0 0 0 1	0 0 1 12 初コース	0 0 0 10 0 0 0 3	0 0 0 2 0 2 0 0	0 1 1 5 初コース	0 2 1 8 初コース	0 0 0 3 初コース	0 1 0 6 初コース	0 0 0 1 初コース
○0002	◎1102	○0002	○0003	○0002	○1001	○0002	○0001	○0000	○0100	○0001	○0001
ストラヴィンスキー	ダンスインザダーク	デュランダル	ゴールドアリュール	アグネスタキオン	アグネスフライト	デュランダル	パイロ	ダイワメジャー	ゴールドアリュール	サクラバクシンオー	タイキシャトル
初仔	カズオ	シゲルハツウマサイ	ヴァルゴスピカ	マッスルビーチ	ヴィヴラガレット	スパーダネーラ	ブルアモーレ	ディアサクセサー	ゴールドレッグス	ジェネティクス	プロフェルド
六 四 三 千 0 0 0 0 0 1 0 0 0 0 2 0 0 1 4 4	六 四 三 千 0 0 0 0 0 0 2 0 0 0 0 0 0 2 4 3	六 四 三 千 0 0 1 0 0 0 2 0 0 0 2 0 1 1 9 1	六 四 三 千 0 0 0 1 0 0 0 0 0 0 0 0 0 0 3 10	六 四 三 千 0 0 0 0 0 0 0 0 0 0 1 0 0 7 3 0	六 四 三 千 0 0 1 0 0 0 0 0 0 0 0 0 0 2 6 3	六 四 三 千 0 0 0 0 0 0 0 2 0 0 0 1 0 2 6 2	六 四 三 千 0 1 0 0 0 0 1 0 0 1 0 1 0 3 2 2	六 四 三 千 0 0 1 0 0 1 5 0 0 0 1 0 1 0 8 0	六 四 三 千 0 1 0 0 0 1 0 0 0 0 0 0 0 1 2 0	六 四 三 千 0 0 1 0 0 0 1 0 0 0 0 0 0 1 5 0	六 四 三 千 0 0 0 0 0 0 0 0 0 0 0 0 0 0 4 0
1小 1月15日 ② 四才上 14 1勝 9ト16頭 千二 1099 55 大久保 M②②② 466 B 人気12 先行一杯 4¾ 337 中 362 ヒノクニ 1090 0.9	1函 6月11日 ② 三才上 6 1勝 7ト11頭 千ダ 59.6 58 津村 H⑤③③ 486 人気8 好位一杯 2¾ 349 内 365 コパノエルパソ 591 0.5	1福 4月16日 ④ 四才上 12 1勝 13ト16頭 千五ダ 1109 58 斎藤 M①⑤⑤ 480 人気10 先行一杯 7½ 353 中 388 サノノヒーロー 1097 1.2	1函 6月17日 ③ 三才上 12 1勝 5ト12頭 千ダ 1013 56 山田 H②④⑥ 474 人気8 ジリ下り 13¾ 356 内 377 アルムラトゥー 590 2.3	1函 6月18日 ④ 三才上 11 1勝 14ト16頭 千二 1105 58 岩田康 H⑧⑥⑨ 498 人気10 脚余す 2身 343 中 362 ブルスウルトラ 1102 0.3	笠松 4月18日 ⑥ 特別 5 交流A3 4ト5頭 千四ダ 1294 52 川端 M②②⑤ 459 人気5 先行バテ 11¾ 361 中 406 モズブーナー 1269 2.5	金沢 11月27日 ③ 三才上 1 C1 5ト10頭 千四ダ 1315 54 吉田晃 S①①① 457 人気1 逃競り勝 ½身 402 中 391 オープンセサミ 1316 0.1	1京 5月7日 6 四才上 7 1勝 3ト16頭 千二ダ 1124 58 松若 M②②③ 498 人気14 先行一杯 5¼ 347 内 377 ヴィゴラスダン 1115 0.9	1小 2月5日 ⑧ 特別 10 1勝 7ト18頭 千二 1091 56 丹内 M②②② 490 B 人気4 先行一杯 5¼ 336 中 355 タイセイブリリ 1081 1.0	4中 9月10日 ① 三才上 9 牝1勝 3ト13頭 千二ダ 1114 53 横山武 H⑪⑪⑩ 468 人気1 後方差詰 3¼ 346 中 368 トラストパッキ 1108 0.6	3中 4月1日 ③ 四才上 7 1勝 15ト16頭 千二ダ 1120 58 Mデムーロ H⑧⑦⑧ 528 人気5 中位まま 4¼ 347 外 373 ヒロノゴウカイ 1113 0.7	門別 9月7日 ② 三才上 1 C4 2ト9頭 千ダ 1023 54 岩橋勇 M①①① 470 人気1 逃楽勝 6身 内 382 ヴェラメンテ 1035 1.2
1新 5月6日 ③ 四才上 9 1勝 1ト16頭 千直 57.8 55 大久保 H ⑧⑤ 468 B 人気15 内枠不利 7½ 230 ー 348 ロサロッサーナ 564 1.4	1函 6月24日 ❺ 三才上 4 1勝 6ト12頭 千ダ 58.8 58 柴山雄 H⑧⑦⑦ 490 人気9 中位差詰 3½ 348 外 354 テイエムスイス 583 0.5	1京 5月7日 6 四才上 6 1勝 4ト16頭 千二ダ 1122 58 水口 M⑬⑨⑧ 476 人気10 出遅る 3¾ 355 内 367 ヴィゴラスダン 1115 0.7	2函 7月2日 ② 三才上 8 1勝 10ト11頭 千ダ 1001 56 山田 H⑩⑨⑪ 470 人気9 後方差詰 6¼ 360 外 361 フェズカズマ 591 1.0	1函 6月24日 ⑤ 三才上 3 1勝 7ト11頭 千二 1102 58 横山和 M②②② 498 人気7 先行粘る 2½ 346 中 356 スズノナデシコ 1098 0.4	1新 4月30日 ❷ 四才上 14 1勝 2ト15頭 千二ダ 1152 53 川端 H⑥⑨⑬ 454 人気12 中位バテ 大差 345 内 407 ミラビリス 1118 3.4	1福 4月15日 ③ 四才上 13 牝1勝 3ト16頭 千五ダ 1095 55 秋山稔 H⑮⑮⑮ 458 人気11 出遅る 9¾ 356 内 368 ペイシャカレン 1079 1.6	門別 6月7日 ④ アルビレ 2 交流A2 8ト9頭 千二ダ 1134 56 落合玄 H①②② 488 人気6 先行粘る ½身 351 内 383 リネンマリン 1133 0.1	1福 4月8日 ① 四才上 10 1勝 1ト16頭 千二 1098 56 木幡巧 M②①① 478 人気5 逃一杯 8身 336 内 362 ショウナンハク 1085 1.3	5東 11月5日 ① 三才上 16 1勝 14ト16頭 千三ダ 1202 54 岩田康 M⑫⑥⑤ 478 人気2 中位一杯 10身 360 中 384 アーサーテソー 1185 1.7	1福 4月16日 ④ 四才上 9 1勝 16ト16頭 千五ダ 1105 58 菊沢 M①②② 524 人気5 直線接触 5¼ 349 中 387 サノノヒーロー 1097 0.8	門別 9月27日 ④ 三才上 1 C4 6ト11頭 千ダ 1018 54 岩橋勇 M①①① 486 人気1 逃切る 1身 内 376 カワカミスター 1020 0.2
3中京 7月2日 ② 三才上 17 1勝 15ト18頭 千二 1097 58 中井 M⑥⑥⑥ 472 B 人気18 好位一杯 9½ 342 中 355 アドマイヤラヴ 1081 1.6	2函 7月8日 ③ 三才上 7 1勝 11ト12頭 千ダ 1000 58 柴山雄 H⑨⑨⑦ 490 人気7 後方差詰 6¼ 353 外 365 ルヴェルジェ 590 1.0	3中京 7月2日 ② 三才上 13 1勝 6ト16頭 千二ダ 1133 58 水口 M③④⑤ 478 人気14 好位一杯 9¼ 347 中 386 テイエムフェロ 1117 1.6	2函 7月8日 ③ 三才上 10 1勝 6ト12頭 千ダ 1003 56 山田 H⑤⑤⑨ 470 人気12 中位一杯 7½ 354 中 369 ルヴェルジェ 590 1.3	2函 7月8日 ③ 三才上 11 1勝 3ト11頭 千二 1095 58 横山和 M②③④ 496 人気7 先行バテ 7½ 340 内 355 ナリタローゼ 1083 1.2	3阪 6月17日 ⑤ 三才上 8 1勝 14ト16頭 千二ダ 1135 55 秋山稔 M⑥⑤⑤ 456 人気16 好位一杯 7½ 352 中 383 ボナンザ 1123 1.2	1新 4月30日 ❷ 四才上 10 1勝 15ト15頭 千二ダ 1127 55 秋山稔 H②②② 462 人気13 先行一杯 5½ 339 中 388 ミラビリス 1118 0.9	2函 7月8日 ③ 三才上 3 1勝 5ト12頭 千ダ 59.6 55 小林勝 H⑪⑪⑪ 492 人気8 後方伸 3¾ 356 外 358 ルヴェルジェ 590 0.6	2福 7月2日 ② 三才上 11 1勝 11ト16頭 千二 1099 52 小林美 M④④④ 478 人気6 好位一杯 8身 342 内 357 プレジャークル 1086 1.3	3東 6月25日 ⑧ 三才上 7 1勝 2ト16頭 千四ダ 1251 56 木幡巧 M⑩⑩⑪ 480 人気11 出遅る 10½ 362 中 366 ラックスアット 1234 1.7	2福 7月8日 ③ 三才上 4 1勝 6ト13頭 千五ダ 1091 58 菊沢 H⑦⑦⑦ 514 人気7 中位差詰 1¾ 352 外 369 クリノアルバト 1088 0.3	1新 5月7日 4 四才上 9 牝1勝 12ト15頭 千二ダ 1128 55 角田和 M①①① 486 人気8 逃一杯 7¾ 344 内 384 オーガスタスカ 1114 1.4

1着⑫ルクスランページ
（10番人気）
2着⑩グランデ
（4番人気）
3着③クルールデュヴァン
（5番人気）

単⑫ 4060円
複⑫ 1040円　⑩ 240円　③ 290円
馬連⑩－⑫ 9220円
馬単⑫→⑩ 28630円
3連複③⑩⑫ 23290円
3連単⑫→⑩→③ 213900円

スピードスター・ラストスペシャル
「次に買える馬」を見つけよう！

ここまでは各コース別の前走3ハロンの好走ゾーンを区分けしていったが、最後にその逆ともいえる「次走好走ゾーン」を紹介する。

つまり、レースが終わった直後に、次走どの馬が馬券対象になるのだろうか、選別できる前半3ハロンのゾーンが存在するのだ。ここでは特選の芝・ダート短距離14コースを解説していく。

少々、横道に逸れるが……競走馬のネット掲示板あるある（弊害ともいえる）で、スプリント戦で一度負けただけで、「こんなレースにどうして使ったんだ！」とか「休ませてやれ」や、ペースについていけなかった馬に『長距離に行け！』『障害に行け！』というような何の根拠もない、無責任な競馬ファンの書き込みが散見される。

個人的には我々が勝つチャンスの少ないと思うレースに陣営が使ってくれるのだから、1頭消せるだけでも、馬券を買う側としては大助かりではないか。「ありがとう」の気持ちを持ったとしても、掲示板に批判を書くなど考えられないのだが……。

そんな根拠なき批判と違い、スピードスターは統計的に、今走負けたとしても、前半3ハロンの走り方次第で次走狙える馬をピックアップ。競馬予想を充実させるという方式だ。

第2章でも取り上げたように高松宮記念で惨敗したモズメイメイが、次走に北九州記念を選んで16番人気で3着に大激走したように、選ぶ舞台によっては素敵な馬券をもたらしてくれる。

モズメイメイの激走の秘密は、前走中京芝の次走好走ゾーンの【36・2〜36・4秒】に、小倉芝1200mの好走ゾーン【36・2〜36・4秒】が合わさって〝二重推し〟になったことにある。

さあ、二匹目のドジョウならぬ、〝二匹目の百舌鳥（メイメイ）〟を探す旅に、皆さんを招待しよう。

★中山芝1200m〜【〜34・0秒】の北海道転戦組！

次走好走ゾーンは【〜34・0秒】（【〜33秒7】を含む。P164・表20）。いわゆるテンの速いタイプだ。

これを次走コース別に成績を出すと、述べ474頭中124頭が前回と同じ中山芝1200mを使い、勝率9・4％、複勝率24・2％とまずまずの数字を残している。

ただ、それ以上に好走率が高いのが函館や札幌といった、次戦に北海道の芝1200m戦を選んだ馬たち。

・中山芝1200m【〜34・0秒】↓札幌芝1200m　勝率33・3％　複勝率44・0％

・中山芝1200m【〜34・0秒】↓函館芝1200m　勝率14・8％　複勝率29・6％

函館芝1200m、札幌芝1200mの好走ゾーンでも、前半3ハロンが速ければ速いほうが有利という統計が取れており、このローテーションかつテンが速い馬が、次走函館、札幌に転戦したら、当然狙い目となる。

また注目なのは【33・8〜34・0秒】ゾーンの複勝回収値（111円）の高さ。単勝回収値は低いが、穴馬の2、3着激走というパターンが多く見られる。

例えば、22年6月12日・函館スプリントS（GⅢ）で3着に飛び込んだタイセイアベニール（13番人気）。

表20●前走＝中山芝1200m【前半3ハロン】別・次走成績（次走コースは問わず）

前走前半3F	着別度数	勝率	複勝率	単回値	複回値	単適回値
～33.7	24- 13- 19- 209/ 265	9.1%	21.1%	89	88	91.6
33.8～34.0	11- 13- 26- 159/ 209	5.3%	23.9%	68	111	56.1
34.1～34.3	17- 17- 23- 193/ 250	6.8%	22.8%	56	68	73.6
34.4～34.6	14- 13- 16- 212/ 255	5.5%	16.9%	46	48	65.5
34.7～34.9	13- 16- 16- 175/ 220	5.9%	20.5%	49	67	83.8
35.0～35.2	4- 6- 15- 143/ 168	2.4%	14.9%	23	48	47.0
35.3～35.5	3- 7- 4- 93/ 107	2.8%	13.1%	14	60	45.8
35.6～35.8	1- 1- 5- 72/ 79	1.3%	8.9%	135	46	26.7
35.9～36.1	2- 2- 3- 53/ 60	3.3%	11.7%	34	45	69.0
36.2～36.4	3- 2- 1- 26/ 32	9.4%	18.8%	64	98	197.9
36.5～	0- 0- 1- 47/ 48	0.0%	2.1%	0	2	0.0
全体	92- 90- 129-1382/1693	5.4%	18.4%	56	68	70.7

表21●前走＝京都芝1200m【前半3ハロン】別・次走成績（次走コースは問わず）

前走前半3F	着別度数	勝率	複勝率	単回値	複回値	単適回値
～33.7	6- 4- 2- 19/ 31	19.4%	38.7%	141	87	136.2
33.8～34.0	0- 2- 0- 27/ 29	0.0%	6.9%	0	50	0.0
34.1～34.3	3- 6- 7- 44/ 60	5.0%	26.7%	91	108	42.6
34.4～34.6	6- 2- 9- 37/ 54	11.1%	31.5%	79	82	97.3
34.7～34.9	5- 9- 2- 41/ 57	8.8%	28.1%	100	86	76.8
35.0～35.2	3- 4- 5- 62/ 74	4.1%	16.2%	27	45	51.3
35.3～35.5	3- 4- 0- 37/ 44	6.8%	15.9%	71	76	85.4
35.6～35.8	3- 1- 2- 29/ 35	8.6%	17.1%	72	68	126.1
35.9～36.1	0- 2- 0- 13/ 15	0.0%	13.3%	0	51	0.0
36.2～36.4	0- 0- 0- 6/ 6	0.0%	0.0%	0	0	0.0
36.5～	0- 2- 2- 21/ 25	0.0%	16.0%	0	26	0.0
全体	29- 36- 29-336/430	6.7%	21.9%	64	71	69.9

表22●前走＝阪神芝1200m【前半3ハロン】別・次走成績（次走コースは問わず）

前走前半3F	着別度数	勝率	複勝率	単回値	複回値	単適回値
～33.7	8- 4- 6- 44/ 62	12.9%	29.0%	43	64	86.3
33.8～34.0	4- 4- 5- 56/ 69	5.8%	18.8%	39	41	47.6
34.1～34.3	8- 6- 14- 81/ 109	7.3%	25.7%	141	102	73.4
34.4～34.6	15- 11- 10-122/ 158	9.5%	22.8%	94	74	96.9
34.7～34.9	14- 17- 14-100/ 145	9.7%	31.0%	138	98	86.5
35.0～35.2	11- 8- 8-129/ 156	7.1%	17.3%	31	85	81.0
35.3～35.5	7- 11- 8- 95/ 121	5.8%	21.5%	50	68	83.6
35.6～35.8	3- 5- 5- 78/ 91	3.3%	14.3%	37	57	53.5
35.9～36.1	2- 1- 3- 42/ 48	4.2%	12.5%	372	87	55.5
36.2～36.4	0- 2- 0- 28/ 30	0.0%	6.7%	0	12	0.0
36.5～	2- 2- 5- 37/ 46	4.3%	19.6%	75	97	124.5
全体	74- 71- 78-812/1035	7.1%	21.5%	88	77	78.5

同馬は前走中山芝1200mでは【33・8～34・0秒】と、速いタイムで前へと進んでいったにも関わらず、函館スプリントSでは前半3ハロン34・2秒で脚をためて追い込んだ。

中山芝1200mは時計が出やすいので、前半置かれたくない分、追い込み馬にはオーバーペースとなってしまう。逃げ有利というよりは、追い込み馬が持ち味を出し切れないのだ。なし崩しに脚がたまらなかった追い込み馬が、コース替わりで大穴をあけるシーンが今後も続くだろう。

★京都芝1200m～【～33・7秒】で逃げられれば……

次走好走ゾーン【～33・7秒】（P164・表21）のアイコンと呼ぶべきベーシックなモデルが、24年北九州記念を勝ったピューロマジックだ。

このゾーンに入っている勝ち馬6頭のうち、5頭が次走で逃げ切り勝ち。4頭が前走の京都芝1200mでも逃げており、アタマで買うならば「前走逃げているか、今回逃げられそうな馬」に絞れば成果は出るはずだ。ただ逆をいうと、前走逃げられなかった馬は、次走も善戦止まりになるということ。先ほども取り上げたピューロマジックは前走の葵Sに続いての逃げ切り勝ちだったが、同じく【～33・7秒】に入っていた葵S2着ナナオ、3着ペアポルックスは勝ち馬と人気は同等か、それ以上だったにも関わらず惨敗。「逃げ」というキーワードは、大きな分かれ目となる。

もうひとつの【34・4～34・6秒】は距離や馬場の変化がポイント。23年ルミエールオータムダッシュ（新潟芝1000m）を勝利したカイザーメランジュが象徴的で、他にもダートや道悪に変わって結果を出している馬が多い。

★阪神芝1200m〜【34・4〜34・9秒】で福島転戦組！

まとめて【34・4〜34・9秒】（P164・表22）が好走ゾーン。次走のコース別成績を見ると、同じ阪神コースは勝率10％しかないにも関わらず、福島コースを使ってくると勝率26・7％にハネ上がる。母数はそこまで多くないが、この遠征馬を見つけたら積極的に馬券を買ってほしい。

単勝回収値が450円と人気薄の激走が目立っている。主場の阪神では、この条件のレベルが高く、ローカル場でレースレベルが下がったことが好走の要因と考えるのが自然だろう。

★中京芝1200m〜ウインマーベルに見る芝1400mでのリベンジ

ここでは単適回収値が抜群の【35・9〜36・1秒】（P167・表23）について解説を足しておこう。このゾーンの申し子がモズメイメイの他にもいる。

それが2年連続、高松宮記念で二ケタ着順後に、京王杯スプリングC（東京芝1400m）で連対しているウインマーベル。モズメイメイより、ウインマーベルのほうが、この条件にピッタリで【35・9〜36・1秒】の馬が次走活躍する条件は、距離が1ハロン延びた芝1400mなのだ。

芝1200mと比較して勝率は同じだが、複勝率、単勝回収値、複勝回収値はすべて上となる。

★函館芝1200m〜【〜33・7秒】組の弱点は「次走が関西主場」

札幌芝1200mの唯一の好走ゾーンが【〜33・7秒】だっただけに、その前走舞台になりやすい函館芝1200mでは【〜33・7秒】（P167・表24）がやはり次走好走ゾーンとなった。

表23●前走＝中京芝1200m【前半3ハロン】別・次走成績(次走コースは問わず)

前走前半3F	着別度数	勝率	複勝率	単回値	複回値	単適回値
～33.7	16- 11- 7- 74/ 108	14.8%	31.5%	100	79	131.1
33.8～34.0	13- 7- 10- 79/ 109	11.9%	27.5%	85	62	97.2
34.1～34.3	15- 17- 8-117/ 157	9.6%	25.5%	84	62	86.0
34.4～34.6	7- 10- 16-141/ 174	4.0%	19.0%	36	64	47.9
34.7～34.9	12- 11- 12-137/ 172	7.0%	20.3%	78	51	70.4
35.0～35.2	8- 11- 11-113/ 143	5.6%	21.0%	45	100	83.9
35.3～35.5	8- 8- 6- 87/ 109	7.3%	20.2%	115	87	90.3
35.6～35.8	3- 2- 5- 59/ 69	4.3%	14.5%	39	38	73.7
35.9～36.1	6- 6- 2- 32/ 46	13.0%	30.4%	173	93	172.5
36.2～36.4	2- 1- 4- 34/ 41	4.9%	17.1%	25	97	75.8
36.5～	2- 0- 2- 40/ 44	4.5%	9.1%	87	26	72.9
全体	92- 84- 83-913/1172	7.8%	22.1%	75	69	86.8

表24●前走＝函館芝1200m【前半3ハロン】別・次走成績(次走コースは問わず)

前走前半3F	着別度数	勝率	複勝率	単回値	複回値	単適回値
～33.7	16- 10- 5- 80/ 111	14.4%	27.9%	152	83	101.3
33.8～34.0	9- 12- 16- 107/ 144	6.3%	25.7%	19	67	46.6
34.1～34.3	19- 21- 21- 155/ 216	8.8%	28.2%	120	109	88.5
34.4～34.6	13- 15- 13- 213/ 254	5.1%	16.1%	37	50	59.4
34.7～34.9	14- 27- 24- 199/ 264	5.3%	24.6%	22	58	52.9
35.0～35.2	20- 15- 22- 179/ 236	8.5%	24.2%	65	70	86.7
35.3～35.5	8- 9- 11- 138/ 166	4.8%	16.9%	26	74	65.8
35.6～35.8	7- 12- 2- 90/ 111	6.3%	18.9%	93	44	79.4
35.9～36.1	3- 2- 3- 61/ 69	4.3%	11.6%	30	19	82.8
36.2～36.4	3- 3- 2- 47/ 55	5.5%	14.5%	13	21	58.6
36.5～	3- 5- 3- 59/ 70	4.3%	15.7%	37	58	68.8
全体	115- 131- 122-1328/1696	6.8%	21.7%	57	65	70.9

表25●前走＝札幌芝1200m【前半3ハロン】別・次走成績(次走コースは問わず)

前走前半3F	着別度数	勝率	複勝率	単回値	複回値	単適回値
～33.7	7- 6- 8- 48/ 69	10.1%	30.4%	87	105	96.2
33.8～34.0	8- 7- 7- 61/ 83	9.6%	26.5%	80	89	98.2
34.1～34.3	10- 8- 10-102/130	7.7%	21.5%	106	69	75.4
34.4～34.6	8- 10- 6-114/138	5.8%	17.4%	47	57	65.9
34.7～34.9	8- 14- 6-124/152	5.3%	18.4%	39	51	67.0
35.0～35.2	9- 13- 18-115/155	5.8%	25.8%	68	115	63.9
35.3～35.5	4- 6- 3- 88/101	4.0%	12.9%	94	75	74.2
35.6～35.8	3- 5- 5- 43/ 56	5.4%	23.2%	35	100	73.2
35.9～36.1	2- 1- 2- 26/ 31	6.5%	16.1%	15	49	75.2
36.2～36.4	1- 0- 0- 12/ 13	7.7%	7.7%	21	11	74.9
36.5～	0- 1- 1- 15/ 17	0.0%	11.8%	0	6	0.0
全体	60- 71- 66-748/945	6.3%	20.8%	65	76	73.4

このゾーンの次走舞台は函館、札幌が中心だが、本州に戻る場合は注意が必要。ローカル場や関東本場では結果が出せるものの、関西主場では勝ち鞍を挙げられていないのだ。

もうひとつ【34・1〜34・3秒】も単勝回収値、複勝回収値がともに100円を超える優秀なゾーン。人気薄での好走が目立つが、特に福島芝1200mや函館ダート1000mへのローテーションでの激走が目立つ。

★札幌芝1200m〜【〜34・0秒】組が活躍する次走の条件とは

ここも【〜34・0秒】（P167・表25）が次走好走ゾーンとなり、前半3ハロンを速い時計で走れる馬に好成績が集中している。

特に結果が出ているのは、次走が2勝クラスかOP特別の場合。そのクラスでの単勝回収値は高く、穴馬を見つけるのに、このゾーンは役立っている。

ただし注意すべき点がひとつ。不思議と芝の重・不良馬場では勝ち馬が出ていない。良馬場のほうが圧倒的に信頼度は高い。

★福島芝1200m〜なぜか、テンに遅い【36・2〜36・4秒】組の次走の回収値が高い

勝率や複勝率はそこまで変わらない【〜33・7秒】と【33・8〜34・3秒】（P170・表26）なのだが、期待値の面で後者のほうが単勝回収値は高いこともあり、好走ゾーンとなった。

ただ、ここで注目したいのはポツンと離れた好走ゾーン【36・2〜36・4秒】。当然ながら、次走で人気馬が出にくい条件で、単勝回収値も405円に吊り上がっている。好走した馬の共通点を探したのだが……。

唯一、見つけたのは奇数馬番が全6勝を挙げているという点。単勝164・3倍で北九州記念を勝ったボンボヤージも①番枠だった。

★新潟芝1200m～逃げ損ねた馬が次走でよみがえる？【33・8～34・0秒】組

単勝回収値どころか、勝率も低い【～33・7秒】（P170・表27）。同じく好走ゾーンに入らなかった福島芝1200mとは意味合いが違う。ここは無条件で次走は消すくらいの判断をしてもいいくらいだ。

注目は、その下の4つのゾーンなのだが、中でも【33・8～34・0秒】は勝率だけでなく、単勝回収値も100円を超えている優良株。特に前走逃げられなかった馬が、次走逃げて巻き返すというシーンが多く見られるだけに、メンバーと枠順がハマりそうな条件が揃えば勝負したいところだ。

★小倉芝1200m～次走が重賞で大駆けする馬たち

あまり目立ったゾーンがないというのが正直な感想だが、複勝率と単適回収値のバランスから【34・1～34・3秒】（P170・表28）をチョイス。前走10着以下を除くと、ベタで単勝回収値101円と100円を超えるので、ひとつのファクターとして意識しておくほうがよいだろう。

特に1勝クラスでの成績が高く複勝率24％ある。一方、次走がGⅢでは、11頭出走して1勝（23年ファンタジーSのカルチャーデイ、単勝70・8倍）。GⅡだと2頭出走して1勝しているのだが、それが22年阪神牝馬Sのメイショウミモザ（単勝68・7倍）と、率は悪いもののコース&距離を替えて大穴をあけている。

分母が分母だけに強くは推せないが、ひょっとして激走条件に〝重賞へのローテ〟が入っているのかもしれ

表26●前走＝福島芝1200m【前半3ハロン】別・次走成績（次走コースは問わず）

前走前半3F	着別度数	勝率	複勝率	単回値	複回値	単適回値
～33.7	9- 7- 7- 72/ 95	9.5%	24.2%	72	72	84.4
33.8～34.0	16- 14- 10- 120/ 160	10.0%	25.0%	76	97	107.6
34.1～34.3	27- 18- 19- 189/ 253	10.7%	25.3%	85	80	109.0
34.4～34.6	20- 20- 19- 250/ 309	6.5%	19.1%	58	70	88.0
34.7～34.9	14- 11- 20- 273/ 318	4.4%	14.2%	39	46	72.0
35.0～35.2	12- 19- 14- 262/ 307	3.9%	14.7%	98	57	60.2
35.3～35.5	10- 9- 13- 197/ 229	4.4%	14.0%	82	97	79.7
35.6～35.8	7- 9- 15- 155/ 186	3.8%	16.7%	41	63	64.7
35.9～36.1	2- 5- 6- 96/ 109	1.8%	11.9%	16	35	52.7
36.2～36.4	5- 5- 2- 66/ 78	6.4%	15.4%	405	148	163.2
36.5～	5- 5- 1- 114/ 125	4.0%	8.8%	104	82	155.5
全体	127- 122- 126-1794/2169	5.9%	17.3%	80	72	87.1

表27●前走＝新潟芝1200m【前半3ハロン】別・次走成績（次走コースは問わず）

前走前半3F	着別度数	勝率	複勝率	単回値	複回値	単適回値
～33.7	2- 3- 1- 20/ 26	7.7%	23.1%	29	82	54.3
33.8～34.0	10- 4- 0- 28/ 42	23.8%	33.3%	130	88	190.3
34.1～34.3	11- 9- 9- 66/ 95	11.6%	30.5%	140	76	108.5
34.4～34.6	10- 6- 3- 72/ 91	11.0%	20.9%	58	51	105.7
34.7～34.9	12- 7- 11-111/141	8.5%	21.3%	134	82	96.0
35.0～35.2	9- 7- 7-104/127	7.1%	18.1%	67	67	94.2
35.3～35.5	5- 10- 4-108/127	3.9%	15.0%	122	79	57.4
35.6～35.8	3- 7- 3-100/113	2.7%	11.5%	22	32	50.6
35.9～36.1	6- 3- 6- 60/ 75	8.0%	20.0%	279	121	149.3
36.2～36.4	2- 2- 3- 31/ 38	5.3%	18.4%	36	60	172.7
36.5～	1- 1- 3- 42/ 47	2.1%	10.6%	10	31	70.8
全体	71- 59- 50-742/922	7.7%	19.5%	101	70	98.9

表28●前走＝小倉芝1200m【前半3ハロン】別・次走成績（次走コースは問わず）

前走前半3F	着別度数	勝率	複勝率	単回値	複回値	単適回値
～33.7	84- 85- 62- 736/ 967	8.7%	23.9%	73	77	75.9
33.8～34.0	37- 30- 39- 429/ 535	6.9%	19.8%	49	59	77.8
34.1～34.3	40- 35- 39- 428/ 542	7.4%	21.0%	85	68	85.2
34.4～34.6	29- 28- 36- 450/ 543	5.3%	17.1%	51	61	73.3
34.7～34.9	17- 24- 19- 344/ 404	4.2%	14.9%	35	68	62.3
35.0～35.2	12- 15- 18- 301/ 346	3.5%	13.0%	47	45	59.3
35.3～35.5	7- 16- 7- 186/ 216	3.2%	13.9%	50	58	66.7
35.6～35.8	4- 7- 8- 134/ 153	2.6%	12.4%	60	81	55.0
35.9～36.1	2- 5- 5- 85/ 97	2.1%	12.4%	126	75	58.1
36.2～36.4	2- 0- 3- 44/ 49	4.1%	10.2%	31	33	112.3
36.5～	2- 0- 3- 50/ 55	3.6%	9.1%	31	25	172.4
全体	236- 245- 239-3187/3907	6.0%	18.4%	60	65	74.6

ない。

★中山ダ1200m～【36・2～36・4秒】で、次走買いたい2人の騎手

勝率の低さから好走ゾーンには入れなかったが、唯一、単勝回収値が100円を超えているのが【36・2～36・4秒】（P173・表29）。案の定、次走で超人気薄が勝っているのだが、複数勝利していて単勝平均配当が1024円、864円と爆発的に単勝回収値を上げているのが、鞍上・丸田騎手と原騎手。

彼らが乗ってくると、このゾーンの馬は、突然変異のように走ってくるので覚えていて損はない。

一方で、【34・1～34・3秒】は安定した成績を残しているが、不思議なことに前走中山ダ1200mで勝っても負けても5枠より外に入っていると、次走勝ち切るという傾向が見て取れる（単勝回収値1位8枠、2位6枠）。買い目を決める最後、もし迷ったら、前走枠順を見て外枠ならアタマで固定するのも、ひとつの馬券戦略といえるだろう。

★京都ダ1200m～次走はフルゲートで単回値アップの【35・3～35・5秒】

改修工事の影響でデータ数が少ない京都ダ1200m。暫定的なのだが、結果的に利益につながっている場所を次走好走ゾーンとした。

その中でも分母の数が揃っていてすべての数字が高い【35・3～35・5秒】（P173・表30）に注目したい。好走馬を絞ると、次走フルゲートになれば勝率17・6%、単勝回収値251円、フルゲート割れなら勝率8・8%、単勝回収値53円。

頭数が少ない分、勝つ確率が本来は高まるのに、なぜがフルゲートのほうが、勝率が高いという結果に。ハッキリとした数字が出ているので、しばらくこの傾向は続きそうだ。

★阪神ダ1200m〜【35・9〜36・1秒】で次走がハッピー！

【〜34・0秒】の馬よりは追走に苦労した馬のほうが、次走は走っているというのが阪神ダート1200m（P173・表31）。

【35・9〜36・1秒】でも複勝率19・0％、単勝回収値168円は他場でも見られない傾向で、次走人気薄の馬が活躍していることから、「阪神で差し損ねた馬が次走で変わり身を見せる」というパターンが乱立しているようだ。

また単勝回収値100円以上が連なる【35・0〜36・1秒】でまとめてみた場合、次走で勝率が高いコースは、新潟、中京ダ1200m、福島ダ1150mであり、関西本場から第3場へと舞台を移すと、さらに好結果を呼ぶ確率が高まるとデータ上は出ている。

★中京ダ1200m〜勝率、単回値アップの2つのゾーンの特徴

【34・7〜34・9秒】（P175・表32）は2、3着よりも1着の度数が高く、次走単勝で狙いたいゾーン。特に3歳、5歳時に中京ダ1200mを使った馬が好走する傾向にあり、勝率を年齢別に出すと、（2歳はサンプル数が少ないのでカット）3歳15・5％、4歳9・8％、5歳14・7％、6歳0％となっている。

またコース別に見ると、中山ダ1200mへと進んだ馬の活躍が目立っている。23年にこの条件で走った2

表29●前走＝中山ダ1200m【前半3ハロン】別・次走成績（次走コースは問わず）

前走前半3F	着別度数	勝率	複勝率	単回値	複回値	単適回値
～33.7	33- 35- 23- 275/ 366	9.0%	24.9%	61	56	64.8
33.8～34.0	42- 44- 45- 335/ 466	9.0%	28.1%	69	78	76.9
34.1～34.3	59- 48- 53- 500/ 660	8.9%	24.2%	54	69	82.0
34.4～34.6	54- 51- 66- 618/ 789	6.8%	21.7%	67	69	68.4
34.7～34.9	37- 53- 54- 730/ 874	4.2%	16.5%	42	60	54.0
35.0～35.2	43- 56- 43- 678/ 820	5.2%	17.3%	40	63	68.2
35.3～35.5	33- 44- 32- 592/ 701	4.7%	15.5%	98	58	79.6
35.6～35.8	22- 28- 27- 480/ 557	3.9%	13.8%	25	55	89.5
35.9～36.1	11- 19- 18- 354/ 402	2.7%	11.9%	32	52	61.0
36.2～36.4	7- 7- 7- 223/ 244	2.9%	8.6%	30	60	76.8
36.5～	15- 8- 15- 475/ 513	2.9%	7.4%	117	60	139.0
全体	356- 393- 383-5260/6392	5.6%	17.7%	59	62	72.3

表30●前走＝京都ダ1200m【前半3ハロン】別・次走成績（次走コースは問わず）

前走前半3F	着別度数	勝率	複勝率	単回値	複回値	単適回値
～33.7	1- 1- 1- 0/ 3	33.3%	100.0%	136	320	237.8
33.8～34.0	2- 2- 0- 5/ 9	22.2%	44.4%	74	61	90.8
34.1～34.3	2- 1- 0- 10/ 13	15.4%	23.1%	56	71	134.4
34.4～34.6	3- 0- 6- 16/ 25	12.0%	36.0%	166	116	107.9
34.7～34.9	6- 5- 3- 42/ 56	10.7%	25.0%	42	57	84.7
35.0～35.2	10- 11- 6- 58/ 85	11.8%	31.8%	61	76	88.1
35.3～35.5	16- 10- 11- 72/109	14.7%	33.9%	187	112	116.8
35.6～35.8	9- 13- 13- 98/133	6.8%	26.3%	53	63	58.2
35.9～36.1	8- 10- 13- 98/129	6.2%	24.0%	34	80	63.7
36.2～36.4	5- 6- 11-110/132	3.8%	16.7%	32	53	44.9
36.5～	12- 13- 19-245/289	4.2%	15.2%	59	83	89.5
全体	74- 72- 83-754/983	7.5%	23.3%	68	78	80.8

表31●前走＝阪神ダ1200m【前半3ハロン】別・次走成績（次走コースは問わず）

前走前半3F	着別度数	勝率	複勝率	単回値	複回値	単適回値
～33.7	0- 0- 1- 3/ 4	0.0%	25.0%	0	72	0.0
33.8～34.0	0- 1- 1- 7/ 9	0.0%	22.2%	0	122	0.0
34.1～34.3	5- 2- 3- 14/ 24	20.8%	41.7%	140	93	141.8
34.4～34.6	11- 5- 13- 63/ 92	12.0%	31.5%	64	93	76.6
34.7～34.9	13- 20- 20- 117/ 170	7.6%	31.2%	51	112	62.6
35.0～35.2	38- 35- 25- 223/ 321	11.8%	30.5%	101	92	94.8
35.3～35.5	37- 44- 32- 309/ 422	8.8%	26.8%	109	96	79.6
35.6～35.8	34- 36- 34- 359/ 463	7.3%	22.5%	108	88	72.6
35.9～36.1	38- 29- 24- 387/ 478	7.9%	19.0%	168	72	87.0
36.2～36.4	22- 22- 32- 367/ 443	5.0%	17.2%	38	57	68.7
36.5～	37- 38- 50- 830/ 955	3.9%	13.1%	47	50	83.2
全体	235- 232- 235-2679/3381	7.0%	20.8%	85	74	80.2

頭はともに勝ち切っており、単勝49・6倍、25・7倍と波乱を演出している。

そして【35・6〜36・1秒】に関しては次走、ダートで距離延長した馬が狙い目。特に東京ダ１３００mでは、単勝回収値３０５円で複勝回収値２７７円と高い数字を残している。

★新潟ダート1200m〜コース、距離変更で単勝に妙味

単勝回収値が高い【〜33・7秒】（P１７５・表33）。次走で新潟ダ１２００mを使う、つまり連戦すると単勝回収値は低く、東京ダ１４００mや福島ダ１１５０mではガンとハネ上がる。

その要因としては、ファン心理で新潟ダ１２００mは逃げ馬が圧倒的に優位という常識が染みついているからか。ゆえに、コース替わりでは軽視する傾向が強く。単勝に妙味が出てくると分析することができる。

一方、【34・7〜35・2秒】のゾーンはともに単適回収値が低いにも関わらず、単勝回収値がそこそこあるので、穴馬の好走が多いゾーン。単勝万馬券馬を幾度も馬券圏内へと送り込んでいる。

表32●前走＝中京ダ1200m【前半3ハロン】別・次走成績(次走コースは問わず)

前走前半3F	着別度数	勝率	複勝率	単回値	複回値	単適回値
～33.7	0- 1- 0- 7/ 8	0.0%	12.5%	0	102	0.0
33.8～34.0	5- 4- 3- 21/ 33	15.2%	36.4%	82	78	104.3
34.1～34.3	6- 8- 10- 43/ 67	9.0%	35.8%	35	89	55.9
34.4～34.6	10- 7- 10- 107/ 134	7.5%	20.1%	157	61	63.6
34.7～34.9	20- 15- 14- 129/ 178	11.2%	27.5%	107	88	99.8
35.0～35.2	22- 19- 18- 178/ 237	9.3%	24.9%	57	66	81.4
35.3～35.5	20- 24- 25- 229/ 298	6.7%	23.2%	40	69	61.5
35.6～35.8	23- 19- 15- 254/ 311	7.4%	18.3%	85	55	96.6
35.9～36.1	23- 20- 22- 254/ 319	7.2%	20.4%	88	74	94.9
36.2～36.4	11- 15- 19- 216/ 261	4.2%	17.2%	71	72	63.5
36.5～	17- 21- 23- 456/ 517	3.3%	11.8%	26	70	70.8
全体	157- 153- 159-1894/2363	6.6%	19.8%	66	70	78.1

表33●前走＝新潟ダ1200m【前半3ハロン】別・次走成績(次走コースは問わず)

前走前半3F	着別度数	勝率	複勝率	単回値	複回値	単適回値
～33.7	13- 9- 8- 67/ 97	13.4%	30.9%	191	124	106.9
33.8～34.0	16- 10- 8- 96/ 130	12.3%	26.2%	42	52	87.8
34.1～34.3	25- 34- 17- 166/ 242	10.3%	31.4%	60	83	79.5
34.4～34.6	43- 25- 32- 250/ 350	12.3%	28.6%	102	100	113.2
34.7～34.9	20- 18- 24- 266/ 328	6.1%	18.9%	96	88	75.2
35.0～35.2	22- 28- 24- 280/ 354	6.2%	20.9%	122	111	78.6
35.3～35.5	17- 22- 23- 282/ 344	4.9%	18.0%	65	76	72.3
35.6～35.8	12- 11- 14- 205/ 242	5.0%	15.3%	51	55	98.7
35.9～36.1	7- 5- 10- 169/ 191	3.7%	11.5%	25	60	83.0
36.2～36.4	6- 7- 11- 105/ 129	4.7%	18.6%	26	91	95.3
36.5～	6- 5- 8- 165/ 184	3.3%	10.3%	109	62	106.5
全体	187- 174- 179-2051/2591	7.2%	20.8%	82	84	88.9

●著者紹介

中山カルタ（なかやま・かるた）

1977年兵庫県出身。2010年頃からライターとして、競馬関係者のインタビュー記事を中心に活動。2011年より双葉社刊の競馬ムック『POGの王道』にて編集企画及びライティングに参加する。もともとグラビア誌の編集者でもあり軟派な企画が得意。

短距離特化馬券術スピードスター

発行日　2024年9月5日　　第1版第1刷

著　者　中山　カルタ

発行者　斉藤　和邦

発行所　株式会社　秀和システム
〒135－0016
東京都江東区東陽2-4-2　新宮ビル2F
Tel 03-6264-3105（販売）　Fax 03-6264-3094

印刷所　日経印刷株式会社　Printed in Japan

ISBN978-4-7980-7342-2 C0075

定価はカバーに表示してあります。

乱丁本・落丁本はお取りかえいたします。

本書に関するご質問については、ご質問の内容と住所、氏名、電話番号を明記のうえ、当社編集部宛ＦＡＸまたは書面にてお送りください。お電話による質問は受け付けておりませんのであらかじめご了承ください。